慈善组织治理中的法律问题研究

Research on Legal Issues
in the Governance of Charitable Organizations

戚枝淬　著

法律出版社
LAW PRESS·CHINA
北京

图书在版编目(CIP)数据

慈善组织治理中的法律问题研究 / 戚枝淬著. -- 北京:法律出版社,2023
ISBN 978-7-5197-7784-5

Ⅰ. ①慈… Ⅱ. ①戚… Ⅲ. ①慈善事业—法律—研究—中国 Ⅳ. ①D922.182.34

中国国家版本馆 CIP 数据核字(2023)第 059385 号

慈善组织治理中的法律问题研究
CISHAN ZUZHI ZHILI ZHONG DE FALÜ WENTI YANJIU

戚枝淬 著

策划编辑 周 洁 林 蕊
责任编辑 周 洁 林 蕊
装帧设计 李 瞻

出版发行 法律出版社
编辑统筹 司法实务出版分社
责任校对 王 丰 郭艳萍
责任印制 胡晓雅
经　　销 新华书店

开本 710 毫米×1000 毫米 1/16
印张 20.5 **字数** 282 千
版本 2023 年 8 月第 1 版
印次 2023 年 8 月第 1 次印刷
印刷 唐山玺诚印务有限公司

地址:北京市丰台区莲花池西里 7 号(100073)
网址:www.lawpress.com.cn
投稿邮箱:info@lawpress.com.cn
举报盗版邮箱:jbwq@lawpress.com.cn
销售电话:010-83938349
客服电话:010-83938350
咨询电话:010-63939796

书号:ISBN 978-7-5197-7784-5　　**定价**:82.00 元

凡购买本社图书,如有印装错误,我社负责退换。电话:010-83938349

自 序

作为一名高校法学专业教师，教书育人与专业理论研究是我的本职工作，也是我孜孜不倦的事业。长期以来，在做好教书育人工作之余，我最感兴趣的事莫过于做点专业学术研究。2015 年本人有幸获准 2015 年度国家社会科学基金年度项目“慈善组织治理中的法律问题研究”的立项，作为该项目主持人及撰写者，深感任务艰巨，便暗下决心，不管遇到多少困难，必须一丝不苟地对待研究工作，必须按期完成研究任务。获准立项之后，我与项目组成员进行分工，本人全面负责该项目研究工作并承担项目撰写任务，其他成员主要参与项目的资料收集、调研、专题研讨等工作。在研究过程中，曾一度产生畏难情绪，后来经过不断调整心态，尽量做到心无旁骛，在阅读大量文献资料之后逐渐理出研究思路，于是便有了信心，每天坚持阅读与写作，思考如何搭建章节框架结构，运用什么理论来支撑所要论证的观点，甚至遣词造句都要斟酌再三，这当中的辛苦自不必说，在研究中最大的困难是第一手资料不太容易收集，有时为了一个理论依据在浩如烟海的资料中搜索却毫无收获，虽然如此，但不气馁、不懈怠，敢于直面困难，积极想办法解决，在研究陷入山重水尽困境时，换一种研究思路或方法，另辟蹊径，结果又迎来柳暗花明的佳境。经过近五年的潜心研究，终于完成项目研究任务，书稿也终于付梓。

本书以构建慈善组织治理法治化为目标，立足于我国各类慈善组织治理的立法、理论研究及实践现状，对慈善组织准入制度、慈善组织内部治理结构、慈善组织信息公开、慈善组织财产制度、慈善组织监管制度及慈善组织问责制度等进行了全面深入研究。本书主要学术价值如下：一是本书从宏观、中观及微观三个维度对慈善组织治理法律问题进行全面深入研究，构建了慈善组织治理法治化制度体系；二是本书从法学的视角对慈善组织治理进行深入研究，既研究慈善组织内部治理中的准入制度、内部治理结构、信息公开、慈善财产管理与使用等问题，又研究慈善组织外部监督管理及慈善组织问责制度等问题，构建了慈善组织治理理论体系；三是慈善组织治理中的法律问题属于社会法学研究的问题，本书研究成果丰富了我国社会法学内容；四是本书综合、交叉运用法学上的法律规范研究法、文献资料分析法、案例分析法及比较研究法，社会学、管理学及经济学等相关学科的调查研究法、实证分析法及价值分析法等，创新了研究方法。

本书对慈善组织治理中的法律问题研究成果丰硕，所提出的观点为慈善组织治理法治化提供了重要理论支撑。由于作者研究水平有限，本书没有将慈善组织治理中所有法律问题作为研究对象，有所缺憾，如慈善组织治理中的税收法律制度、慈善组织志愿服务法律问题等没有涉及，这些问题有待今后进一步研究。

是为序。

2023 年 4 月 10 日

目 录

绪　论

慈即仁爱，和善。老子曰：善者，吾善之；不善者，吾亦善之；德善。[①]善是中华民族的美德，善是奉献，善是为人之本。“慈”与“善”是不可分的：怀有仁爱之心谓之慈，广行济困之举谓之善，慈善是仁德与善行的统一。古今中外，慈善理念一以贯之。在人类社会历史发展长河中，慈善从未缺席，但不同时期的慈善内涵不完全相同。古代的慈善源于宗教，随着政教分离，慈善也逐步分化出来，非宗教的慈善慢慢发展并不断丰富起来，逐渐成为现代慈善的主导力量。现代意义上的慈善可追溯到20世纪初，当时美国一些大的公司纷纷设立慈善组织资助社会亟待发展的领域，帮扶困难、弱势群体，他们将慈善作为回馈社会的一种重要的途径，受到民众的高度评价和广泛认可。现代意义上的慈善的突出特点是设立专门的慈善组织开展慈善活动，这与古代慈善依靠个人的威望或财力截然不同。慈善组织的出现不仅为现代慈善发展提供了组织保障，而且提供了财产保障，在慈善事业发展中起着划时代的作用。

我国现代意义上的慈善组织产生于改革开放之后，1981年成立的中国儿童少年基金会是我国第一个慈善组织。这之后慈善组织数量每年都在不断增加，但发展水平堪忧，暴露出来的问题越来越多。我国在20世纪八九十年代成立的慈善组织均是政府举办，慈善组织主要起辅助作用。进入21世纪之后，这种状况有所改观。慈善组织加快了发展步伐，民间兴办的慈善组织不断涌现，与政府举办的慈善组织并存。即便如此，慈善组织的发展还是远远

① 参见《道德经》。

不能满足我国慈善事业发展的需要。慈善组织必须以慈善为目的开展慈善活动，如果不以慈善为目的，就不能设立为慈善组织。慈善组织的慈善目的敦促其必须建立高度的社会公信力，开展活动必须是为社会公共利益，信息必须公开、透明。

20世纪八九十年代，我国一些著名的公募慈善组织，如中国宋庆龄基金会（1982年）、中国残疾人福利基金会（1984年）、中国青少年发展基金会（1989年）、中国扶贫基金会（1989年）、中国红十字基金会（1994年）、中华慈善总会（1994年）等先后设立，这些慈善组织在我国慈善事业发展中作出了卓有成效的贡献。进入21世纪以来，一方面，国家对公益慈善事业发展给予高度重视，颁布一系列法律法规政策规范慈善事业发展；另一方面，公众对慈善事业的认识与了解从感性逐渐向理性方面发展，参与慈善组织活动的公众、志愿者越来越多。2014年国务院发布的《关于促进慈善事业健康发展的指导意见》是专门指导国家慈善事业发展的政策性文件，对我国慈善事业发展做了总体规划与部署，特别提出要培育和规范各类慈善组织。慈善组织是现代慈善事业发展的重要参与者和组织者，是推动我国慈善事业发展的重要力量，慈善组织治理水平与质量直接影响慈善事业发展水平。近年来，我国慈善组织数量不断增加，2018年12月31日全国登记并认定的慈善组织已有5285家，其中有1451家获得公开募捐资格，占总量的27.5%，1451家公募慈善组织中有基金会3818个，占72.2%，社会团体945个，占17.9%，社会服务机构246个，占4.7%，红十字会276个，占5.2%。[①] 此后每年我国慈善组织都在不断增加，截至2022年10月20日，全国登记的慈善组织达到11,098个，其中公募慈善组织2614个，另有公募资格的红十字会1316个。[②] 慈善组织已成为我国慈善事业发展的主力军，在灾害救助、贫困救济、医疗救助、教育救助、扶老助残和其他公益慈善事业领域发挥了积极作用。

① 参见杨团主编：《中国慈善发展报告（2019）》，社会科学文献出版社2019年版，第3页。

② 参见《慈善组织查询》，载民政一体化政务服务平台“慈善中国”，https：//cszg. mca. gov. cn/biz/ma/csmh/a/csmhaindex. html，2022年10月20日访问。

慈善组织开展活动中，以救灾、济困、扶贫、扶老、助残、助学等名义设立的各类慈善项目层出不穷，不断拓展慈善活动领域，创新慈善活动项目；同时慈善活动方式也在不断创新，慈善捐赠与募捐在传统的捐款捐物基础上，出现了包括捐时间、智力、劳力、技术等新方式。线上线下齐头并进，吸引并激励越来越多的公众参与慈善活动。

然而，在慈善组织发展的同时，慈善组织活动的各种问题也逐渐暴露出来，如非法设立慈善组织，假冒慈善组织敛财，借慈善组织之名诈捐、骗捐，诺而不捐，慈善组织重要信息不公开，决策一言堂，故意逃避税收，募捐款物挪作他用，慈善组织负责人或法定代表人滥用职权徇私枉法等问题不一而足。这些问题暴露了慈善组织治理混乱，对慈善组织治理提出了挑战与要求。在新时代背景下，为全面推进社会治理体系与治理能力现代化，使慈善组织在社会治理发挥其应有的作用，有必要对慈善组织的一系列制度进行系统化构建和完善，全面治理、依法治理慈善组织，规范并制约慈善组织的活动。基于社会治理的需要与我国慈善组织制度理论研究与实践发展的现实情况，本书拟分七章对慈善组织治理中的法律问题进行全面深入研究。

第一章

慈善组织治理一般理论

引　言

慈善是人类社会共建共享的事业，也是善良社会风气传承的纽带。中外慈善文化源远流长，慈善活动从未曾中断。在人类社会发展进程中，慈善像一股股清流唤起人们的善良本能，扎根于人们的内心，并影响一代代人传承慈善之风。慈乃人之本性，善亦社会存续之本。改革开放以来我国对慈善事业建设逐渐重视起来，特别是进入 21 世纪以来，我国慈善事业发展成效显著，其中慈善组织功不可没。慈善组织对慈善观念、慈善文化、慈善制度的传播与践行让更多的人了解慈善、理解慈善并积极参与慈善活动，推动了慈善事业的发展。慈善组织是慈善事业建设与发展的主力军与领跑者，在慈善事业发展中不仅要身体力行从事慈善活动，而且还要积极倡导和引领良好的慈善风气，营造和谐美好的慈善氛围，形成一种人人可为慈善的社会良好风气。

现代意义上的慈善组织可以追溯到 20 世纪初，1911 年美国卡内基基金会的成立标志现代慈善组织产生。20 世纪 80 年代初即 1981 年成立的中国儿童少年基金会是我国现代意义上第一家公募慈善组织，标志着我国慈善事业进入一个新的历史发展阶段。慈善组织的产生和发展是慈善事业发展的组织保障，也是推动慈善事业发展最主要的力量。中外慈善组织发展的路径相似，都是在民间自发产生，后来逐步发展到与政府、企业合作，并与其形成合作伙伴关系。在我国，慈善组织是社会组织的组成部分，社会团体、社会服务机构（民办非企业单位）、慈善基金会都可以设为慈善组织，慈善组织的类型多种多样。因此，慈善组织在社会治理中参与活动领域广泛，任务繁重，而且慈善组织自身治理的水平直接影响社会治理与发展，虽然2016年颁布实施的《慈善法》对慈善组织相关法律制度进行了规范，但较为原则。随着慈善组织在社会发展中的作用日益凸显，慈善组织治理水平直接影响社会发展。慈善组织治理涉及慈善组织准入、内部治理、信息披露、财产管理与使用、外部监督管理、问责等多方面法律问题，这些问题都有必要进行深入细致研究，在对这些问题展开研究之前，有必要对慈善组织治理一般理论问题加以阐释。

第一节　慈善组织治理的理解

联合国全球治理委员会（The UN Commission on Global Governance）在1995年发表的一份题为《我们的全球伙伴关系》调研报告中将“治理”概括为：治理是各种公共的或私人的个人和机构管理其公共事务的诸多方式的总和，它是相互冲突或不同的利益得以调和并且采取联合行动的持续过程。[①] 治理是一种持续互动的过程，慈善组织治理是社会治理的重要组成部分。对慈善组织治理的全面理解首先要界定清楚相关概念，其中慈善、慈善组织及慈善组织治理三个基本概念的界定直接关系到对慈善组织治理的理解。

一、慈善的含义

（一）中国历史演变中对“慈善”一词的理解

在汉语语义环境下，最初“慈”与“善”是分开使用的。“慈”是指长

① See The UN Commission on Global Governance, *Our Global Neighborhood*, Oxford University Press, 1995, p. 2.

辈对晚辈的爱，在中国传统文化典籍中，“慈”是“爱”的意思。孔颖达疏《左传》有云“慈者，爱出于心，恩被于物也”；又曰“慈谓爱之深也”。许慎的《说文解字》中对“慈”的解释为“慈，爱也”，承继了《左传》的释义。概括来看，我国古代的“慈”着重强调的是长辈对晚辈的爱抚，即所谓“上爱下曰慈”。《国语·吴语》中“老其老，慈其幼，长其孤”的“慈”即为此意。随着社会的不断发展，历史上对“慈”的含义的界定，在现代社会仍然适用，只是在原来基础上丰富了“慈”的内涵，将其从家庭的慈爱推广为在整个社会倡导慈爱，“慈”更具有时代性、社会性与普适性。

在古汉语中，对“善”的解释主要是善良、美好、友好，指人与人之间的友爱和互助，如《管子·心术下》中“善气”二字合用，则是“仁善”“善良”“富于同情心”的意思。“善”的本义是“吉祥、美好”，《说文解字》中所解释的“吉：善也”，后引申为和善、亲善、友好，老子《道德经》中“上善若水。水善利万物而不争”等均有此意。现代汉语在保留“善”的本意基础上，还引申出慈善、擅长、易于等多种含义，其中“慈善”一词被人们广泛接受。

在我国“慈善”一词原本是佛教用语，其原意为慈悲为怀、广种善果。早在春秋战国时“慈”与“善”就开始放在一起使用，如孔子曰“老者安之，朋友信之，少者怀之”。孟子曰“老吾老，以及人之老；幼吾幼，以及人之幼”；“出入相友，守望相助，疾病相扶”。《韩非子·内储》云“王曰，慈惠，行善也”。在后世的长期演变中，两字的含义渐趋相近，到南北朝时两字合体，如《北史·崔光传》中所载：“光宽和慈善，不忤于物，进退沈浮，自得而已。”① 这里的“慈善”一词是我国史书中最早的记载。慈善自其产生就传递一种思想，在古代主要传递的是儒家“修身齐家治国平天下”的思想，这种思想代代相传已经形成中华民族道德思想中的瑰宝。如今，人们试着对“慈善”一词赋予新的含义，如中华慈善总会创始人崔乃夫对“慈

---

① 《北史》卷四四，《崔光传》，转引自周秋光、曾桂林：《中国慈善简史》，人民出版社2006年版，第3页。

善”的理解概括为一段话：什么叫慈？长辈对晚辈的爱是“慈”，讲的是纵向关系，如“慈母手中线，游子身上衣”。什么是善？人与人之间的友爱、互助是“善”，讲的是横向的关系。爱是慈善工作的核心。[①] 什么是慈善呢？慈善是有同情心的人们之间的互助行为。也有人将“慈善”理解为怀有仁爱之心谓之慈，广行济困之举谓之善，慈善是仁德与善行的统一。尽管不同的人对慈善有不同的表述，但“仁慈友善”是慈善的核心思想。在中国传统慈善事业的发展中，儒家宣扬“仁爱”思想、墨家主张“兼爱”学说、道家劝诫世人“积德”、佛教教化众生“慈悲”，这些无不反映“仁慈友善”的思想内涵。“仁慈友善”这一思想经过多年的传承，已经影响了一代代华夏子孙，对中华民族慈善文化形成与发展产生深远影响，推动着慈善事业的发展。

我国慈善思想、慈善文化源远流长，历朝历代都不乏追求道德修为、亲身践行慈善理念、尽心尽力救助贫弱的善心仁士。但历朝历代的慈善主要是用道德方式教化、感化众生，缺乏法律规范，直到近现代，用法律规范慈善活动的意识才有所体现，如 1929 年 10 月 15 日南京国民政府出台的近代中国第一部具有完整法律形式的慈善法——《监督慈善团体法》。该法于同年 10 月 15 日实施，共 14 条，对慈善事业的目的、发起人资格、财务收支账目、会务情况进行了规范，并规定对办理慈善事业卓有成效者予以褒奖。1943 年《社会救济法》颁布，1945 年《监督慈善团体法》被废止。《监督慈善团体法》是近代慈善事业法治化进程的一次有益尝试，将民国早期社会中慈善团体的道德感召力上升到法律高度，以礼入法规范慈善行为，具有重要的时代意义。《社会救济法》对救济的范围、救济设施、救济方法、救济经费等方面加以规范，将慈善救助上升到法律层面。尽管该法没有得到真正的执行与实施，但在当时具有积极的社会意义，实现了慈善救助立法的突破。中华人民共和国成立至今，专门规范慈善的法律是 2016 年 9 月 1 日施行的《慈善法》。该法是慈善领域的基本法，是一部较新的法，在这之前，我国也曾陆

① 参见史维勤：《慈之心兮善之举——访中华慈善总会会长崔乃夫》，载《中国民政》1996 年第 10 期。

续出台了几部调整慈善组织与慈善活动的法律法规，主要有1999年9月1日施行的《公益事业捐赠法》、1998年施行的《社会团体登记管理条例》（2016年修订）与《民办非企业单位登记管理暂行条例》、2004年施行的《基金会管理条例》（以下简称三部条例）等。这种分散的立法，使慈善制度处于碎片化状态，直到《慈善法》实施，我国慈善才有了较为规范化的制度体系。

（二）域外对“慈善”的界定

在西方国家，“慈善”有两个单词，即“charity”和“philanthropy”，“charity”源于拉丁语“caritas”，其意思是发自内心的爱，也有解释为基督的爱，在行动上表现为以宽厚仁爱之心乐善好施；[①]“philanthropy”源于古希腊语，本意为“人的爱”，具有“博爱”“宽广大爱”之含义，大约从公元18世纪开始使用。由此可知，“charity”与“philanthropy”两个概念的本意都有“爱”的意思，但从起源上分析，“charity”一词的出现要远远早于“philanthropy”一词。“charity”一词反映出西方国家慈善历史源远流长。其最早源于基督教，基督教布施的宗旨就是慈爱，教化人们从善，随着社会文明的不断进步，慈善不再限于宗教，其渗透到多个领域，其内容也不断得以丰富与发展。“philanthropy”一词将慈善延伸到更为广泛的领域。凡是促进人类福祉的事业都是慈善，慈善不是部分人的事，慈善人人都可为。慈善的社会性、普及性越来越强，更注重从整个社会宏观发展层面对慈善的定位。

在国外，人人慈善的观念深入人心，慈善已经成为人们一种行为习惯、一种良好品行。英国、美国、德国、日本等慈善比较发达的国家，对“慈善”的界定大致相当，认为慈善是指对公共事业进行支持与鼓励并作出自己的贡献，而济贫是最为常见的慈善形式。[②] 这些国家对慈善立法较早，人们

---

① 参见资中筠：《财富的责任与资本主义演变：美国百年公益发展的启示》，上海三联书店2015年版，第11页。

② 参见李德建：《英国慈善法研究》，山东大学2016年博士学位论文，第13页。

依据法律自觉开展慈善活动已成为一种习惯。慈善成为一种人人可以参与的活动，成为人们生活中不可缺少的部分。慈善发展水平越来越高，社会影响力越来越大。

上述关于“慈善”一词的理解存在狭义和广义之别。狭义上的慈善，主要限于传统的慈善活动领域，典型形式包括济贫救困、扶助弱者等；随着社会的不断发展，广义上的慈善发展起来，慈善不仅仅包含济贫救困、扶助弱者，还包括救助突发事件造成的损害，促进教育、科学、文化、卫生、体育事业的发展，保护环境等，只要有利于社会公共利益的活动都可以纳入慈善活动范围。立法上对广义的慈善活动范围一般以“列举 + 概括”予以规定，如英国《2011 年慈善法》第 3 条规定，为了实现公共利益的行为都属于慈善，具体包括 13 项：预防或消灭贫穷；促进宗教发展；促进教育进步；促进健康或挽救生命事业发展；促进公民或社区发展；促进艺术、文化、文化遗产或科学发展；促进业余运动；促进人权、冲突解决或调和，推进宗教、种族和谐或平等及多样化；促进环境保护与改善；救济因年少、年老、疾病、残疾、经济困难或其他不利致贫者；促进动物福利；提高皇家军队或警察、消防及救援或急救效率；其他符合慈善目的的行为。① 我国《慈善法》第 3 条对慈善活动的范围也进行了规定，将公益慈善活动界定为：扶贫、济困；扶老、救孤、恤病、助残、优抚；救助自然灾害、事故灾难和公共卫生事件等突发事件造成的损害；促进教育、科学、文化、卫生、体育等事业的发展；防治污染和其他公害，保护和改善生态环境；符合该法规定的其他公益活动。两相比较可以看出，我国与英国慈善立法中对慈善范围的界定基本相同，世界上其他国家对慈善范围的界定也大致相当。基于此，可将慈善界定为自然人、法人和其他组织以捐赠财产或者提供服务等方式，自愿开展的有利于社会公共利益的公益活动。

---

① 参见《非营利组织法译汇（三）：英国慈善法》，金锦萍译，社会科学文献出版社 2017 年版，第 222 页。

（三）慈善的特征

慈善是社会治理与建设的重要内容，对于鼓励自然人、企业乐善好施、扶贫济困、守望相助、支持公益事业发展、促进社会和谐稳定，具有重要作用。新时代社会发展中慈善表现出以下特征。

1. 公益性

慈善是为了社会公共利益而不是为了私益，是为多数人的共同利益和整个社会和谐发展而从事的活动，是利他活动。慈善不图回报，只讲奉献，不追求慈善以外的其他目的，按照慈善宗旨与目的开展慈善活动。

2. 非营利性

慈善活动属于公益活动，不以营利为目的，不追求利润与回报。即便慈善活动存在一定的收益，这些收益也是为了更好地开展慈善活动，所以不能认定其营利性。慈善活动与商事活动最主要区别在于是否营利，为了社会公共利益的慈善不能直接或间接将营利作为追求的目标，否则就丧失其存在的价值。

3. 自愿性

从事慈善活动要尊重参与者的意愿，不能强行摊派，也不能变相摊派。慈善可以通过开展多种多样的活动吸引参与者参与，比如募捐；可以通过各种比赛形式开展，如城市马拉松比赛、城市自行车拉力赛；也可以通过有挑战性的活动吸引人们参与，如2014年的“冰桶挑战”。自愿慈善才能体现出慈善的真正价值，吸引真心慈善的人参与慈善活动。

4. 法治性

新时代的慈善不仅范围在不断扩大，而且参与者也越来越多，社会治理需要大力发展慈善事业，只有将慈善活动纳入法治的轨道，慈善事业才能发展得越来越好。目前我国专门调整慈善活动的法律主要是《慈善法》，该法从宏观层面对慈善相关制度做了概括性的规定，但对慈善活动中的一些具体内容，如慈善捐赠信息公开、慈善组织内部治理、慈善组织税收、慈善组织问责等规定不够全面细致，需要进一步完善我国新时代慈善制度。

二、慈善组织的界定

（一）我国慈善组织的产生与发展

慈善组织有广义与狭义之分。广义上的慈善组织包括宗教组织在内的一切以开展慈善活动为目的的组织；狭义上的慈善组织是指不包括宗教组织在内的以开展慈善活动为目的的组织。

在我国，广义上的慈善组织的产生可以追溯到东汉时期。当时佛教传入中国，大量的佛教寺院纷纷建立起来，佛教寺院的济贫事业随之兴起。这一时期的慈善组织以佛教寺院为主，零星有一些民间的灾荒、医疗等临时救济机构。南北朝时期出现了历史上最早的狭义上慈善组织，如专门收容贫病者的“六疾馆”① 及“孤独园”② 在中国慈善事业发展史中具有划时代的意义，标志着关心民间疾苦的慈善组织进入一个新的发展阶段。唐朝时期，慈善活动频繁，活动重点转向济贫救困，慈善组织也越来越多，其中具有代表性的是“悲田养病坊”③。宋承袭唐旧制，设有居养安济院、慈幼局、慈幼庄、婴儿局、举子包、举子田等官办慈善组织，也设有义庄等民间慈善组织，北宋范仲淹设立的“义庄”④ 是我国慈善史上第一个非宗教性的慈善组织，这一慈善之举对后世民间慈善影响力深远。宋朝除了设立济贫、养老育幼等方面的慈善组织之外，在医疗方面还设有“惠民药局”⑤ 等慈善组织，以提供义

---

① 六疾馆系南朝齐文惠太子萧长懋所建馆名。“六疾” 指六种疾病，出自《左传·昭公元年》“淫生六疾……阴淫寒疾，阳淫热疾，风淫末疾，雨淫腹疾，晦淫惑疾，明淫心疾”。后用以泛指各种疾病。

② 孤独园系南朝梁武帝所设，主要收养“单老孤稚”。

③ 悲田养病坊是唐朝武后长安年间设立的著名慈善机构，用来收容孤老贫病的人。

④ 范氏义庄是范仲淹于皇佑二年（1050 年）第三次被贬后在其原籍苏州吴县捐助田地 1000 多亩设立的。义庄田地的地租用于赡养同宗族的贫穷成员。他给义庄订立章程，规范族人的生活。范氏义庄是中国慈善史上的典范，它是最早的家族义庄，更重要的是它是我国史料记载的第一个非宗教性民间慈善组织。它还创造了一个奇迹，虽然朝代更迭，历经战乱，但一直到清朝宣统年间义庄依然有田 5300 亩，且运作良好，共持续了 800 多年。

⑤ 宋朝设立的惠民药局初衷是让医药惠及百姓，让穷困患病之民看得起病、用得起药，对贫苦病人施诊施药。该机构遍布全国，具有慈善救助性质，到明朝，惠民药局得到更加规范发展。

诊处方，施救贫病之民；为了埋葬贫病路倒无依者，宋代又设有“漏泽园”[①]。宋代设立的这些慈善机构对元明清产生重大影响，元明清纷纷仿效宋代设立相应的慈善机构。元朝的慈善事业主要是承袭唐宋的做法，并有所发展，最重要的是在医疗方面，官方设有广济提举司[②]专门负责医疗救济。明代在承继以前朝代慈善做法的基础上，抚孤恤老方面的慈善机构，如养济院[③]在大部分州县纷纷设立；民间慈善活动承继宋代的义庄制度，并进行发扬光大。明末清初，官办的慈善机构多是承继以前朝代的做法，如清朝将养济院推广到西部巴蜀川渝地区；另外，会馆、同善会、广仁会、同仁会、普济堂[④]等民间慈善组织纷纷出现，这些以一种全新形式出现的非宗教性的、非宗族性的、持续性的、志愿性的民间救助机构给当时的慈善活动注入了巨大活力与动力，在中国慈善发展史上具有承前启后的作用。晚清和民国时期，西方“大同、博爱”等慈善观念传入中国，教会组织纷纷设立，将中国传统的养老抚幼、济贫救困等慈善活动与教会活动相结合，以教会之名开展各种慈善活动；同时，国际性的公益慈善组织也传入中国，如1904年国际红十字会传入中国，以发扬人道、博爱、奉献精神，保护人的生命和健康，促进人类和平进步事业为宗旨的中国红十字会成立并一直延续至今；除此之外，民间的残废院、育婴堂、盲哑院、施诊所、平民工作所、平民贷济处、平民学校、冬季粥厂、冬赈棉衣等慈善组织活动更加频繁，官办与民办慈善组织活动的范围进一步扩大，受助人群不断增加。中华人民共和国成立之后，在计划经济时代，由于对慈善存在不正确的认识，我国慈善事业处于停滞状态。改革开放之后，我国慈善事业得以复兴与发展，慈善组织也迅速发展起来。

---

① 漏泽园始创于宋元丰年间，宋徽宗崇宁三年（1104年）正式下诏推广到全国各地，漏泽园是官设的墓葬地，凡无主尸骨及家贫无葬地者，由官家丛葬，所以，漏泽园是一个较高制度化的慈善福利机构。

② 元代官设的广济提举司主要是掌药物加工制剂，施药平民，是一个具有慈善性质的官办机构。

③ 洪武元年（1368年），朱元璋下诏：“鳏寡孤独废疾不能自养者，官为存恤。”（《明太祖实录》卷三四）。洪武五年（1372年）又下诏“诏天下郡县立孤老院”，由此明代的养济院制度得以确立。

④ 普济堂是清代收容老病孤寡的慈善机构，起初大多数系地方乡绅集资捐助设立，属于民间慈善组织，清后期也带有民办官督的色彩。

自 1981 年我国第一家慈善组织即中国儿童少年基金会成立以来，截至 2019 年 1 月 31 日，我国登记在册的各类慈善组织已达到 5285 家，慈善组织数量上有了飞跃性的发展，规模也在不断壮大。从表 1－1 可以看出，我国慈善组织中慈善基金会居多，这与其他国家以基金会为主的慈善组织分布状况基本一致。

表 1－1　全国慈善组织类型及数量分布

慈善组织类型	数量/家	占比/%
社会团体	945	17. 9
红十字会	276	5. 2
社会服务机构	246	4. 7
基金会	3818	72. 2
总计	5285	

资料来源：中国社会组织公共服务平台网“慈善中国”，http：//charitychina. foundationcenter. org. cn/home/cszz，2019 年 2 月 28 日访问。

（二）域外慈善组织的产生与发展

国外慈善发端于宗教，包括犹太教、基督教、伊斯兰教等。在政教合一的国家，宗教组织充当各种慈善使者开展慈善活动，所以宗教组织也是慈善组织。宗教组织从事慈善活动被认为是名正言顺，宗教组织几乎涉足所有的慈善活动，这在信奉伊斯兰教的国家表现尤为明显。在政教分离的国家，宗教性的慈善组织与非宗教性的慈善组织并存，以西方国家为代表。自西方掀起文艺复兴及宗教改革起，政教逐渐分离。宗教组织被定位为从事宗教活动，适度参与一些慈善活动的组织；非宗教性质的慈善组织一般由民间设立，从事专门领域的慈善活动，如资助教育、文化、济贫救困等。慈善观念得到进一步深化，慈善活动领域进一步扩大，从而推动了慈善事业向更符合社会需要和人们需求的方向发展。

20 世纪之前，即便是政教分离的西方国家，慈善组织的设立与发展也是与宗教存在千丝万缕的联系，纯属非宗教性质的慈善组织寥寥无几，进入 20

世纪之后，随着西方国家政治、经济、社会等各方面的全面发展，法律制度的完善，公益慈善观念深入人心。一些拥有巨额财富的成功人士率先设立专门的慈善组织从事慈善活动，开启了现代慈善之旅。例如，20世纪美国最早的、起带头作用的三大基金会，即拉塞尔·塞奇基金会（1907年）、卡耐基慈善基金会（1911年）及洛克菲勒基金会（1913年）是现代西方慈善组织的先驱，与之前的慈善组织相比，无论是在理念、经营方式、捐赠模式还是选择对象上都树立了榜样，创立了一种传统，奠定了之后蓬勃发展的基金会基础。[①] 这三大基金会一直延续至今，仍然充满生机与活力，在美国慈善领域享有至高地位。

当代西方慈善组织活动领域不断拓展，一些国家以立法的形式对慈善组织开展活动进行列举。例如，英国《2006年慈善法》将慈善组织活动范围规定为13项，英国《2011年慈善法》仍延续这一界定范围。[②]《英国慈善法》对慈善组织活动范围的界定具有典型代表性，为其他国家慈善组织活动范围的确定提供了借鉴，大部分国家对慈善组织活动范围规定与英国大致相当。例如，《美国国内税收法典》第501（c）（3）条中对慈善组织活动列举了包括“宗教、慈善、科学、促进公共安全、文学、教育，或促进国家或国际业余体育竞赛，或防止虐待儿童或动物……”等多项，与《英国慈善法》列举的内容差不多。在英国，慈善组织可分为两大类：一类是具有独立法人格的慈善组织，另一类是不具有独立法人格的慈善组织。前者包括慈善公司、法人型慈善组织等，后者包括慈善信托与非法人社团这两种组织形式。[③]

综上，慈善组织产生与发展的不同的历史背景，导致对其的界定存在一定的差异。但在当代，各界对慈善组织目的认识存在高度一致，都强调慈善

---

① 参见资中筠：《财富的责任与资本主义演变：美国百年公益发展的启示》，上海三联书店2015年版，第29页。

② 参见《非营利组织法译汇（三）：英国慈善法》，金锦萍译，社会科学文献出版社2017年版，第222页。

③ See Charity Commission, *The Essential Trustee: What You Need to Know*（*CC3*）, Charity Commission, 2012, p. 6.

组织以慈善为目的开展慈善活动。基于此，可作以下定义：慈善组织是指依法成立，以面向社会开展慈善活动为宗旨的非营利组织。

三、慈善组织治理的理解

我国慈善组织虽然起步迟，发展水平及规模不及发达国家，但改革开放以来，我国慈善组织从无到有、从少到多、从政府举办到政府举办与民间兴办并存，经过40多年的发展，无论是发展水平，还是数量和规模都呈现快速发展的趋势。然而，伴随慈善组织的发展，各种问题不断出现，如假冒慈善组织开展慈善活动、慈善组织接受捐赠财产信息不公开、内部治理结构不合理、财务会计报告不公开，等等。这些问题伴随慈善组织的发展而出现，慈善组织治理问题不断显现。慈善组织治理是一个复杂的工程，涉及慈善组织活动的方方面面。慈善组织治理是新时代下社会治理体系和治理能力现代化的应有之义，正确全面理解慈善组织治理含义，需要对相关概念予以界定。

（一）管理与治理的关系

1. 管理的含义

美国现代管理学之父彼得·德鲁克认为：管理是一种工作，它有自己的技巧、工具和方法；管理是一种器官，是赋予组织以生命的、能动的、动态的器官；管理是一门科学，一种系统化的并到处适用的知识；同时管理也是一种文化。[①] 学术界关于管理的定义多种多样，如管理就是指挥他人能用最好的办法去工作；管理是指同别人一起，或通过别人使活动完成得更有效的过程；管理是管理者为有效地达到最终目标，对组织资源有意识、有组织、不断地进行协调的活动过程；等等。关于管理的定义不一而足。当代社会中，管理被广泛使用在行政、商业活动、社会活动等各个领域，包括行政管理、商业管理、社会管理等。由于管理适用的广泛性，对管理定义一直难以统一，

---

① 参见《管理》，载MBA智库·百科，https：//wiki. mbalib. com/wiki/% E7% AE% A1% E7% 90% 86，2020年2月5日访问。

对管理概念的理解见仁见智。通常意义上的管理是指管理者或管理机构，在一定范围内，通过计划、组织、控制、领导等工作，对组织所拥有的资源进行合理配置和有效使用，以实现组织预定目标的过程。[①] 根据该定义，管理可理解为一个过程，是为了达到组织目标而从事活动的过程，是协调组织内部各种资源的关系使之更优化、更有效地达到组织的目标。管理呈现的是一种机制，强调的是有权机关对管理对象施加的影响过程，如慈善组织登记管理机关对慈善组织的管理，就是登记管理机关根据法律的授权，对慈善组织设立、变更、解散、终止等整个过程中的重要事项进行监督管理，是国家行政机关行使行政权的过程。

2. 治理的界定

"治理"一词在众多领域都适用，已然成为一个热词。关于治理的定义，学界通说是指各种公共的或私人的个体及机构管理其共同事务的诸多方法的总和，是使相互冲突的或不同的利益得以调和，并采取联合行动的持续过程。既包括有权迫使人们服从的正式制度和规则，也包括各种人们同意或符合其利益的非正式制度安排。[②] 治理是个复杂的过程，联合国全球治理委员会将治理的特征概括为四点：(1) 治理是一个过程。治理不只是一整套规则，也不只是一种活动，而是一个过程。(2) 治理是一个协调过程。治理过程的基础不是控制，而是协调。(3) 治理参与的主体广泛。既包括公共部门，也包括私人部门。(4) 治理是一个互动过程。治理不是一种正式的制度，而是一个持续的互动过程。[③] 由此可知，治理是一个协调、互动的过程，可以发生在各种组织中，慈善组织当然不例外。治理着重解决组织的重要问题，如组织的前景、使命，组织内部治理机构安排，组织管理人员的产生，组织人力、

① 参见《管理》，载 MBA 智库·百科，https://wiki.mbalib.com/wiki/%E7%AE%A1%E7%90%86，2020 年 2 月 15 日访问。

② 参见《管理》，载 MBA 智库·百科，https://wiki.mbalib.com/wiki/%E7%AE%A1%E7%90%86，2020 年 2 月 15 日访问。

③ See The UN Commission on Global Governance, *Our Global Neighborhood*, Oxford University Press, 1995, pp. 23-28.

财产资源的合理配置等。对慈善组织治理来讲，需要各方利益相关者充分行使各自职责与权利，监督与管理慈善组织，参与慈善组织活动，共同推动慈善组织治理能力和治理水平建设。

3. 管理与治理的关系

管理与治理是一组既相互联系又有区别的概念。两者的联系主要表现为管理和治理都强调通过采取一定措施达到既定目标，是一种履行职能并对特定对象施加影响的过程。两者的区别主要包括：（1）主体上存在不同。“管理”主体之间地位不对等，管理者对被管理者具有一定的制约、控制权力；而“治理”往往指“协同治理”，强调社会多元主体的共同参与，政府、社会组织、个人等都是治理的主体，不同主体在治理中的不同角色形成了一种协同合作关系，共同作用于社会。（2）过程上存在不同。“管理”是垂直的，是自上而下的，一般是有权行使管理权的政府对社会团体、企业、公民的命令式管理；而“治理”是扁平化的，除国防、外交等涉及国家安全的领域，大多涉及民生领域的事务强调是政府、社会、公民共同来完成，从而达到有效治理。（3）效果上存在不同。“管理”表现为刚性的、静态的、被动的管控，一般是国家或政府从上至下的行政式的管理，是主体与客体之间的管理与被管理状态；“治理”体现的是柔性的、动态的、主动的治理，最核心的变化是治理主体的多元化，是多元平等主体之间的最佳状态。①“管理”体现的是权力的运行和责任的承担，而“治理”则体现的是权利的行使和义务的履行。

（二）慈善组织治理

慈善组织治理是系统的制度架构，有完整的制度体系，包括内部治理法律制度和外部治理法律制度。慈善组织治理是指通过权利分配、权利行使及权力制约来协调慈善组织对内、对外相关制度，从而保障慈善组织的高效运转。其目的是构建高效的慈善组织治理法律制度体系，实现慈善组织的目的

① 参见周红云主编：《社会治理》，中央编译出版社 2015 年版，第 2 页。

与使命。

从图 1－1 可知，慈善组织内部治理法律制度主要包括慈善组织准入、内部治理结构及信息公开等，外部治理法律制度主要包括慈善组织财产处分与外部监督管理等。内部治理与外部治理制度相互依存、相互作用，共同构成慈善组织治理法律制度体系，在内部治理与外部治理中出现问题，可以启动问责机制，追究慈善组织或慈善组织法定代表人或直接责任人员的责任。

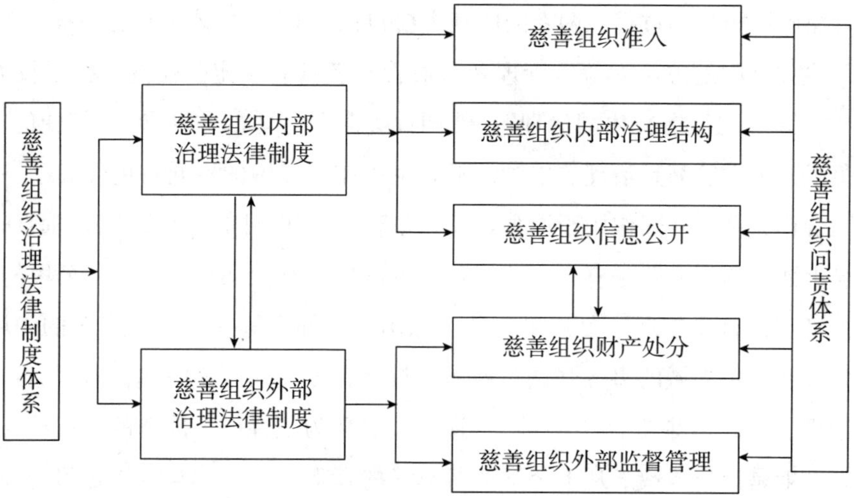

图 1－1　慈善组织治理法律制度体系架构

慈善组织是社会公益慈善活动的主要参与者，公益慈善事业发展需要大量的慈善组织参与并积极开展活动，只有这样才能繁荣和发展慈善事业。目前我国慈善组织无论是数量还是规模都远远不能满足社会发展需要。现有的慈善组织开展活动时问题不断，慈善活动的不规范、不透明严重影响慈善组织的社会公信力，降低了社会对慈善组织整体的认同度，对慈善组织的发展造成了阻碍。因此，有必要对慈善组织进行全面治理，以适应我国公益慈善事业发展的需要。

慈善组织治理是指慈善组织利益相关者联合对慈善组织内部事务与外部活动进行协调与管理活动的过程。慈善组织治理是一个开放的概念，其内容极其丰富，并随着社会的发展不断充实新的内容。慈善组织治理既涉及管理学、社会学、经济学以及政治学等问题，也涉及法学问题，是个多学科交叉的问题。从法学的角度对慈善组织治理中的问题进行探讨在我国理论界尚处于起步阶段，因此，对慈善组织治理中的重要法律问题研究具有重大的理论价值与实践意义。

第二节　慈善组织治理的理论基础

2013 年党的十八届三中全会通过的《中共中央关于全面深化改革若干重大问题的决定》中直接提出“创新社会治理体制”，这是中国共产党将治国理政理念细分到社会建设领域的集中体现。社会治理是国家治理不可分割的重要组成部分。当代中国，参与社会治理的主体呈现出多元化趋势，其中慈善组织就是社会治理中的重要主体。慈善组织自身治理能力、水平、效果直接影响到社会治理能力、水平与效果，也关系到国家治理能力和治理水平。因此，从我国慈善组织治理现状分析，必须要加强慈善组织治理，提升慈善组织治理能力与治理水平。不仅如此，就理论视角而言，加强慈善组织治理已具备重要的理论支撑，这些理论是慈善组织内部与外部治理的来源与依据。慈善组织治理的理论基础根源于社会治理理论，还包括利益相关者理论、委托代理理论及公共利益理论。

一、社会治理理论

关于社会治理的含义，不同的学者存在不同的看法。陈家刚认为，所谓社会治理，就是政府、社会组织、企事业单位、社区以及个人等诸行为者，通过平等的合作型伙伴关系，依法对社会事务、社会组织和社会生活进行规范和管理，最终实现公共利益最大化的过程。[①] 该学者将社会治理界定为各

① 参见陈家刚：《从社会管理走向社会治理》，载《学习时报》2012 年 10 月 22 日版。

类主体之间相互合作共同完成社会事务的过程。唐钧认为，社会治理是指在社会领域中，从个人到公共或私人机构等各种多元主体，对与其利益攸关的社会事务，通过互动和协调而采取一致行动的过程，其目标是维持社会的正常运行和满足个人和社会的基本需要。① 该学者将社会治理界定为多元主体共同合作实现个人与社会需求的双赢过程。周红云认为，社会治理是为了维护和达成社会秩序，对公民社会领域的社会组织、社会事务和社会活动进行规范和协调等的管理过程，是对政府领域的行政管理和市场领域的管理所“不管”和“管不到”的公民社会领域的管理。② 同样，该学者也是将社会治理界定为多元主体共同参与社会事务活动的过程。另外，还有一些学者对社会治理也进行了定义，虽然各个学者对社会治理界定的字面表述不尽相同，但表达的意思基本一致。综合学者的观点，笔者将社会治理界定为：各类法人组织、非法人组织及个人通过合作、协商、沟通等方式，依法对社会事务进行共同管理、共同建设，最终实现社会公共利益最大化的过程。从社会治理的含义可以看出，社会治理具有以下几方面特征。

（一）社会治理是一个动态的公共利益最大化过程

社会治理具有动态性、发展性和延续性，社会治理是在不断发展变化的政治、经济、文化、生态背景下进行的，既不能靠制定一套“一刀切”的规章制度就达到治理的目的，也不能靠“运动式”的号召试图在短时间内就实现社会治理目的，而是要坚持社会治理是一个长期的建设过程，需要有计划、有组织、有目标、有条不紊地开展治理活动。社会治理的最终目的是最大化地实现社会公共利益。

（二）社会治理是实行多元共治的过程

参与社会治理的主体的出发点和目的不尽相同，社会治理必须高度重视

① 参见唐钧：《从社会管理到社会治理》，载《中国人力资源社会保障》2015 年第 4 期。

② 参见周红云：《从社会管理走向社会治理：概念、逻辑、原则与路径》，载周红云主编：《社会治理》，中央编译出版社 2015 年版，第 2 页。

不同主体的诉求，构建多元共治的社会治理主体制度。不论是组织还是自然人，也不论是国有还是非国有单位，都是社会治理的主体，都应积极参与社会治理、分享社会发展成果。社会治理应当建立多元主体之间的互动与联动机制，引导全社会达成利益共识，建立一个适合多元主体参与的治理框架和社会机制，使参与社会治理的多元主体都能够提出自己的利益诉求，在沟通交流、相互妥协、协商一致的基础上达成社会共识。[①] 在具体行动上，参与社会治理的各方主体需上下配合、齐心协力、互动协调，在实现社会整体利益的同时，各个主体的利益也能够最大化实现，最终达到共治共享。

（三）社会治理是一个法治化过程

在新时代共建共治共享的治理理念指导下，创新社会治理模式、提高社会治理水平是时代发展的需要，也是社会发展的必然选择。社会治理法治化，不仅能够有效促进我国现有社会治理向多元共治转变，而且能够不断驱动社会发展观念与制度创新，催生出更符合中国基本国情、能提升社会治理实效的新模式。社会治理涉及多个方面，事务繁多，既要健全治理主体制度，也要完善治理的内容、客体、方式、路径等。社会治理是一个系统工程，任何一个环节治理都会牵涉到其他方面治理效果，稍有不慎就会导致前功尽弃，所以，社会治理需要全盘规划，制定和完善社会治理法律法规，全面、系统规范社会治理中的重要事项，将社会治理事务法治化，坚持并切实落实依法治理。

二、利益相关者协同治理理论

利益相关者协同治理理论借鉴了公司利益相关者共同治理理论。在西方国家，公司利益相关者共同治理理论是从 20 世纪 60 年代初逐步发展起来的，进入 20 世纪 80 年代之后，其影响迅速扩大，并开始影响西方许多国家公司治理模式的选择，带动了企业管理方式的转变。关于“利益相关者”的定

---

① 参见唐钧：《社会治理的四个特征》，载《北京日报·理论周刊》2015 年 3 月 2 日，第 14 版。

义，当今被广泛接受的观点是美国经济学家弗里曼（Freeman）于1984年出版的《战略管理：利益相关者方法》一书中对“利益相关者”的界定。弗里曼认为，利益相关者是能够影响一个组织目标的实现或者受到一个组织实现其目标过程影响的人。据此定义，公司利益相关者不仅包括股东、债权人、雇员、供应商、顾客等直接影响公司活动的主体，还包括公众、社区、环境、媒体等间接影响公司活动的团体与个人。弗里曼的这一观点对美国公司治理产生深远影响，也为包括中国在内的其他国家公司治理提供了理论参考。例如在公司治理方面，我国多数经济学家都力主公司利益相关者参与公司治理，鼓励公司和利益相关者在创造财富、提供工作机会、提高公司绩效以及健全公司财务等方面积极地进行合作。

公司系营利性组织，慈善组织属于非营利性组织，两者性质有所不同，但两者都是组织形式，都需要设立内部组织机构，这也是两类组织的共通之处，所以，公司的一些制度可以为慈善组织所借鉴，其中利益相关者共同治理理论就是可借鉴的制度之一。公司利益相关者参与公司治理，慈善组织也需要利益相关者协同共治，但由于慈善组织不同于公司，所以在慈善组织中引入利益相关者协同治理理论不能照搬照套公司利益相关者共同治理理论。

（一）慈善组织利益相关者范围

慈善组织属于典型的无“终极所有者”的组织，由于其先天的“所有者缺位”，利益相关者参与慈善组织治理体现了慈善组织治理民主价值和公益使命，直接或间接影响着慈善组织的行为和决策。慈善组织利益相关者包括慈善组织理事、管理人员、监事、一般员工等内部利益相关者，也包括政府部门、志愿者、捐助人、受助者、专业协会、评估机构、公众、媒体、其他社会组织、企事业单位及所在社区等外部利益相关者。慈善组织利益相关者范围广泛，各个利益相关者与慈善组织关系疏密程度不同，在慈善组织治理中的地位不同。这些利益相关者以不同的方式参与或影响慈善组织治理，也影响慈善组织发展。

（二）利益相关者在慈善组织治理的法律地位

由于慈善组织的公共性与公益性，利益相关者对慈善组织的生存与发展起着至关重要的作用。内部利益相关者是慈善组织事务决策者、管理者与执行者，是慈善组织治理内生动力的源泉。外部利益相关者有的直接影响慈善组织的存续与发展，如捐赠者的捐赠是慈善组织开展活动的物质保障，直接关系到慈善组织捐助活动的开展；有的间接影响慈善组织存续与发展，如《慈善法》第60条第1款规定，公募慈善组织开展慈善活动的年度支出，不得低于上一年总收入的70%或者前三年收入平均数额的70%。这一规定从字面上看是对慈善组织应尽的法定义务的规定，但蕴含的意思实际上间接地为受助者行使监督权提供依据，是受助者间接参与慈善组织治理的体现。外部其他利益相关者对慈善组织治理存在不同作用的影响，因此，慈善组织正常活动离不开利益相关者。利益相关者不仅是慈善组织治理中必不可少的参与者，缺少利益相关者参与，慈善组织的活动难以正常开展，而且利益相关者还是慈善组织治理的监管者，承担着构建符合中国国情、具有高度公信力慈善组织的任务。利益相关者在慈善组织治理中的作用可以概括为：一是有利于完善慈善组织内部治理结构，降低治理成本；二是有利于营造良好的外部治理环境，实现慈善组织的目的，完成慈善组织的使命。

三、委托代理理论

委托代理理论于20世纪70年代由美国经济学家罗斯首先提出，最早运用于经济学领域，后发展成为西方制度经济学中契约成本理论的主要内容之一。这一理论不断得到发展，并被用来解决营利组织与非营利组织内部信息不对称等问题。委托代理理论的核心任务是委托人如何设计最优契约激励代理人。

（一）委托代理理论的基本内容

委托代理理论是指一个或多个行为主体根据一种明示或隐含的契约，指定、雇用另一些行为主体为其服务，同时授予后者一定的决策权利，并根据后者提供的服务数量和质量对其支付相应的报酬。[①] 委托代理关系中，授权者是委托人，被授权者就是受托人即代理人，委托人委托受托人（代理人）从事委托授权范围内的特定行为，受托人在授权范围内所从事的授权行为的后果由委托人承担。也就是说，委托人承担委托代理的后果，而代理人不承担代理的后果。这一理论被广泛运用到经济学、管理学、社会学、法学等多个学科领域。

在委托代理的关系当中，委托人与代理人的利益追求各不相同：委托人追求的是自己的利益最大化，而代理人追求的是待遇最大化。在没有有效的制度规约下，代理人很可能以损害委托人利益为代价谋取自身的利益。因此，在委托代理理论运用中，需要合理设计相关制度激励代理人，激发代理人为实现委托人的利益实行有效代理。

（二）委托代理理论在慈善组织治理中的运用

在慈善组织中存在多重委托代理关系：一是慈善组织与其内部理事会、监事会之间的委托代理关系；二是理事会、监事会与其组成人员之间的委托代理关系；三是捐赠人与慈善组织之间的委托代理关系；四是理事会与管理人员之间的委托代理关系；等等。在多重委托代理关系中，慈善组织具有特定的地位与身份，既可能是委托人，也可能是代理人。例如，在慈善组织与理事会委托代理关系中，慈善组织是委托人；而在捐赠人与慈善组织委托代理关系中，慈善组织又是代理人。慈善组织中委托代理理论的运用具有复杂性。

1. 作为委托人的慈善组织委托权限范围

从组织财产所有者视角来看，慈善组织与公司的主要区别是慈善组织存在所有者缺位，即慈善组织财产属于谁不明确，而公司财产属于公司所有，这是十分明确的。公司基于财产所有者的地位有权从事一系列委托行为。一

---

① 参见《委托代理理论》，载 MBA 智库 · 百科，https://wiki.mbalib.com/wiki/%E5%A7%94%E6%89%98%E4%BB%A3%E7%90%86%E7%90%86%E8%AE%BA，2020 年 3 月 10 日访问。

般情况下，代理人由委托人的权力机关选举产生，所以，公司有权选择代理人，也有权撤销代理人。而在慈善组织活动中，由于其委托权限受限，慈善组织仅在管理与使用与捐赠财产有关的事项时可以行使委托权。基于此，慈善组织作为委托人的权利限于与慈善组织财产管理与使用有关，而对其他方面事项则没有委托权，不能委托代理人。慈善组织其他方面事项的代理人往往是由有关部门临时指定，如慈善组织招募志愿者、委托评估等一般是临时指定。临时指定的代理人不是按照程序产生，不受慈善组织权力机关的约束，所以慈善组织也就不能随意撤销代理人。这种情况下，委托人与代理人处于分离状态，给代理人任意行使代理权留下余地。如果对代理人的权利不加以限制，则会导致代理人权利膨胀，滥用代理权就在所难免。这必将给慈善组织治理带来负面影响，不利于慈善组织的发展。

2. 作为代理人的慈善组织应依法行使代理权

慈善组织的所有活动都应遵循委托代理理论，根据我国《民法典》有关代理制度的规定行使代理权。在捐赠人与慈善组织的委托代理关系中，慈善组织是代理人。虽然慈善组织所有者缺位，但这不影响慈善组织代理人身份。代理人从事的活动需要有委托人的授权，没有授权所从事的代理行为应认定为无权代理，由慈善组织承担无权代理的法律后果。慈善组织是以从事公益慈善活动为目的的非营利性组织，慈善组织从事慈善活动的资金主要源于捐赠人的捐赠。捐赠者将其捐赠财产交由慈善组织用于公益慈善活动，慈善组织有义务按照捐赠者的意图管理与使用捐赠财产，这是行使代理权的正当方式。如果慈善组织没有按照捐赠者的意图管理与使用慈善财产，不捐助的，则违反法定义务；捐给不该受助的人的，则构成无权代理；侵占、挪作他用的，则构成滥用代理权行为：这些都是不合法的代理行为。

3. 代理人负有勤勉、忠实履行代理的义务

在慈善组织活动中，无论谁作为代理人，对委托人都负有忠实义务与勤勉义务。一是履行忠实义务。代理人应按照委托人的要求，在授权范围内全面、及时、谨慎、有效地开展代理行为，不得从事任何有损于委托人利益以

及有害于慈善财产的行为。如果由于代理人疏于履行职责或从事有损于委托人利益的行为而致使委托人遭受损失的，代理人应对委托人承担法律责任。二是履行勤勉义务。代理人在处理代理事务时，负有运用自己的知识、经验、技能从事代理事务并且使之达到法律所要求的标准，或者是代理人在处理委托人事务中就如同处理其个人事务时应尽到的勤勉。例如，慈善组织理事会作为代理人，其在管理与使用捐赠财产时应最大限度发挥捐赠财产的效用。理事会应充分尊重捐赠人的意愿处分财产，对捐赠财产没有指定捐助对象的，慈善组织也应当尽到勤勉义务，合理管理与使用捐赠财产，并在管理捐赠财产中保证捐赠财产的保值增值。

四、社会公共利益理论

任何领域的治理都有其目的性，治理的目的是在各种不同的制度关系中运用权力去引导、控制和规范参与治理主体的各种活动，最大限度增进公共利益。[①] 社会治理的主要目的在于构建一个良好的社会公共秩序，最大化实现社会公共利益，慈善组织治理的目的也在于此。所以说，社会公共利益理论也是慈善组织治理的理论来源之一。

（一）社会公共利益理论的基本内容

社会公共利益是指社会公众都享有的、非独占的、为一个社会生存所必需的利益，又称为“社会福祉”。对社会公共利益理论的理解：（1）社会公共利益反映的“公意”，代表全体人民，或者“最大多数人民的最大利益”。（2）社会公共利益具有客观性。社会公共利益不能简单地理解为个人之间基于利益关系而产生的共同利益，不是简单的个人利益的叠加，而是整体社会共同利益的体现，是客观存在的。（3）社会公共利益具有共享性。社会公共利益共享性可以从两个层面来理解：一是社会性。所谓社会性是指公共利益的相对普遍性或非特定性，即它不是特定的、部分人的利益。二是共享性。

---

① 参见俞可平主编：《治理与善治》，中国社会科学出版社 2000 年版，第 5 页。

所谓共享性既是指社会利益的“共有性”，也是指“共同受益性”。[①] 社会公共利益是共同体所有成员或绝大多数成员的共同利益，共同享用，共同受益。

（二）社会公共利益理论是慈善组织治理重要理论来源

慈善组织治理是个复杂的系统工程，治理的目的主要是最大限度实现公共利益。慈善组织治理中涉及的各项事务都围绕社会公共利益展开。（1）治理主体多元化。为提高慈善组织治理能力与治理水平，立法上保障更多的利益相关者参与治理，鼓励和支持公众、媒体监督慈善组织活动。（2）治理内容法治化。慈善组织内部与外部治理涉及多方面制度内容，政府对慈善组织治理不得干预，慈善组织自身对其治理也不得任意而为，需要依法治理。我国目前调整慈善组织活动的法律虽然不多，但《民法典》《慈善法》等调整慈善组织的基本法已经实施，为慈善组织治理提供了依据。近年来国务院、民政部、国家税务总局等部门出台的相关法规规章涉及慈善组织治理内容，一些重要治理内容也正在加紧立法，总体上，慈善组织治理内容立法虽然不健全，但基本上有了保障，关键的是下一步如何付诸实施。（3）治理公开化。慈善组织治理主要是为了最大限度实现社会公共利益。是否能够实现这一目的，需要将治理公开，接受监督和评估。

第三节　慈善组织与政府、企业的关系

现代社会整体结构由政府、企业与社会组织三大类组织构成，这三大类组织相互关联，又相对独立，其中社会组织又称非营利组织、非政府组织、第三部门等。我国已拥有一支庞大的社会组织队伍，2018 年年底，我国社会

① 参见《公共利益理论》，载 MBA 智库·百科，https：//wiki. mbalib. com/wiki/% E5% 85% AC% E5% 85% B1% E5% 88% A9% E7% 9B% 8A% E7% 90% 86% E8% AE% BA，2020 年 3 月 15 日访问。

组织总数已超过81.7万个,[①] 截至2021年年底，全国社会组织共90.2万个。[②] 我国《慈善法》第8条第2款规定："慈善组织可以采取基金会、社会团体、社会服务机构等组织形式。"由此可知，慈善组织是社会组织中的一部分，其与其他社会组织存在密切的关系；同时，慈善组织又与政府、企业存在着一定的关系。所以，有必要厘清慈善组织与政府、企业的关系，确定各自的法律地位，明确慈善组织的宗旨，充分发挥慈善组织在社会管理与社会治理中的作用。

一、慈善组织与政府的关系

我国慈善组织基于民间力量和政府力量的双重推动而产生。由于初始阶段国家对民间设立慈善组织的限制，我国初始阶段的慈善组织是由政府发起设立，由此形成了政府主导型慈善组织模式。虽然这种模式在我国现代慈善事业的起步阶段起到了重要的推动作用，但在慈善事业寻求更高水平发展的新时代背景下，这种模式使慈善组织的发展受到一定的限制，尤其是实际运行中许多主管部门并不尊重慈善组织的自主性和民间性，而是将其作为自己的"下属单位"，有的甚至采取设置事业单位或在慈善组织中安排政府公务人员等方式，以行政管理方式管理慈善组织，导致慈善公益事业依附于政府，无法变成真正的社会公益活动组织，制约了现代社会公益慈善事业的健康发展。虽然这一状况经过近年来的不断改革有所改观，但是非民办慈善组织的行政化仍然存在。从慈善组织长远发展来说，最好的选择是让慈善组织"去行政化"。一些有"官方背景"的慈善组织"去行政化"尚需时日，但最终必然选择走民间化发展之路。同时在我国慈善组织管理体制发生重大改变的条件下，以民间力量自觉发起的慈善组织也需要进行优化发展。总之，在慈

① 参见《2018年民政事业发展统计公报》，载民政部网2019年8月15日，http://www.mca.gov.cn/article/sj/tjgb/201908/20190800018807.shtml。

② 参见《2021年民政事业发展统计公报》，载民政部网2022年8月26日，https://images3.mca.gov.cn/www2017/file/202208/2021mzsyfztjgb.pdf。

善事业发展中，明晰政府与慈善组织的权力界限是必须要做的事，尽管这是个艰难的过程，但最终还是需要作出选择。

（一）慈善组织与政府的合作伙伴关系

合作主义是构筑政府与慈善组织关系的理论基础。慈善源于宗教活动，早期人们三五成群结社开展宗教慈善活动，这种早期的慈善组织完全由民间自发设立。随着社会文明的不断进步，社会事务日益复杂，慈善活动领域不断扩大，慈善活动不再限于宗教活动，逐渐将扶贫、济困、扶老、救孤、恤病、助残、助学、教育、科学、文化、卫生等纳入慈善活动范围，现代慈善应运而生。现代慈善活动主要是有关人们福祉的事务，一般在政府领导和倡导下由慈善组织开展具体活动，这样政府与慈善组织就产生了一定的联系，为了扶持慈善组织的发展壮大，政府还向慈善组织购买服务。历史的原因使我国慈善组织与政府之间的关系较为复杂。近年来，慈善组织经过脱钩改革，原先的慈善组织不再归属于行政机关，新设慈善组织不需要主管机关审批，直接向登记管理机关申请注册即可以设立，改革取得了一定的成效。

1. 慈善组织与政府之间的合作关系

我国慈善组织包括国家作为发起人设立的慈善组织和民间出资设立的慈善组织。为保障慈善组织独立开展活动、丰富慈善活动，需要更多的慈善组织参与慈善事业发展，慈善组织民间化是发展的趋势。慈善组织独立性是指慈善组织开展活动不受其他任何组织、个人干涉，其活动内容只要是为慈善目的，慈善组织可以自主决定，慈善组织有其独立的活动领域，其使命与目的具有社会公益性，所以，慈善组织完全有必要也有能力独立开展慈善活动。我国慈善组织在最初的起步阶段是由政府设立，不仅人、财、物都由政府分派，慈善活动的领域范围也由政府指定。慈善组织成为政府的附属机构，导致慈善组织无法独立，长期以来，慈善组织在慈善事业发展中所起到的作用并不显著，这不是慈善组织应有的社会价值。要让慈善组织在我国慈善事业中发挥推动慈善发展的作用，就必须要打破政府包揽设立慈善组织的状况，让慈善组织走出一条独立发展道路，建立慈善组织与政府合作伙伴关系，而不是隶属关系。为此，一是慈善组织要独立于政府，走民间化发展之路。虽然我国现有的一些慈善组织还不能民间化，但对新设立的慈善组织可以实行民间化，对那些尚未独立于政府的慈善组织有计划、分阶段进行脱钩改革，最终实现民间化。二是慈善组织要积极与政府开展合作。合作包括但不限于以下慈善活动：（1）扶贫、济困；（2）扶老、救孤、恤病、助残、优抚；（3）救助自然灾害、事故灾难和公共卫生事件等突发事件造成的损害；（4）促进教育、科学、文化、卫生、体育等事业的发展；（5）防治污染和其他公害，保护和改善生态环境；等等。只要属于慈善组织活动范围的事项且能够与政府合作的，就应当积极、主动谋求与政府合作机会。

2. *慈善组织与政府之间的互动关系*

互动关系是既相互促进，又相互影响的关系。在社会治理实践中，慈善组织与政府之间的互动越来越频繁，表现在两个方面：一是政府对慈善组织活动的积极影响。例如，政府向慈善组织购买居家养老服务项目、向环保类慈善组织购买环保服务项目等，是政府通过购买服务促进慈善组织持续发展；慈善组织想要拿到政府服务项目，需要参与竞标，间接敦促慈善组织加强自身治理，推动了慈善组织发展。二是慈善组织对政府的积极影响。慈善组织与政府对公共事务的协同共治将慈善组织与政府紧密联系在一起，如我国正在进行的扶贫活动，慈善组织与政府一直是并肩合作，攻坚克难，完成一个又一个扶贫项目。另外，慈善组织活动对政府决策也会产生重大影响。慈善组织开展活动的资金不能等靠要，需要慈善组织创造性探索募捐新途径、新方式，线上募捐应运而生。为解决线上募捐真假难辨问题，2016 年、2018 年及 2021 年民政部经过三次遴选，指定 30 家互联网募捐信息平台为慈善组织提供公开募捐信息发布平台，除了这 30 家平台，其他的募捐信息平台均为非法行为，很好地解决了线上募捐问题。慈善组织与政府在互动关系中，两者既相互独立，又相互联系。虽然行政机关对慈善组织还有一定的监管权，但政府不能管得过死，应放权于慈善组织，让慈善组织独立开展活动，壮大慈善组织队伍与规模，提升慈善组织能力。慈善组织也只有独立开展活动，才能够不断发展和壮大，才能够在与政府的互动中发挥其积极的作用。

3. 慈善组织与政府之间的伙伴关系

在国外，现代意义上的慈善组织从其设立起与政府之间就是合作伙伴关系。例如，多年来美国慈善基金会一直与政府合作，在慈善组织内部治理结构、慈善组织信息披露、慈善信托制度、慈善财产管理与使用、慈善财产捐助等方面都有合作，建立起一套政府与慈善组织合作运行机制。从社会长远发展及社会共享共治共建分析，慈善组织在社会治理中占有重要的地位，所以，慈善组织发展的必然选择是走独立之路，其与政府之间关系最佳选择便是伙伴关系。伙伴关系是一种基于参与者自愿、共同协商、共同实施、共担责任的相对稳定合作关系，是合作、互动关系的基础，又是合作、互动的升级。伙伴关系包括宏观上与微观上的伙伴关系。在宏观上，政府制定一系列行政法规规章对慈善组织活动进行调整，慈善组织在开展活动中又对行政法规和规章的不断健全与完善提供实践依据。再如，宏观上政府对慈善组织进行监管，慈善组织配合政府接受监管表现的也是合作伙伴关系。微观上，政府与慈善组织合作领域越来越细分，合作方式也呈现多样化，微观上的合作伙伴关系是慈善组织得以持续独立发展的动力和方向。

（二）政府在慈善组织活动中的作用

1. 政府对慈善组织的监管作用

政府作为国家行政机关，对国家所有事务都有管理权力。慈善组织活动内容是政府管理范围内的事务，政府对慈善组织监管主要表现为：一是慈善组织的设立管理。慈善组织设立需要在政府管理机关登记，只有经过登记的慈善组织才能从事慈善活动，否则不能认定为合法的慈善组织。二是慈善组织的变更、终止的管理。慈善组织在开展活动中需要变更有关事项，如从非公募慈善组织变更为公募慈善组织，则需要向政府登记管理机关申请变更登记，慈善组织终止也必须向登记管理机关办理注销登记。三是慈善组织开展活动的监管。慈善组织从事慈善活动需在登记的范围内开展，不能超越登记的范围开展活动，政府管理机关对慈善组织活动有权随时进行检查，发现问题，有权向慈善组织问责。

2. 政府对慈善组织的支持作用

慈善组织开展的活动属于公益活动，所提供的服务基本上属于公共物品，这相当于替代政府履行了作为公共部门的部分职责。因此，在慈善组织开展活动遇到困难时，政府应从物质与精神上对慈善组织给以支持。物质上的支持虽然有限，但对慈善组织来说物质支持是其前进的动力，所以政府的物质支持不可缺少。在物质支持方式上，可采用政府招标的形式向慈善组织购买公共服务，无论是公募慈善组织还是非公募慈善组织，一律平等竞争、择优支持。给予慈善组织公平竞争机会取得政府资金支持，不但有利于提高政府资金的利用率和产出率，也有利于慈善组织在争取资金的竞争中优胜劣汰，促使慈善组织提高组织管理水平和业务水平。精神上的支持主要是对慈善组织进行表彰。目前我国政府对慈善组织的表彰主要是“中华慈善奖”。“中华慈善奖”是中国公益慈善领域中的最高级别政府奖，于2005年设立，旨在表彰在我国慈善事业发展中那些表现突出、影响深远、社会效益卓著的个人、单位、慈善项目、慈善信托等，由民政部负责实施。这一奖项已经举办过十二届，其中慈善项目大多数是依托慈善组织。虽然每届受表彰的慈善项目有限，但对慈善组织来讲这是最高荣誉，对慈善组织起着重要的激励作用。同时对受表彰的慈善组织运行的慈善项目在慈善活动中榜样作用也十分明显，在慈善活动领域起着引领、导向作用。

3. 政府对慈善组织公信力建设的推动作用

慈善组织公信力，是指公众与社会对于慈善组织的信任及认可程度。包含两层含义：一是慈善组织自身获取社会公众信任的能力；二是公众对于慈善组织的主观认同度。慈善组织留给社会公众的主观印象将大大影响人们对慈善捐赠的选择，从而影响到慈善组织捐赠，也关系到慈善组织的发展。当前我国慈善组织尚处于初级发展阶段，政府有义务全面推进慈善组织公信力建设。一方面，对慈善组织要“去行政化”，加强慈善组织独立性建设。慈善组织不能再依附于政府，将应当由慈善组织开展的公益慈善活动交由慈善组织去做，放权给慈善组织，政府无须对慈善组织大包大揽。政府要做的主要工作是加强对慈善组织监管，慈善组织也应当走民间化、社会化独立之路。政府对慈善组织活动主要从制度、政策方面给以支持，引导慈善组织真正做到“去行政化”。另一方面，慈善组织公信力建设离不开政府的引导，“去行政化”主要是禁止政府过度干预慈善组织，捆绑、束缚慈善组织，是给慈善组织独立发展的空间，而不是说与政府彻底断绝关系。实际上，慈善组织公信力建设自始至终离不开政府的管理。政府通过颁布行政法规与政策规范慈善组织的发展，强化慈善组织公信力建设，不仅如此，政府对慈善组织日常行为进行监督，敦促慈善组织依法开展活动、及时公开信息，不断推进慈善组织公信力建设。

综上，政府在处理与慈善组织的关系时，应依法服务、监督、管理、引导现代慈善事业的发展。着重是引导慈善组织的持续发展，一是引导慈善组织向行业化、专业化发展。要注重培育慈善组织行业化走向，培育慈善组织的行业意识，联合起来形成秩序，推动信息共享，建立标准系统，展开利益合作谈判，促成行业系统规则确立，注重慈善行业专业化人才队伍的建设和培育。二是引导慈善组织活动的正确方向。政府对慈善组织的支持对动员民间公益慈善力量具有积极的作用。政府通过颁布法规与政策支持慈善组织发展，为慈善组织活动指明了正确的方向，带动更多的人参与慈善活动，为更多地设立慈善组织提供了制度保障，有利于推动慈善事业的发展。在具体实践中，政府应动用一定的财政资金，通过制度化的政府采购，以公开竞争的形式向慈善组织提供支持，带动民间慈善财力和慈善劳务的发掘。在政府引导下，慈善组织参与社会活动，与政府共同参与社会治理，特别是在扶贫、济困、助学、环境保护等方面分担政府部分职能。总之，在新时代大力发展慈善组织的政策背景下，厘清慈善组织与政府关系有利于明确政府在慈善组织发展中的地位以及慈善组织发展的方向。

基于上述分析，可以将政府与慈善组织关系概括为：政府和慈善组织应是合作伙伴关系，在社会治理体系与治理能力现代化的要求下，一方面，慈善组织需要“去行政化”，通过承接原先政府一些职能发展壮大自己，逐步通过提供多样化的专业服务，走出一条独立发展之路；另一方面，政府通过积极购买慈善组织服务，引导慈善组织向行业化、专业化方向发展。

二、慈善组织与企业的关系

（一）慈善组织与一般企业的关系

慈善组织与一般企业最明显的区别是慈善组织不具有营利性，而一般企业是以营利为目的法人组织。它们都需要登记才能开展活动，都接受政府监管，但在社会活动中，两者处于平等地位，各自从事其章程所规定的事务。一般企业主要是为社会创造物质财富，推动社会经济的发展；慈善组织更多的是为社会创造精神财富，传达社会公益慈善理念。然而，现代企业所追求的不仅是为社会创造物质财富，也要承担社会责任，而企业承担社会责任的典型表现便是设立企业慈善基金会，专门从事公益慈善活动。我国企业慈善基金会的出现适应我国慈善事业发展需要，是企业承担社会责任的具体体现，在2004年《基金会管理条例》出台之前，我国企业慈善基金会几乎是空白，直至2005年我国才成立第一家企业慈善基金会，即中远慈善基金会。该基金会的成立标志着我国企业慈善基金会正式诞生，在此之后，企业慈善基金会数量增长呈现稳步发展趋势。2018年12月31日全国企业基金会的数量为1249家，占全部基金会数量的17.8%。[①] 这之后的每年我国慈善基金会数量和规模都在不断增加，企业慈善基金会在组织慈善捐赠、传播企业文化与理念、承担企业社会责任以及推动慈善事业发展等方面发挥了不可替代的重要作用。

企业设立慈善基金会肇始于100多年前的美国。1911年美国钢铁大王卡内基设立了专门致力于助学的企业慈善基金会，开启了现代慈善之旅，后来，该基金会活动的业务范围不断扩大。继卡内基慈善基金会之后的100多年里，

---

① 参见杨团主编：《中国慈善发展报告（2019）》，社会科学文献出版社2019年版，第3页。

企业设立慈善基金会已成为普遍现象。企业慈善基金会具有独立的法律地位，是专门从事慈善活动法人组织。随着企业慈善基金会规模不断壮大，一些国家的慈善基金会不断走向世界，在许多国家设立了慈善基金会分会或办事处，将先进的慈善理念传播到世界各地。

慈善组织与一般企业是并行的两类组织，如果一般企业设立慈善基金会，则将企业与慈善组织联系起来，一般称为企业慈善基金会，由企业出资设立，但具有独立的法人地位。近年来，我国越来越多的企业设立慈善基金会，这是企业基于战略发展的考虑，也是企业承担社会责任的需要。一方面，企业慈善活动可以促进企业的社会认可度和美誉度，取得更多的人对企业的关注与认可，树立良好的企业形象并深入人心，为企业争取更大的市场，让企业的经营活动产生良性循环，对企业的市场竞争力产生积极的促进作用。另一方面，在现代社会发展中，企业不再将追求利润作为其唯一的目标，企业在追求利益最大化中，还应当承担一定的社会责任，即企业在运行过程中除了追求利润之外，还应当对社会事务、环境、消费者等承担责任，其中参与慈善活动是企业承担社会责任的重要表现，企业以设立慈善基金会的形式参与慈善活动是企业参与慈善事业的最佳选择。

（二）慈善组织与社会企业的关系

1. 社会企业概念

“社会企业”（social enterprise）不同于一般企业，是融合市场竞争与社会责任于一体的混合型企业，是企业将创造物质财富与承担社会责任相结合的产物。西方普遍认为，社会企业最早诞生于19世纪40年代的英国。当时英国发生大规模的流离失所和工业革命，为了给贫苦工人提供负担得起的食物，西北部城市洛奇代尔成立了工人合作社，这被公认为世界上最早的一家社会企业。[①] 英国是最早倡导社会企业的国家，公认的对社会企业界定的观点是2004年英国贸易与工业部所下的定义：社会企业是把社会目标放在首位

---

① 参见王世强：《社会企业的起源及其在全球的兴起》，载《中共四川省委党校学报》2012年第3期。

的企业，其盈余主要是用来再投资于企业本身或社会/社区，而不是为了替股东或企业持有人谋取最大利益。① 英国其他机构对社会企业也有定义，如社会企业联盟将社会企业界定为，为了社会目标的商业交易。② 自英国出现社会企业后，西方其他国家陆续也出现了一些社会企业，社会企业得到快速发展。在我国，20 世纪八九十年代“社会企业”开始出现在媒体和政府文件当中，那时，“社会企业”是指“社会中的企业”（enterprise in society）（民营企业），而非真正意义上的“为创造社会价值而存在的企业 ”（enterprise for society）。到 21 世纪初，我国对真正意义上的“社会企业”的研究才开始重视起来，在深入研究社会企业之后，对社会企业有了真正的认识。关于社会企业的定义可从三个方面理解：一是社会企业不是纯粹的营利企业，也不是一般的社会公益服务机构；二是社会企业所得营利不是用来投资，而是用于扶助弱势群体、促进公益慈善事业发展；三是社会企业追求的是实现社会价值，而不是纯粹的企业营利。③

基于上述分析，社会企业可定义为：解决社会问题、增进公众福利而非追求自身利润最大化的企业，是通过商业运作实现公益慈善目的的企业。在国外，最著名的社会企业是诺贝尔和平奖得主穆罕默德 · 尤努斯于 20 世纪 80 年代在孟加拉国创立的格莱珉银行。该银行是早期运作最成功的社会企业，且在欧美亚非各洲都有成功复制的经验。该银行主要面向农村贫困人口，尤其是贫困妇女提供小额信贷以消除贫困。这种模式被复制到了全球 100 多个国家和地区。为表彰穆罕默德 · 尤努斯及其创办的格莱珉银行从社会底层推动经济和社会发展的努力，2006 年授予穆罕默德 · 尤努斯诺贝尔和平奖。④

---

① See DTI, *Social Enterprise: A Strategy for Success*, London Department of Trade and Industry, 2002, p. 13. 转引自王世强：《“社会企业” 概念解析》，载《武汉科技大学学报（社会科学版）》2012 年第 5 期。

② 参见王世强：《“社会企业” 概念解析》，载《武汉科技大学学报（社会科学版）》2012 年第 5 期。

③ 参见《影响力投资》，载 MBA 智库 · 百科，https://wiki.mbalib.com/wiki/%E5%BD%B1%E5%93%8D%E5%8A%9B%E6%8A%95%E8%B5%84，2020 年 3 月 20 日访问。

④ 参见林海、严中华、黎友焕：《社会企业商业模式创新路径研究——以格莱珉银行为例》，载《改革与战略》2013 年第 8 期。

格莱珉银行这种带有一定慈善性质的社会企业在扶贫济困中发挥了重要的作用，从贫穷根源上入手去争取一个“没有贫困”的世界。这是一个真正有效的援助规划，使成百上千万人的生活得到改善，践行了一个社会企业的宗旨。近年来，我国各地出现了许多社会企业，如安徽省第一家公益素食馆即马鞍山公益素食馆，以众筹的模式面向社会吸收爱心股东100名，每股10,000元，永不分红、永不付息、永不退股，所有盈利全部用来做公益慈善。设立公益素食馆的目的在于搭建一个开放多元的公益平台，让社会各界朋友关注慈善、参与慈善，为生活困难的人提供切实的保障。① 社会企业的产生与发展是社会公益慈善事业发展的需要，也是社会治理的必然选择。

2. 社会企业的特征

（1）社会企业以创造社会效益为目的。社会企业是运用商业手段，在创造商业利润的同时创造社会效益，实现社会公益目的。社会企业是为了社会公共利益为了实现共享共治的社会目标而设立，不是为了追求利润。

（2）社会企业是一种创新型公益慈善组织。社会企业不是纯粹的非营利性组织，也有别于一般的企业。社会企业是公益慈善事业引起高度关注的时代背景下出现的新的组织。这一组织既与公益慈善密切相关，又具有企业性质；既有利于企业开展经营实现其经济效益，又保证了公益慈善事业可持续发展，实现其社会效益。而且，社会企业做公益慈善易于人们接受、推广。

（3）社会企业采取企业运营模式。社会企业具有企业性质，可以从事经营活动，创收所得为社会项目提供资金。但一般企业经营有利润可以进行分配，社会企业则不可以进行分配，其经营所得都用于公益慈善活动。

（4）社会企业收入用于社会公益慈善活动。社会企业以企业方式运作，向社会提供自己的产品或服务获得收入，以所得的收入开展公益慈善活动。近年来，多地出现的将营利用于公益慈善资助的素食馆就是典型的社会企业。

---

① 参见《马鞍山民间公益力量崛起 素食馆树起慈善新地标》，载中国文明网，http：//www.wenming.cn/syjj/dfcz/ah/201601/t20160113_3084272.shtml，2020年3月20日访问。

该企业由爱心人士作为发起人，向社会上同样具有爱心的人募集资金，成立社会企业，在募集资金时与认购人明确约定，认购人认购的资金不得抽回，也不得主张分红，企业经营利润主要用于公益慈善资助，企业所有股东不参与利润分配。

3. 社会企业的作用

近年来，社会企业在我国进行了实践并有所发展，北京、上海等地率先成立了一些社会企业，涌现了善淘网、深圳残友集团股份有限公司等典型社会企业。如中国第一家网上慈善商店善淘网于2011年3月成立。善淘网的运行模式是将“电子商务”和“慈善商店”相结合，借鉴企业经营模式进行企业式运作，在网络平台义卖捐赠者捐赠的物品，销售所得扣除必要运营费用后用来支付善淘网聘用的残疾人员的工资，义卖的公益资金将全部用来帮助残障人员就业，提供培训和融入社会的机会。[①] 善淘网自成立以来为多名残疾人提供了工作岗位，其在帮助残疾人就业、搭建慈善参与平台、倡导物资循环利用等运作理念和经营范式上反映了社会企业的鲜明特征，是做得比较成功的社会企业，为我国社会企业的出路与发展提供了重要启示。

（1）社会企业为公益慈善事业可持续发展提供物质保障。社会企业的经营活动带来的收入用于公益慈善活动，为公益慈善事业发展奠定了一定的物质基础。我国公益慈善事业发展的最主要的瓶颈就是资金不足，社会企业的兴起能够解决部分基金不足问题。虽然社会企业经营收入一般不如经营性企业，但有了起步，后面会有广阔的发展前景，只要拓宽市场，社会企业的收益会越来越好。

（2）社会企业为公益慈善事业发展增添新的活力。传统的公益慈善要么是政府推动开展，要么是公益慈善组织牵头开展。由于慈善组织的依附性，公益慈善活动更多是靠政府强行推行，自觉性的公益慈善活动不多。有了社会企业这一新模式的慈善活动组织者，公益慈善活动有了新的活力，推动了

---

① 参见善淘网，http：//www. buy42. com/buy42/mainpage. do？ randomnum = 92EF9795AD192A25D994865731FF4B8A&action = stwjs，2020 年 3 月 20 日访问。

公益慈善事业的发展。

（3）社会企业在解决社会问题方面具有特殊的社会作用。社会企业追求的不仅是企业的利润，还包括解决社会问题。近年来，我国一些社会企业在解决社会问题上做出了许多初具成效的工作，成立于2007年的深圳残友集团股份有限公司就是一个典型的案例。该公司是由优秀残疾人团队组建与运营的软件企业，依托残疾人人力资源与计算机、互联网技术融合之优势，秉承“以人为本、真诚服务、感恩奉献”的核心文化价值观，专注技术研发，专注客户价值服务，定位于为各行各业定制信息化解决方案以及相关软件产品、平台及服务。运营多年来，成绩斐然。该公司现已成长为一家专业化、具备一定规模的知名企业，发展为拥有数千多名残疾人高科技就业的全国范围的平台，包括1家慈善基金会、8家社会组织、32家高科技福利企业,[①] 解决了一大批残疾人就业问题。

（三）社会企业与慈善组织的关系

社会企业的出现为慈善事业的发展注入了新的活力，慈善事业的发展需要多方面力量参与支持，社会企业的出现为慈善事业发展开辟了新的途径。慈善组织与社会企业是慈善事业发展的主要支撑力量，慈善组织是慈善事业发展的主力军，社会企业是慈善事业发展的助推器，慈善事业的发展离不开两者的作用。慈善组织与社会企业在慈善活动中有共同的目的与追求，两者以不同的方式推动慈善事业的发展。社会企业以企业运作模式向慈善输送资金，保证慈善持续发展；慈善组织专注于慈善运行，以开展慈善活动的方式不断推动慈善事业发展，社会企业还可以与慈善组织合作共同开发慈善项目，创新慈善产品，将慈善活动推向更广泛的领域，真正使慈善成为人人可为的事业。

---

① 参见残友软件网，http：//www. canyousoftware. com/about_us. aspx，2020年3月20日访问。

结　语

慈善、慈善组织及慈善组织治理是慈善组织治理中的法律问题研究需要明确的最基本概念；社会治理理论、利益相关者协同共治理论、委托代理理论及社会公共利益理论是慈善组织治理的理论来源，为慈善组织治理提供理论上的支撑；慈善组织与政府、企业之间的关系界定有利于明确慈善组织的法律地位，发现慈善组织治理中存在的问题，有针对性地解决问题。对慈善、慈善组织及慈善组织治理的理解，虽然中外存在一定的差异，但总体上趋于一致。现代意义上的慈善组织必须以慈善为目的，随着社会的发展，需要加强慈善组织自身建设，慈善组织只有顺应社会发展的趋势，积极进行治理才能适应社会发展。慈善组织治理应走法治化道路，所以对慈善组织治理中的法律问题有必要进行深入的研究。关于慈善组织治理的理论基础是构建与完善慈善组织治理中的具体问题的依据，是解决为什么要对慈善组织治理中的问题进行研究的缘由。关于慈善组织与政府、企业的关系，主要是为了厘清慈善组织的法律地位。慈善组织不是政府的附属品，其具有独立的法律地位。在社会总体结构中，慈善组织应与政府、企业形成三方关系，彼此独立，又存在一定的关系。慈善组织专注于慈善目的开展活动，不受政府干预，政府对慈善组织活动进行监管。慈善事业发展需要多方面的力量参与，除了政府、慈善组织外，企业也是慈善事业发展的重要参与者。企业参与公益慈善活动是企业承担社会责任的重要体现，在共建共治共享的社会治理理念下，需要企业参与公益慈善活动、繁荣公益慈善活动内容、提升企业的社会声誉，同时提升企业在市场的竞争力，形成多赢格局。

第二章

慈善组织准入制度

引　言

慈善组织准入制度是慈善组织设立必须遵守的制度，包括慈善组织设立的实体要件制度和程序要件制度。慈善组织是以慈善为目的的组织，对慈善组织适用准入制度是世界通行做法。慈善组织设立准入制度不仅是规范、引导慈善组织合法、有序、健康发展的需要，而且也是监管部门对慈善组织进行监督管理的有效制度安排。在慈善组织设立中，慈善组织的非营利性、公益性，其传导的是社会正能量，容易感动、说服公众，易引起公众的认同与参与。长期以来，我国对慈善组织的设立立法较少，政府监管较为宽松，相应地，慈善组织设立相对简单容易，慈善组织准入条件出现弱化、虚化，导致“山寨”慈善组织偶有出现。例如，2012 年央视“3·15”晚会曝光的“中华学生爱眼工程”项目假借慈善之名行敛财之实一案。该项目以“中华学生爱眼工程促进会”名义在全国设有上百个工作站，号称计划要用 10 年时间使全国学生近视发病率下降 30%。这样一个“山寨”公益慈善组织，背后隐藏的是商业行为与营利目的，其以发放爱心捐赠卡的形式谋取非法利益，学生持爱心捐赠卡只能到加盟的眼镜店兑换镜片，爱心捐赠卡上每副镜片价格昂贵，而真实的价格却很低。中华学生爱眼工程促进会以公益慈善为幌子吸引各地眼镜店加盟，加盟的眼镜店进入学校，捐赠廉价镜片吸引大批学生，从中谋取非法利益，2016年被民政部曝光为“山寨”组织。[①] 近年来，类似这样的“山寨”慈善组织之所以能够一而再、再而三行骗成功，一个很重要的原因是慈善组织准入制度不完善、不健全，准入条件不明确，准入监管不到位，给行骗者留下了可乘之机。因此，有必要构建完备的慈善组织准入制度。

第一节　慈善组织准入基本理论

慈善组织准入是慈善组织取得慈善活动资格的必经程序，是从事国家准许的特定慈善活动，符合慈善组织设立所具备的条件与程序规则的制度规范，体现了国家为弥补政府失灵、市场失灵和志愿失灵而采取的对准备进入社会的慈善组织的干预或控制。[②] 慈善组织准入制度的确立是国家对慈善组织进行有效治理的前提，也是国家对慈善组织进行有效管理和监督的依据。确立完善而严谨的准入制度不仅能够引导慈善组织规范开展活动，而且还有利于促进慈善事业健康发展。

一、慈善组织准入原则

（一）结社自由原则

结社是人类恐惧孤单的本能，结社从早期的私人领域后来逐渐扩展到公共领域，从私人团体发展到政治、经济、哲学、社会等公共团体。世界上绝大多数国家宪法都明确规定公民享有结社自由的基本权利，法国著名思想家托克维尔指出：结社自由即人们把自己的力量同自己的同志的力量联合起来

① 参见2012年“3·15”晚会视频，载搜狐网，https：//tv. sohu. com/v/cGwvMjExNDY1NS8xNTIxNzAxNC5zaHRtbA = =. html，2020年4月10日访问。

② 参见侯安琪：《慈善组织准入的法律规制——兼论慈善组织准入制度的价值取向》，载《社会主义研究》2010年第5期。

共同活动的自由，是仅次于自己活动自由的最自然的自由。① 在当代社会中，结社是市场竞争和人民监督政府的至关重要的手段。现代法律将结社自由视为宪法上的基本权利，是指特定的多数人为达到特定的目的，形成团体，不受政府及其他政治、个人非法干涉的自由。② 各国对结社自由作为公民的基本权利在宪法或宪法性文件中加以规定，如《德意志联邦共和国基本法》第9条第1款规定："所有德国人都有结成社团和团体的权利。"《意大利共和国宪法》第18条规定："公民享有不经批准自由结社的权利，但其目的不得是刑法禁止个人结社所达到的目的。"我国《宪法》第35条也明确规定了公民结社自由："中华人民共和国公民有言论、出版、集会、结社、游行、示威的自由。"在私人领域，结社自由是公民按一定目的和使命，依照法定程序组织或者参加具有持续性的私人组织的自由。大多数慈善组织属于民间私人组织，私人为了一定的公益慈善目的结合起来设立慈善组织，这是结社自由原则在慈善活动实践中的具体运用。

（二）公益目的原则

公益是指为公众谋利益和提高福利待遇，反映公众意志，代表全体公众或者最大多数公众的最大利益。设立慈善组织须以公益而目的，这是慈善组织准入必须遵守的原则。对公益目的原则的理解包括以下四个方面。

1. 公益内涵具有抽象性与具体性

从广义上来讲，只要是反映公众意志，代表全体公众或者最大多数公众的最大利益即为公益，这是抽象意义上的公益。然而，社会活动中的济贫救困、大病救助、教育、科技、文化、卫生、体育、重大突发事件援助、环境保护等都属于公益范围，这些领域关系到公众基本权利的实现，是公众可以具体参与的领域，所以，公益又是具体的。抽象性使公益呈现为一个开放的体系，只要是反映最大多数人的利益都可界定为公益；而具体性又将公益界

① 参见［法］托克维尔：《论美国的民主》（上卷），董果良译，商务印书馆1991年版，第218页。

② 参见林来梵：《从宪法规范到规范宪法——规范宪法学的一种前言》，法律出版社2001年版，第142页。

定在人人可以受益的范围。慈善组织活动的领域具有上述两方面的特点，所以，慈善组织准入必须遵守公益目的原则。

2. 公益是最大多数人的利益体现

公益体现的是公众的利益，是社会活动中普遍被认可并且大多数人受益的利益。如果只体现少数人的利益则不是公益，而是私益。慈善组织从其设立时就应当是为最大多数人的利益而设，也是为最大多数人的利益开展活动。如果只为满足部分人利益要求而设立，则这类组织并不是以公益为目的，不能认定为慈善组织。

3. 公益是即期利益与远期利益的结合

即期利益是指能够实实在在得到的利益，是已经存在的利益，如对贫苦人群的资助，对贫困者来说，得到资助就是即期利益；远期利益是指将来实现的利益，这种利益只有等到将来条件成就时才能实现，如公募慈善组织接受的非指向性捐赠，慈善组织可以留存一部分，这留存下来的捐赠款物是为将来捐助，这就是远期利益，所以，慈善组织的利益是即期利益与远期利益的结合，体现了慈善组织准入的公益原则。

4. 公益是不图回报的利他行为

慈善组织非营利性表明，其不以追求利润为目的，其从事的所有活动都是为了最大多数人的最大利益，是典型的利他行为。慈善组织设立不是以谋取私利为目的，而是为了公益，其开展活动不图回报。

（三）准入法定原则

慈善组织必须依据法律行政法规设立，依法设立的慈善组织才具有合法的法律地位，受法律保护。慈善组织准入法定包括准入的实体要件与程序要件符合法律规定。从有无专门慈善立法角度分析，各国在慈善组织准入立法方面存在以下几种模式。

1. 宪法模式

对非营利组织、慈善没有单独立法，只是在宪法中规定非营利组织结社自由。例如，加拿大在联邦层面没有专门非营利组织和慈善立法，各州也没有专门立法，但在《加拿大宪法》第 2 条明确规定了结社自由，为慈善组织准入提供了法律依据。但宪法规定过于概括，此种模式意味着慈善组织准入适用放任制，无论是个人还是组织，只要想设立慈善组织，基本上能够设立成功。这种几乎零门槛的模式，有利于慈善组织数量的增加，但往往也存在滥设慈善组织的高风险，不利于管理部门对慈善组织进行监督和管理。

2. 民法模式

慈善组织属于非营利组织，非营利组织是民事法律关系中的重要主体，是民法主体的重要组成部分，民法对设立非营利组织要件予以一般规定，对非营利组织不再单独立法，非营利组织准入适用民法典或一般民事法律规定，由此慈善组织准入也就适用民法的规定。韩国采取的就是此种模式。《韩国民法典》第 43 条规定财团法人设立人应出捐一定的财产，将财团法人设立的目的、名称、事务所所在地、有关资产的规定、有关理事任免的规定，有关取得、丧失社员资格的规定以及存立时期、解散事由等事项载入组织章程。

3. 非营利组织法模式

慈善组织作为非营利组织中的一部分，对非营利组织有专门立法，慈善组织当然适用非营利组织法。日本、法国、德国虽然在民法典中对非营利组织设立有所规定，但这些国家对非营利组织有单独立法，日本的《特定非营利组织活动促进法》（1998 年）、法国的《法国非营利社团法》（1901 年）、德国的《关于工商会法的暂行规定法》（1956 年）、《德国工商会法》（1994 年）、《社会团体法》（1964 年）等均是对非营利组织的有关立法，这些法对慈善组织当然适用。

4. 慈善法模式

根据我国现行相关法律的规定，慈善组织依法准入包括双重登记准入主义和直接登记准入主义。专门在慈善法中对慈善组织的准入进行明确规定的国家越来越多。英国《2011 年慈善法》第三章对慈善组织注册进行了详细规定；我国《慈善法》第二章对慈善组织准入也有具体的规定。

二、慈善组织准入要件

设立慈善组织需要符合一定的实体要件和程序要件，为慈善组织运行提供物质基础、制度依据及程序保障。慈善组织准入构成要件包括实体（实质）要件与程序要件。

（一）慈善组织准入的实体要件

慈善组织准入的实质要件即准入条件，主要包括慈善组织设立的宗旨、性质、名称与住所、组织章程、财产、内部组织机构及从业人员等。

1. 慈善组织的宗旨

慈善组织宗旨即慈善组织的追求目标、价值。总体而言，慈善组织具有共同的宗旨，即以公益慈善为目的。由于不同的慈善组织所从事的慈善活动范围不同，各慈善组织宗旨存在一定的差异。例如，联合国儿童基金会的宗旨是帮助发展中国家儿童的福利、保健和教育等问题；我国改革开放之后最早成立的中国儿童少年基金会宗旨是抚育、培养、教育儿童少年，辅助国家发展儿童少年教育福利事业，特别是贫困地区的儿童少年教育福利事业；中国扶贫基金会致力于扶持贫困，其宗旨是扶持贫困社区和人口改善生产条件、生活条件、健康条件并提高其素质和能力，实现脱贫致富和持续发展。概而言之，慈善组织都有明确的组织宗旨，是慈善组织得以存在与发展的指引。确定明确的宗旨既便于公众对慈善组织的识别，也有利于监管部门对慈善组织实施监管。

2. 慈善组织的性质

慈善组织属于非营利组织，不以营利为目的，是专门以慈善活动为目的的组织，其既与以追求营利为目的的企业不同，也与不以慈善活动为目的的其他非营利社会组织不同。慈善组织可以设为法人组织，也可以设为非法人组织。在我国，慈善组织的形式包括社会团体、红十字基金会、社会服务机构及基金会，其中以基金会居多，约占慈善组织总量的 70%，社会团体、红十字基金会及社会服务机构类的慈善组织总量不多。

3. 慈善组织的名称与住所

（1）慈善组织的名称。我国《慈善法》只规定慈善组织有自己的名称即可，三部条例要求慈善组织有“规范的名称”。三部条例对“规范的名称”要求虽有一定的差异，但基本上是相同的。一是慈善组织的名称要符合公序良俗。慈善组织名称中不得违背社会善良风俗、社会道德风尚。二是非全国性的慈善组织不得冠以“中国”“全国”“中华”等字样。全国性的社会团体类慈善组织、慈善基金会名称可以冠以“中国”“全国”“中华”等字样，地方性的社会团体类慈善组织、慈善基金会以及民办非企业单位的名称中不得冠以“中国”“全国”“中华”等字样。

就目前我国慈善组织名称使用情况而言，全国性慈善组织名称往往喜欢冠以“中国”“全国”“中华”等字样，俗称“中字头”慈善组织。我国慈善组织之所以偏好“中字头”的大牌子、大旗号，表面上在于摆大阵势，容易形成较大影响力和号召力，更深层的动机是利益驱动，因为使用大牌子、大旗号更容易让公众相信其权威性、规范性与实力，从而更便于追逐某种利益。我国慈善组织名称使用欠缺规范性，导致慈善组织真假难辨，在实践中易对公众利益、慈善组织利益造成损害，不利于对慈善组织的监督管理。

（2）慈善组织的住所。慈善组织的住所是慈善组织开展活动的主要场所，是慈善组织接受慈善捐赠的主要场所，也是慈善组织接收各种文书、函件等所在地，具有重要的法律意义。同时，慈善组织的住所有利于公众识别慈善组织的归属地，也便于识别慈善组织的真伪。如果是两个以上的地方存在同样名称的慈善基金会（基金会分支机构除外），则其中只有一家是合法的慈善组织，其他都应是假冒组织。

4. 慈善组织的章程

慈善组织的章程是慈善组织设立、变更、终止以及开展慈善活动的依据，是慈善组织内部最重要也是最基本的文件。设立慈善组织必须制定组织章程，章程一般由发起人订立，自慈善组织成立时生效。根据《慈善法》第 11 条的规定，慈善组织的章程应载明的事项包括：（1）名称和住所；（2）组织形式；(3) 宗旨和活动范围；(4) 财产来源及构成；(5) 决策、执行机构的组成及职责；(6) 内部监督机制；(7) 财产管理使用制度；(8) 项目管理制度；(9) 终止情形及终止后的清算办法；(10) 其他重要事项。慈善组织章程是其对内管理、对外开展活动的依据，章程对慈善组织、慈善组织发起人、管理人员、工作人员及志愿者均具有约束力，对捐赠者、受助人也有一定的引导性作用。

5. 慈善组织的财产

慈善组织的财产主要包括两部分：一部分是发起人或出资人投入的财产；另一部分是捐赠者捐赠的财产。两部分财产构成慈善组织全部财产，这些财产是慈善组织开展慈善活动的物质基础和保障。发起人或出资人投入的财产，慈善组织享有所有权，此部分财产维持慈善组织正常运行；捐赠者捐赠的财产，慈善组织不享有完全所有权，此部分财产主要用于慈善组织开展慈善活动。慈善组织不是以营利为目的的组织，对其财产管理与使用不同于企业财产制度。在企业中，投资人出资构成企业财产，企业财产主要用于经营活动，经营利润所得，投资者参与分配。慈善组织所有财产由发起人出资形成，这部分财产主要是用于慈善组织开展活动的管理、人员费用；捐赠所得财产用于慈善活动；无论是慈善组织所有的财产还是捐赠财产，慈善组织都不得在发起人或出资人之间进行分配。需要强调的是，考虑到不同类型的慈善组织开展活动的方式、途径等不同，对设立不同类型慈善组织的初始财产要求不完全相同。相比较而言，设立慈善基金会初始财产规模较大，而社会团体类与民办非企业单位（社会服务机构）类的慈善组织只需要相适应的初始财产便可以设立。

6. 慈善组织的内部机构及从业人员

根据慈善组织是否具有法人资格，对其内部组织机构的设置要求不同。设立具有法人资格的慈善组织，要求其内部组织机构完整，能够组织开展合法有效活动。慈善组织类型不同，内部机构不完全一致：社会团体类的慈善组织要求设立会员大会、理事会。会员制的社会服务机构设有会员大会、理事会。非会员制的社会服务机构根据其是否是法人分别设立内部机构，具有法人资格的社会服务机构设有理事会、监事会；不具有法人资格的社会服务机构一般只设负责人、秘书即可。慈善基金会要求设立理事会、监事会。

慈善组织从业人员包括两部分：一是专业和专门从业人员。慈善组织开展活动需要与慈善组织活动内容相一致的专业和专门从业人员，包括慈善组织的管理人员与一般工作人员。由于慈善组织的公益性，这部分人员一般不多。二是志愿者。志愿者是慈善组织开展慈善活动的参与者，志愿者为慈善组织无偿提供志愿服务，是慈善组织开展慈善活动不可或缺的服务人员，这部分人员较多。

（二）慈善组织准入的程序要件

慈善组织准入程序要件主要是指慈善组织设立过程中需要履行的手续。各国关于慈善组织设立的程序要求不完全相同，概括而言，主要存在以下四种模式。

1. 许可制

许可制又称许可主义，是指设立慈善组织先要向慈善组织业务主管部门申请许可，经业务主管部门核准后，再向登记管理机关申请注册登记，经注册登记后才能取得慈善组织的资格，这就是双重管理制度。许可主义下设立慈善组织程序复杂，要经两次审核。第一次是业务主管部门的审核，也称业务主管机关审核，审查的重点是设立的慈善组织活动的内容是否具有必要性和可行性、设立的作用以及设立的影响等。业务主管部门经审查，认为可以设立的，就予以批准；否则，则不予批准。业务主管部门不予批准的，申请人可以申请行政复议；对行政复议不服的，可以提起行政诉讼。取得业务主管机关批准的申请人再向慈善组织登记管理机关申请注册登记，登记管理机关在接到通知后也要进行审查。经审查符合设立要件的，登记管理机关在法定期限内核发登记证，登记证核发日期即为慈善组织成立之日。在 2013 年之前，我国慈善组织准入基本上采取许可主义做法，设立慈善组织需要经过两次审核，设立程序要求比较复杂。这种复杂的程序虽然能够较为客观地保证慈善组织设立的真实性、易辨性，但这一做法存在的弊端也是显而易见的：一是设立慈善组织时间过长，手续繁多；二是双重审核加大了慈善组织准入的难度，不利于鼓励设立慈善组织，也不利于我国慈善事业的发展。

2. 准则制

准则制又称准则主义，是指设立慈善组织只需在登记管理机关登记注册就可以成立。适用这一模式设立慈善组织简单便捷，大大减少设立的成本，也降低了设立的难度，提高了设立的成功率，能够吸引更多人设立慈善组织开展慈善活动，有利于增加慈善组织数量，壮大慈善规模。采取这一模式设立慈善组织，申请人只需向登记管理机关提交相关文件，登记管理机关进行审查。对符合设立条件的，予以登记；对不符合设立条件的，驳回申请。对驳回申请的，申请人可以申请行政复议；对行政复议不服的，申请人可以提起行政诉讼。英国慈善组织发展中，一直采取的是准则制，为英联邦国家以及西方一些国家所借鉴。自 2014 年之后我国进行社会组织登记改革，其中一个亮点就是新设立慈善类社会组织由原先的许可制改为准则制，原先采取许可制已经设立的慈善组织仍然保持现状。

3. 备案制

备案制是指慈善组织准入无须审批，也无须注册登记，以慈善组织名义从事慈善活动只需到管理机关备案即可。备案制分为事前备案和事后备案。事前备案是指慈善组织成立前，就应将拟设立的慈善组织相关资料报管理机关备案；事后备案是指慈善组织成立后应及时将慈善组织成立相关材料及有关事宜向管理部门报送备案。一般国家对慈善组织准入备案制的适用采取谨慎做法。以我国为例，根据我国《慈善法》的规定，慈善组织都必须登记注册。也就是说《慈善法》实施后，慈善组织的设立不再适用备案制。在《慈善法》实施前，实务对那些规模比较小、活动范围有限的慈善组织，可以采取备案制，向登记管理机关报备后即可开展慈善活动。备案制下的慈善组织设立的随意性，往往会滋生借慈善组织之名敛财、欺骗等行为的发生，扰乱正常的慈善活动。这些不合法行为不利于对慈善组织的监管，也会给慈善组织的公信力建设带来负面影响，所以在我国《慈善法》生效后，不再适用备案制。

4. 放任制

放任制是指慈善组织准入登记与否不做强制性要求，慈善组织准入可登记，也可不登记，登记的慈善组织要接受登记管理机关监管，不登记的慈善组织无须接受监管。历史上，早期的宗教类的慈善组织在初始发展时期一般是放任制，随着慈善活动在社会管理与治理中的地位越来越突出，慈善活动越来越频繁，放任制逐渐被摒弃，取而代之的有许可制、准则制及备案制，但在当今世界，在一些慈善观念弱、慈善活动不发达、慈善事业发展不受重视的国家放任制仍然存在。

三、确立慈善组织准入制度的现实意义与理论价值

（一）确立慈善组织准入制度的现实意义

1. 确立慈善组织准入制度是推进社会治理的需要

我国正在全面推进社会治理体制机制改革，慈善组织准入制度的确立是适应这一社会政策和社会发展规划的需要。全面推进社会治理体制机制改革就是对社会治理主体、对象、内容等进行深入改革。慈善组织作为社会治理中的重要主体，必须符合社会治理的需要，能够承担社会治理的责任。也就是说，设立慈善组织需要符合社会治理的特定条件，否则，设立慈善组织的现实意义不大。对慈善组织准入进行规范与慈善组织功能发挥以及社会政策要求是相一致的。

2. 确立慈善组织准入制度便于登记机关的监管

慈善组织准入便于登记管理机关对慈善组织的监管。近年来我国慈善组织发展迅速，但还远远不能满足我国慈善事业发展的需要，慈善事业需要更多的慈善组织参与。在慈善组织发展过程中，难免会出现一些“山寨”或不规范的慈善组织，由于慈善组织准入有统一要求，登记机关通过准入系统很容易将不合法的慈善组织识别出来，这种监管有利于引导慈善

组织健康有序发展。

3. 确立慈善组织准入制度便于公众查询和监督

传统的慈善组织主要是在扶贫、济困、助学等几个领域，现代慈善事业活动的领域扩展到环境、生态、特殊疾病、帮扶弱势群体、就业、社区改造等多个领域，业务范围越来越广泛，呈现开放式的格局。确立慈善组织准入制度，在公众需要慈善组织提供服务时便于查询，也便于公众对慈善组织活动的监督，敦促慈善组织积极、有效开展慈善活动。

4. 确立慈善组织准入制度有利于规范慈善组织发展

慈善组织准入制度中的许可制、注册制及备案制保证了公众可以查询到慈善组织。如果不实行准入制度，慈善组织处于无序发展状态，慈善募捐乱象丛生，骗捐诈捐随时都可能发生，严重阻碍慈善事业发展。另外，确立慈善组织准入制度有利于辨别慈善组织的真伪，打击“山寨”慈善组织，有利于规范慈善组织发展。法律对慈善组织准入条件有明确规定的，就应当符合法律的规定，不符合法律规定设立的慈善组织不受法律保护。慈善组织准入制度为慈善组织运作和发展提供制度保障。

（二）确立慈善组织准入制度的理论价值

确立慈善组织准入制度有利于完善我国社会组织设立制度，并为其他社会组织的准入提供可供借鉴的经验。

1. 慈善组织准入制度是社会治理理论体系不可分割的组成部分

慈善组织是社会治理的重要参与者，社会治理少不了慈善组织参与，而且慈善组织在慈善事业发展中起着引领、推动、践行慈善活动的重要作用。慈善组织准入制度直接影响社会治理的进度和水平，这是因为当今社会慈善组织发展越来越受到广泛关注，社会不仅关注慈善组织给社会带来的正面影响，也关注其带来的负面影响。慈善组织的慈善活动牵涉到整个慈善事业的声誉和公信力，一旦产生负面影响，对慈善事业就是致命打击，影响社会治理的进度与水平。所以，是否具有合法资格的慈善组织开展的慈善活动，公众通过慈善组织准入登记机构制定的平台一查便知，所以，确立慈善组织准入制度有利于推动社会治理有序进行，完善社会治理理论体系。

2. 确立慈善组织准入制度为其他社会组织准入提供参考与借鉴

我国社会组织总量较大，每年都在以10%左右的速度快速增长。除慈善组织外的其他社会组织准入程序有许可制，也有注册制、备案制及放任制，尤其是放任制导致社会组织快速增长，数量上去了，但质量难以保证。社会组织增长过快不但造成资源浪费，而且给监管带来不便。为此，有必要对其他社会组织进行引导，可以借鉴慈善组织准入制度的做法，摒弃放任制，采取以注册制为主、兼顾许可制的模式。

3. 确立慈善组织准入制度丰富了慈善组织治理理论

慈善组织是社会治理的直接参与者，慈善组织治理能力和治理水平直接影响社会治理能力和治理水平。目前，我国慈善组织治理能力和治理水平总体不高，与社会治理的要求差距较大，其中慈善组织准入制度不完善严重制约慈善组织的发展，对慈善组织准入明确加以规定，有利于丰富慈善组织治理理论，完善慈善组织治理理论体系，为慈善组织运行中的各项制度实施提供制度保障。

第二节　我国慈善组织准入现状及存在问题分析

一、我国慈善组织准入现状

（一）我国慈善组织准入立法现状

我国现代意义上的慈善组织以1981年成立的第一家慈善组织——中国儿童少年基金会作为标志，当时我国改革开放刚启动。在中国儿童少年基金会成立之后的近40年里，我国慈善组织一直呈现不间断发展态势。以1998年为分界线，可将我国慈善组织发展分为初步发展期和稳步发展期。在1998年之前，除了1988年国务院发布的《基金会管理办法》[①] 外，慈善组织准入立法几乎是一片空白。但在初步发展期内，一批公募慈善组织纷纷设立，如中国宋庆龄基金会（1982年）、中国残疾人福利基金会（1984年）、中国妇女发展基金会（1988年）、中国扶贫基金会（1989年）、中国青少年发展基金会（1989年）、中国红十字基金会（1994年）、中华慈善总会（1994年）等。因此，在1998年之前，我国成立的慈善组织基本上是公募性质组织，而且是国家出资设立的慈善组织。这些慈善组织主要是依照当时的政策规定，由业务主管部门出资、为了适应当时社会发展的需要而设立的。这些慈善组织开启了我国慈善组织发展之旅，拉开了我国慈善事业发展的序幕，并为之后的慈善事业发展提供了一定的组织保障和制度支持，积累了一定的经验，推动着我国慈善组织数量和规模不断发展壮大。

1998年之后，我国慈善组织进入一个相对稳步发展期，在慈善领域颁布实施了《公益事业捐赠法》（1999年）、《慈善法》（2016年）及三部条例。除《公益事业捐赠法》外，其他法律行政法规对我国慈善组织准入均有所规定，但由于立法的时代背景不同，有些规范性文件中关于慈善组织准入规定已不适应现在社会发展的需要，需要加以修改，如三部条例对社会团体、民办非企业单位及基金会三类慈善组织的准入的规定。虽然三部条例规定的慈善组织设立实体要件不完全相同，但程序上都需要经主管机关审批，这给慈善组织设立带来一定的难度。随着社会不断发展，社会治理的不断推进，三部条例中的一些规定已经不能适应时代发展的需要，需要进行改革。为此，2013年全国人大通过并实施的《国务院机构改革和职能转变方案》对慈善组织准入改革进行了原则规定，该方案规定："重点培育、优先发展行业协会商会类、科技类、公益慈善类、城乡社区服务类社会组织。成立这些社会组

① 《基金会管理办法》1988年颁布实施，共14条，是改革开放后国务院制定的第一部专门规范公益慈善基金会登记管理的行政法规。虽然该办法内容简单，对基金会的定义也不准确，但这个办法对促进中国基金会的成立、发展，尤其是促进国家出资举办的基金会的发展，发挥了重要作用。后该办法被2004年国务院颁布的《基金会管理条例》所取代，于2004年6月1日起废止。

织，直接向民政部门依法申请登记，不再需要业务主管单位审查同意。”该规定将公益慈善类的组织准入改革列入其中，并规定设立慈善组织直接到民政部门登记即可，无须经主管部门审查和批准，降低了慈善组织设立的难度，这一改革直接导致慈善组织数量的快速增长。2016 年我国颁布实施的《慈善法》与前述方案相衔接，对慈善组织准入采取直接登记，但《慈善法》规定的慈善组织准入如何与三部条例相衔接尚不甚明了。

（二）三部条例与《慈善法》关于慈善组织准入的相关规定

1. 实质要件的规定

（1）《慈善法》对慈善组织准入实质要件的规定。我国《慈善法》是规范慈善的基本法，是慈善具体制度立法的母法，其对慈善组织的设立做了原则性规定。该法第 9 条规定设立慈善组织的实质要件包括 7 项，具体内容见图 2－1。

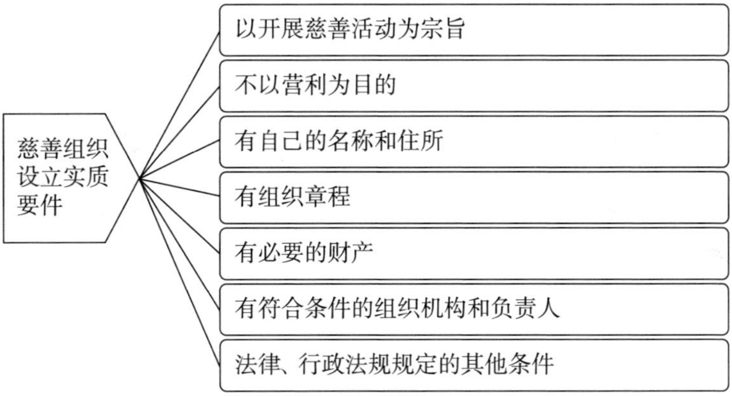

图 2－1　《慈善法》对慈善组织设立的实质要件规定

（2）三部条例对慈善组织准入实质要件的规定。我国三部条例对社会团体、民办非企业单位及基金会三类社会组织准入的实质条件分别进行了规定，三类社会组织设立的实质要件适用于社会团体、社会服务机构及基金会三类慈善组织。由于三部条例实施之初我国社会组织总量较少，慈善组织更少，没有引起立法者的足够重视，相应地，对社会组织设立的实质要件只是概括性的规定。我国三部条例对不同类型社会组织设立条件规定的具体要求见图2－2①。

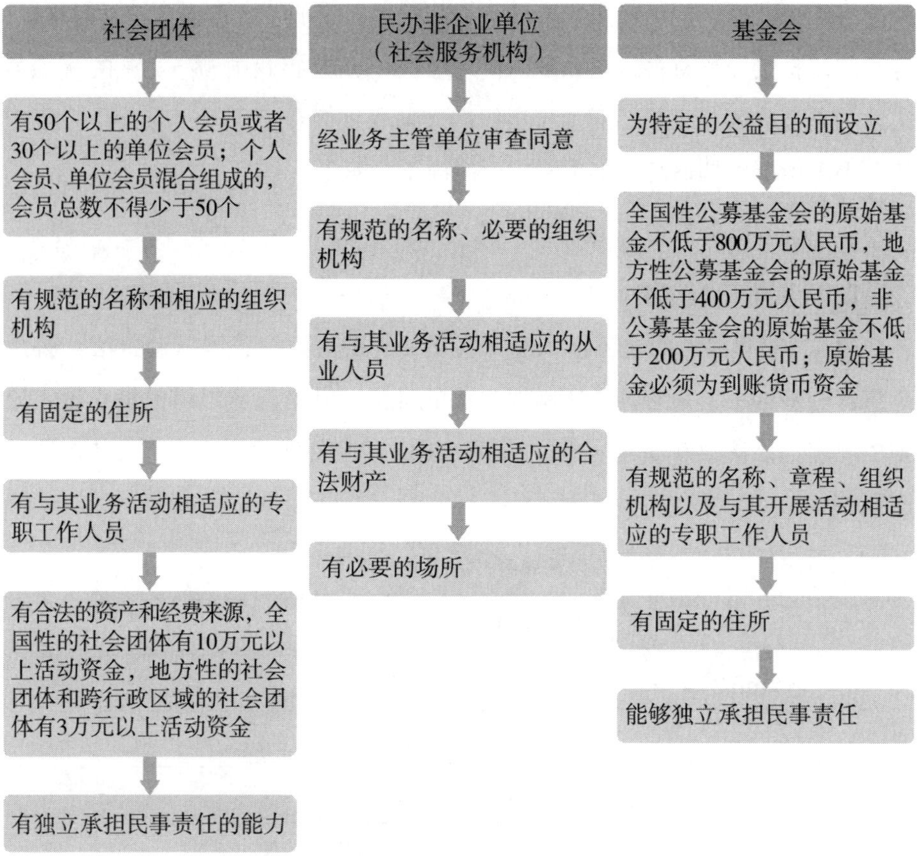

图2－2　三部条例对三类慈善组织设立条件的规定

（3）《慈善法》与三部条例关于慈善组织准入条件的比较。对图2－1与图2－2所列的不同类型的慈善组织准入实质条件的关系分析如下：①《慈善法》是对慈善组织准入的条件的一般规定，三部条例是特别规定。三部条例分别规定三类社会组织准入的条件适用于三类慈善组织。因为我国《慈善

① 参见《社会团体登记管理条例》第10条、《民办非企业单位登记管理暂行条例》第8条及《基金会管理条例》第8条。

法》规定，慈善组织可以采取社会团体、社会服务机构及基金会形式，所以，三部条例规定的社会组织准入条件也适用于慈善组织。②《慈善法》规定慈善组织准入适用注册制，三部条例中规定的社会组织准入审核制对慈善组织不再适用。自 2014 年起，我国慈善组织设立采取注册制，即慈善组织直接登记即可成立，无须业务主管单位审批。③《慈善法》与三部条例关于慈善组织准入规定的效力层级不同。两者法律层级不同：《慈善法》系法律，三部条例属于行政法规，《慈善法》是三部条例的上位法，所以，三部条例关于慈善组织准入的条件不得与《慈善法》相冲突，对慈善组织的准入当然优先适用效力高的《慈善法》的规定，在《慈善法》没有规定的情况下，适用三部条例的规定。④法律法规对不同类型慈善组织准入的实质条件存在不同的要求。慈善组织类型不同，准入的条件不尽相同，不同类型的慈善组织设立应依据具体法律的规定。

2. 程序要件的规定

三部条例对三类慈善组织准入程序规定基本相同，均规定设立不同类型慈善组织，应向登记管理机关申请，登记管理机关自收到设立慈善组织全部有效文件之日起 60 日内，作出准予或者不予登记的决定。[①]

《慈善法》对慈善组织准入的程序规定较为详细，分为《慈善法》实施后新成立的慈善组织准入与《慈善法》实施前就已经存续的慈善组织资格认定两种情况。一是新设立慈善组织准入程序。根据《慈善法》第 10 条第 1 款规定，设立慈善组织，应当向慈善组织所在地县级以上人民政府民政部门申请登记，民政部门应当自受理申请之日起 30 日内作出决定。符合《慈善法》规定条件的，准予登记并向社会公告；不符合《慈善法》规定条件的，不予登记并书面说明理由。二是《慈善法》实施前已经存在的非营利组织取得慈善组织资格的程序。根据《慈善法》第 10 条第 2 款规定，《慈善法》实施前已经设立的各类社会组织可以向其登记的民政部门申请认定为慈善组织，

① 参见《社会团体登记管理条例》第 12 条、《民办非企业单位登记管理暂行条例》第 11 条以及《基金会管理条例》第 11 条。

民政部门受理后进行审查，符合慈善组织设立条件的，予以认定并向社会公告；不符合慈善组织认定条件的，不予认定并书面说明理由。

二、我国慈善组织准入存在的问题分析

（一）慈善组织准入立法冲突明显

目前，我国慈善组织准入立法主要是三部条例及《慈善法》。三部条例颁布实施比较早，《慈善法》于2016年施行，时间间隔较长。三部条例与《慈善法》对慈善组织准入有共同的要求，如都是为特定的公益慈善目的设立，都要有名称、住所、组织章程、必要的财产、组织机构等，除了共同点之外，它们之间也存在不同点，主要有以下几方面。

1. 慈善组织准入原则不同

三部条例对慈善组织准入均采取许可主义，要求设立慈善组织要有主管机关审查批准，即设立慈善组织先要向主管机关申请审核，经过审核后，申请人才能向登记管理机关申请登记，这就是双重管理制度。三部条例于2000年前后施行，当时我国社会组织处于起步阶段，为了加强社会组织管理，便要求所有的社会组织都要有业务主管部门，便出现双重管理制度的设置。《慈善法》对慈善组织准入适用的是登记主义，即准则主义。也就是说，只要符合《慈善法》规定的设立慈善组织的条件，便可以设立慈善组织，无须有主管部门，即便有主管部门，也无须主管部门审核。2013年的社会组织登记改革的一大亮点就是将包括慈善组织在内的部分社会组织准入由核准制改为准则制，随着慈善组织准入改革的不断深入，准则主义是将来所有慈善组织准入的必然选择。

2. 慈善组织准入条件详略不一

根据三部条例设立的慈善组织，在设立条件方面要求较详细，如设立社会团体性质的慈善组织有成员的要求，还有最低活动基金的要求，设立基金会性质的慈善组织有最低原始基金的要求；而根据《慈善法》设立慈善组织的条件只是概括性的规定，对慈善组织准入条件只是作一般性要求，这符合

《慈善法》的定位。《慈善法》是对慈善基本制度进行规范的基本法，包括慈善组织、慈善募捐、慈善捐赠、慈善财产、慈善信托、慈善服务、信息公开、慈善促进措施等慈善制度，具体内容由规范各类慈善制度的规范性文件进行规定。

3. 慈善组织准入程序宽严有别

三部条例对三类慈善组织准入程序的规定高度概括，用一句话概括规定慈善组织准入的程序，即应向登记管理机关申请，登记管理机关自收到设立慈善组织全部有效文件之日起60 日内，作出准予或者不予登记的决定。登记管理机关对申请登记有60 日的审查期，审查期较长，再就是对登记管理机关只是宽泛规定，对不予登记的法律处理也缺乏规定。《慈善法》对慈善组织准入程序的规定较为全面：一是缩短了申请准入审查期限，将 60 日缩短到 30 日，有利于提高慈善组织准入效率；二是规定向县级以上人民政府民政部门申请登记，明确了登记管理机关的最低级别，即县级人民政府民政部门，便于申请人操作；三是对不予登记的处理有明确规定，不予登记的要书面说明理由；四是可以延长登记时间，有特殊情况需要延长登记或者认定期限的，报经国务院民政部门批准，但延长的期限不得超过 60 日。《慈善法》对慈善组织准入程序的规定适用于所有类型的慈善组织，三部条例分别适用于不同类型的慈善组织；在三部条例与《慈善法》规定存在冲突的情况下，应适用《慈善法》的相关规定，因为《慈善法》是三部条例的上位法，上位法的效力高于下位法。

综上，三部条例与《慈善法》对慈善组织准入的规定不尽相同，在实践中给慈善组织准入带来不便。虽然一般可以适用新法优于旧法、特别法优于普通法的规则，但这不是绝对的，还需要从立法源头规定解决问题的方法、路径等，统一对慈善组织准入进行全面、详细规定。

（二）慈善组织宗旨同质化明显

慈善组织宗旨是慈善组织准入必备要件之一，在实践中，公募慈善组织宗旨比较明确，而一些非公募慈善组织宗旨不够明确，也给慈善组织自身发展带来不利。更为重要的是，我国慈善组织宗旨同质化比较明显，这说明慈善组织准入的领域有限，特色不明显。具有代表性的慈善组织及其宗旨见表2－1。

表2－1 具有代表性的慈善组织及其宗旨

慈善组织名称	慈善组织宗旨
中国儿童少年基金会	致力于推动儿童少年事业发展和促进儿童少年全面发展，为广大儿童少年平等享有美好生活创造更多机会
中国妇女发展基金会	维护妇女权益，提高妇女素质，促进妇女和妇女事业发展
中国乡村发展基金会	扶持贫困社区和人口改善生产条件、生活条件、健康条件并提高其素质和能力，实现脱贫致富和持续发展
中国青少年发展基金会	通过资助服务、利益表达和社会倡导，帮助青少年提高能力，改善青少年成长环境
中国红十字基金会	弘扬人道、博爱、奉献的红十字精神，致力于改善人的生存与发展境况，保护人的生命与健康，促进世界和平与社会进步
中华慈善总会	发扬人道主义精神，弘扬中华民族传统美德，为发展慈善事业，传播慈善文化，帮助困难群众和个人，开展多种形式的慈善活动
中华社会救助基金会	汇集海内外爱心善举，弘扬中华民族传统美德，救助城乡困难群众，促进社会救助事业发展，服务新时代党和国家的使命任务
河仁慈善基金会	关注弱势群体，促进机会平等，推动社会和谐
腾讯公益慈善基金会	致力公益慈善事业，关爱青少年成长，倡导企业公民责任，推动社会和谐进步
阿里巴巴公益基金会	营造公益氛围，发展公益事业，促进人与社会、人与自然的可持续发展

表2－1所列慈善组织的宗旨虽然表述各不相同，但内容涉及的领域有限，存在的主要问题包括以下三点。

1. 慈善组织宗旨大同小异

上述慈善组织时间跨度比较长，包括了从1981年设立的中国儿童少年基金会到2011年设立的阿里巴巴公益基金会；既包括公募慈善组织，也包括非公募慈善组织。虽然是不同时期设立的不同类型的慈善组织，但这些慈善组织的宗旨大同小异，无外乎保护弱势群体，扶贫济困、保护自然环境等。这种同质化的宗旨没有多少创新，对公众来说往往不容易辨识，对慈善组织自身来说，容易导致恶性劝募，不利于慈善组织发展。

2. 慈善组织宗旨缺乏长远谋划

无论是公募慈善组织还是非公募慈善组织，从宗旨来看，主要是对社会存在的公益问题进行缓和与解决，如中国乡村发展基金会的宗旨是，扶持贫困社区和人口改善生产条件、生活条件、健康条件并提高其素质和能力，实现脱贫致富和持续发展。该宗旨是为了解决现有的贫困，对该慈善组织将来的发展目的没做规划，缺乏长远发展规划。慈善组织宗旨应是对社会发展中特殊群体、特定事项的无偿资助、救助，既要解决当前存在的社会问题也要规划将来发展。宗旨就是发展的方向和动力，通过确定的宗旨彰显社会公平正义的价值取向，反映平衡社会资源的发展趋势。

3. 慈善组织宗旨陈述泛化

有些慈善组织宗旨中涵盖多个公益领域的慈善目的，而实际上只是在做某一、两个方面的活动，宗旨过于泛化，难以顾及全部。例如，早期成立的中国少年儿童基金会等慈善组织，宗旨过于宽泛，实际上很少慈善组织能够全部实现其宗旨。

（三）慈善组织设立原始资金性质及使用没有明确规定

根据三部条例及《慈善法》的规定，设立慈善组织要有适当的原始资金，原始资金一般是由发起人投入。该原始资金性质以及如何使用法律没有明确规定。设立慈善组织的原始资金是慈善组织财产的组成部分，慈善组织这部分财产的性质决定其使用范围，法律对此没有规定，给实践中财产的使用带来不便。

1. 原始资金的性质问题

发起人将原始资金投入慈善组织之后，这部分资金与发起人之间有无法律上的关系存在不同观点。一种观点认为，发起人将其认缴的原始资金转让到慈善组织名下，就发生所有权转移，该资金不再属于发起人，而属于慈善组织，慈善组织享有所有权；另一种观点认为，发起人将其认缴的原始资金转移到慈善组织名下，只是占有的转移，并不是所有权的转移，发起人仍然对该资金具有支配权利。不同的观点导致对原始资金的处分不同：主张慈善组织享有所有权的，则慈善组织可以自由支配该原始资金；主张发起人享有支配权的，则发起人可以对原始资金自由处分。

2. 原始资金的使用问题

关于投入慈善组织的原始资金用途也存在不同的观点。第一种观点认为，原始资金是为日常开支使用。慈善组织正常运行，日常有必要的开支，开支支出应从原始资金支出。第二种观点认为，原始资金是为清偿慈善组织债务使用。慈善组织在运行中难免会产生债务，原始资金主要用来清偿慈善组织债务。第三种观点认为，原始资金用于慈善组织投资使用。慈善组织可以从事适当的营利性活动，从事经营活动就必须有资金投入，慈善组织原始资金用于投资。第四种观点认为，原始资金用于补充捐赠财产。原始资金也是慈善组织财产，慈善组织主要从事慈善活动，所以，原始资金也应当用于捐助活动。关于慈善组织原始资金的用途，各种观点不一而足，使慈善组织在使用原始资金时慎之又慎，甚至闲置不用，导致浪费。

（四）增量慈善组织与存量慈善组织准入认定不统一

以我国《慈善法》公布为分界线，在《慈善法》公布之前的慈善组织称为存量慈善组织，《慈善法》公布后成立的慈善组织称为增量慈善组织。存量慈善组织根据三部条例规定设立，采取的是许可制，需要经过业务主管机关审核和登记管理机关的核准两道程序。双重审核加大了慈善组织准入的难度。例如，我国《社会团体登记管理条例》和《民办非企业单位登记管理暂行条例》规定，国务院民政部门和县级以上地方各级人民政府民政部门是社会团体或民办非企业单位的登记管理机关；国务院有关管理部门及其授权组织、县级以上地方各级人民政府有关管理部门及其授权组织，是有关社会团体或民办非企业单位的业务主管单位。因此，每个社会组织至少有两个行政管理机关进行管理。该两部条例是在我国社会组织起步阶段颁布实施的，立法的本意是加强对社会组织的监管，规范社会组织的设立与运行，这与当时我国社会发展的背景是一致的。但随着我国慈善事业的不断推进，需要更多的慈善组织参与慈善活动，要求适当放宽慈善组织的准入条件，双重准入体制已经不再适应时代发展的需要，也构成了慈善组织准入最主要的障碍，规定双重准入体制的法律政策显然不利于慈善组织的发展，尤其是慈善组织设立要经业务主管机关审批这一规定已经没有必要。所以在 2014 年启动了慈善组织设立改革，目前，我国对成立比较早的部分存量慈善组织仍保留许可制，而对增量慈善组织准入依据《慈善法》的规定，采取准则制，即设立慈善组织只要符合《慈善法》规定的条件登记即可设立，这也是我国慈善组织准入制度发展的趋势。

《慈善法》第 10 条第 2 款对慈善法公布之前已经成立的社会组织要取得慈善组织资格的，要向民政部门申请认定，即慈善法公布前已经设立的基金会、社会团体、社会服务机构等非营利性组织，可以向其登记的民政部门申请认定为慈善组织。为便于统一管理，即便在《慈善法》公布之前实际上一直以慈善组织名义开展慈善活动的非营利组织，也需要向民政部门申请认定慈善组织资格，不申请认定为慈善组织的，不得以慈善组织名义开展活动。民政部门自受理申请之日起 20 日内作出决定。符合慈善组织条件的，予以认定并向社会公告；不符合慈善组织条件的，不予认定并书面说明理由。这一规定表明，《慈善法》公布之前即便一直以慈善组织名义开展活动的非营利组织也并不当然具有慈善组织资格，须申请认定为慈善组织，才能开展慈善活动。我国对存量慈善组织采取“双重登记 + 慈善组织认定”分离模式。《慈善法》实施后，增量慈善组织采取准则制。根据《慈善法》第 10 条第 1 款规定，《慈善法》公布后设立慈善组织的，向民政部门申请登记即可，无须找业务主管单位，民政部门自受理申请之日起 30 日内作出决定。符合登记条件的，准予登记并向社会公告；不符合条件的，不予登记并书面说明理由。这一规定采取的是“直接登记 + 慈善组织认定”合并模式，在准予登记的同时取得慈善组织资格，降低了慈善组织准入的难度。实践中由于存在上述两种模式，导致慈善组织准入程序规则不同，易引发争议。

第三节　域外慈善组织准入制度概况

域外国家对慈善专门立法的不多，但大多数国家制定了与慈善活动有关的法律，在相关法律中对慈善组织的准入均有规定，如英国、美国、德国、日本、法国、俄罗斯等。这些国家关于慈善组织准入的立法模式与主要法律见表2－2，其中对慈善组织准入法律规定具有代表性的国家主要是英国、美国及日本。

表2－2　域外慈善组织准入立法情况

立法模式	代表国家	主要法律
慈善法模式	英国、俄罗斯	《英国慈善法》《俄罗斯联邦慈善活动与慈善组织法》
税法模式	美国	《美国国内税收法典》
民法模式	德国、法国	《德国民法典》《法国民法典》
非营利组织法模式	日本	《日本特定非营利活动促进法》

一、英国慈善组织准入制度

（一）慈善组织准入实质要件

早在1601年英国就颁布了世界上第一个有关慈善的成文法律即《慈善用途法》，又称《伊丽莎白法案》。该法划定了公益慈善活动的范畴、慈善组织类型，规定了慈善组织从事慈善活动所应遵守的公益性、慈善性和民间性等原则，提出了政府鼓励和支持民间慈善事业的基本措施，规范了通过各种形式向社会募捐以筹措公益资源的法律依据。

1601年制定的《英国慈善用途法》历经几百年，后更名为《英国慈善法》。该法经过多次修改，其中在1960年、1993年、2006年及2011年经过四次大的修改。本节主要以2006年与2011年修改的《英国慈善法》为研究法律依据。《英国慈善法》第二部分第三章专门规定了慈善组织注册制度，对慈善组织设立的条件明确予以规定。

在英国，慈善组织可采用各种法定的法律结构形式，如慈善信托、慈善公司、慈善性非法人社团等，慈善组织准入形式灵活。概括而言，英国的慈善组织从是否取得法人资格角度分为两类：一类是具有法人资格的慈善组织，如慈善公司、法人型慈善组织等；另一类是不具有法人资格的慈善组织，如慈善信托与非法人社团两种组织形式。不同慈善组织设立的条件不完全相同，但大致相当，英国法律对慈善组织设立的实质要件规定相对比较笼统，主要包括：（1）慈善组织的宗旨；（2）慈善组织的名称与住所；（3）慈善组织章程；（4）慈善组织内部决策、执行机构；（5）慈善财产托管人；（6）受托人；等等。

（二）慈善组织准入的程序要件

英国立法上对慈善组织准入的程序规定比较全面，目的主要在于方便慈善委员会的监管。修订的英国《2011年慈善法》规定，除例外情况外，任何慈善组织必须在慈善委员会登记簿中登记。所有登记注册资料副本均需留存慈善委员会，并确保公众在任何合理的时间可以审查。此处例外情况是指由慈善委员会命令永久或暂时无须登记、总收益不超过10万英镑，且符合有关政府部门制定的条例永久或暂时无须登记以及总收益不超过5000英镑的慈善组织无须登记等情形。[①] 除了这三种特殊情形，其他情形下设立的慈善组织均需要登记。须登记的慈善组织应向慈善委员会申请登记，慈善委员会对申请人的资格进行审查与核准，包括核准慈善组织或机构是否符合成立条件，决定是否核发公众募捐资格以及审查该资格是否有效，收集、评估和发布慈

① 参见《非营利组织法译汇（三）：英国慈善法》，金锦萍译，社会科学文献出版社2017年版，第237~238页。

善组织活动相关信息，向任何内阁部长提供相关的信息和建议等。[①] 英国慈善委员会是慈善组织准入的法定注册机构，英国慈善组织设立包括准则制与备案制。

1. 准则制：注册制下的慈善组织准入制

在英国，年总收益超过5000英镑的慈善组织必须注册登记。凡是应当登记注册的慈善组织，只有在慈善委员会注册才可以慈善组织的名义开展慈善活动并享受免税待遇。如果符合条件的慈善组织该注册而没有注册，则慈善委员会有权向慈善委员会发布法令，责令其注册；如果再不注册，则慈善委员会可以向法院起诉。在英国，对应注册的慈善组织采取分级审查，慈善委员会收到网络填报注册申请后，由慈善委员会办公室的评估小组将申请分为若干层级，然后由注册部门对慈善组织的申请进行审查评估，重点评估其活动是否符合慈善目的。评估分为三类：一是复杂程度最低的申请，由注册部门直接决定是否予以注册；二是比较复杂的申请，注册部门征求法律顾问的意见后，可以独立作出是否予以注册的决定；三是特别复杂的申请，要提交慈善委员会决定。[②]

2. 备案制：免于登记的慈善组织准入制

年总收益低于5000英镑的任何慈善组织都可以豁免登记或者免于登记，实际上，慈善委员会也不接受他们的注册。因为这类慈善组织数量众多，监管成本过高，监管无法全覆盖，因此，对这类慈善组织采取备案制。一方面，便于这类慈善组织参与慈善活动；另一方面，也是便于慈善委员会开展工作，抓大放小。这类慈善组织虽然是零门槛准入，但不等于说任其随意开展活动，而是需要向有关部门备案，包括慈善委员会在内的有关部门还是会进行适度监管。这类慈善组织要想长期存续，也必须依法开展活动，否则很容易被淘汰或被其他慈善组织所取代。

---

① 参见李朝锋：《英国的慈善业准入制度》，载《法制日报》2008年5月26日版。

② 参见孙卫东：《英国慈善组织监管及思考——中英慈善项目代表团关于英国慈善监管的考察报告》，载《中国民政》2017年第1期。

二、美国慈善组织准入制度

（一）美国慈善组织准入依据

美国非营利组织中慈善组织占绝大多数，而慈善组织又以基金会为主。美国公益慈善组织设立主要由联邦税收法调整，没有专门的行政登记机关，公民、法人或非法人组织设立慈善组织的，依据美国联邦税法的要求，在联邦国内税务局登记，登记为慈善组织的，其收入享有免缴联邦所得税的优惠。《美国国内税收法典》将慈善组织分成两大类：一种被称为公共慈善组织（public charities），另一种被称为私人基金会（private foundations）。[①] 享受税收优惠的慈善组织，依法不得从事助选等政治活动。（1）公共慈善组织。此类组织从政府、公司、私人基金会和民众个人那里募集经费或收取费用，从事公益事业，这类慈善组织活跃于不同领域，比如扶贫、人道救援、少数族裔权益、妇女儿童问题、卫生健康福利、人权、环境保护、动物福利等。它们既可以处理美国国内问题，也可以关心国际事务。（2）私人基金会。这类慈善组织一般经费来源单一，比如某个家族或某个公司拿出一笔资金成立基金会，或他们向其他的公益慈善基金会拨款，自己并不直接参与具体活动，如卡内基和平基金会、洛克菲勒基金会、福特基金会和比尔与梅琳达·盖茨基金会等都属于私人基金会，这些基金会在美国慈善领域具有巨大的社会影响力。

从美国慈善组织准入的规定可以看出，美国慈善组织准入条件比较宽松，由《美国国内税收法典》对慈善组织加以规定，符合慈善目的设立的组织认定为慈善组织，享有免缴所得税的税收优惠。

（二）美国慈善组织准入制度的发展

美国属于英美法系国家，在建国前民间慈善组织已经发展起来，建国以后，随着联邦制的确立，美国慈善事业的发展面临一系列问题需要解决，主

① 参见褚蓥：《美国私有慈善基金会法律制度》，知识产权出版社 2012 年版，第 13 页。

要问题是需要根据美国的具体国情建立一个新的慈善法律法规体系。在美国建国初期，大部分的慈善理念反映的是传统的英国捐赠模式。

在慈善理念上，尽管不断有人提出要建立独特的美国慈善文化，但英国慈善理念对美国产生深远影响，如美国钢铁大王兼慈善家卡内基从事慈善活动主要还是受英国慈善理念影响。在法律方面，英国的成文法和习惯法仍然是早期美国处理慈善事务的基本依据，但是由于各州在殖民地时代的经历和传统不同，他们在应用英国法律的时候有不同的理解，由此引发了一场关于美国在转型期对慈善的争议。在联邦政府没有明确表示是支持还是限制慈善发展的时候，各州对慈善的态度开始出现分歧：一些州通过立法的明文规定鼓励慈善事业的发展，如马萨诸塞州、宾夕法尼亚州等州；一些州虽然没有相应的专门立法规定，但允许设立慈善组织，如以特拉华州为代表的大多数州；而有些州则对设立慈善组织采取限制的态度，如弗吉尼亚州、马里兰州。[①] 随着美国慈善事业的发展，慈善组织不断增加，人们对慈善有了全新的认识，后来许多州通过制定税法，对有关慈善捐赠实行免税，显示了处理慈善问题的灵活性和鼓励慈善事业发展的趋势。进入20世纪之后，美国慈善组织准入没有再坚守英国的做法，建立起属于美国独有的准入模式，对慈善组织的准入采取宽松的机制，构建以国内税收法调整慈善组织准入为核心的创造性模式。

（三）美国慈善组织成立后的监管

美国慈善事业发挥重要作用的是民间力量占主导、有政府资助的慈善组织，但没有政府举办的慈善组织，美国政府只是对慈善事业发展提供法律政策支持与监督。美国没有专门的慈善立法，其慈善组织准入主要由相关的法律加以规范，建立了以《美国国内税收法典》为核心，形成包括宪法、税法、公司法、雇佣法等法律组成的准入法律体系。《美国国内税收法典》第501（c）（3）条将慈善组织界定为服务于“宗教、慈善、科学、公共安全实

---

① 参见张奇林：《美国的慈善立法及其启示》，载《法学评论》2007年第4期。

验、文学或教育目的”的组织。

总体上，美国慈善组织准入比较宽松，想设立慈善组织并不是件难事。美国慈善组织准入采取“宽进严管”的管理模式，一旦设立成功，就必须接受来自多个机构的监管，不但国税部门有权监管，而且州检察长办公室等政府部门也有权依法对慈善组织进行监管。

三、日本慈善组织准入制度

（一）日本慈善组织准入的立法

1896 年《日本民法典》将法人分为“营利法人”和“公益法人”，并对公益法人的设立要件作出原则性规定，即公益法人开展与公益相关的事业，不以营利为目的，公益法人的设立必须获得主管部门的许可。《日本民法典》对公益法人准入采取许可主义，即经主管部门许可才能设立公益法人。公益法人又分为社团法人和财团法人，公益法人主要以从事公益慈善活动为目的，是日本慈善组织主要存在形式。第二次世界大战结束之后，日本国家亟待重建，政府借助社会力量来最大限度地支持重建工作。在此背景下，为激发社会力量参与社会重建，日本政府相继颁布了一系列推动社会发展的法律，包括《私立学校法》（1949 年）、《医疗法》（1950 年）、《社会福祉法》（1951 年）、《宗教法人法》（1951 年）以及《更生保护事业法》（1995 年）等法案，作为《日本民法典》法人制度的细化及补充。1998 年日本施行的《特定非营利活动促进法》，2002 年施行的《中间法人法》分别规定了非营利法人与中间法人制度。根据上述法律，日本法人细分为公益法人、特别法人、非营利法人、中间法人及普通法人，但后来对中间法人又进行了改革，将其归入公益法人中。这些法人中，除了具有营利性的普通法人之外，其他法人都是以从事公益慈善活动为目的的非营利法人。进入 21 世纪后，日本在非营利法人准入方面进行了比较大的改革和完善。

（二）日本慈善组织准入的实体要件

日本调整非营利组织的法律较多，每类非营利组织都有对应的法律对其准入的条件进行具体规定，不同类型慈善组织准入的条件不完全相同。以《日本民法典》与《特定非营利活动促进法》为例。根据《日本民法典》第34条第1款的规定，公益法人是指祭祀、宗教、慈善、学术、技艺以及其他公益的社团或财团且不以营利为目的者。公益法人经主管官署许可设立，可以是财团法人形式。也可以是社团法人形式。设立公益法人必须要制定法人章程，章程内容应包括公益法人设立的目的、具体名称、事务所、必要的资产、理事任免条件、社员资格的取得和丧失等相关内容。[①] 根据《日本特定非营利活动促进法》的相关规定，设立特定非营利活动法人的实体要件包括：(1) 名称。除特定非营利活动法人外，其他任何组织不得在其名称中使用“特定非营利活动法人”字样或可能与此相混淆的文字。(2) 住所。“特定非营利活动法人”以其主要事务所在地为住所。(3) 章程。(4) 有社会员大会、理事会及监事会。(5) 管理人员任职资格、住所或居所等。(6) 编制与置备财产目录。特定非营利活动法人成立时应编制财产目录，并将其置备于主事务所。[②] 比较《日本民法典》与《日本特定非营利活动促进法》关于慈善组织准入条件可以看出，《日本民法典》对非营利法人准入是总括性的规定，而《日本特定非营利活动促进法》对特殊类型的特定非营利活动法人准入进行了具体规定，类似于特定非营利活动法人这类组织均有特别法规定准入条件。

（三）日本慈善组织准入程序要件

日本不同类型的慈善组织由不同的法律调整，对不同类型慈善组织准入程序要求不尽相同。《日本民法典》中对公益法人准入规定适用认可制，即设立公益法人在登记前还需要提交主管机关审核批准，如果没有通过审批，则不能申请登记，也就不能设立为公益法人。2006年日本颁布了新的法律，即《一般社团法人与一般财团法人法》对公益法人准入进行了改革，废除了

① 参见《日本民法典》第37条。

② 参见《国外慈善法译汇》，杨道波等译，中国政法大学出版社2011年版，第325~329页。

以前的许可制，采取准则制。公益法人设立不再审批，而是采取直接登记制度。内阁府公益事务局负责受理全国性一般法人的认定申请，各都、道、府、县的总务部总务科或文书课等负责受理地方性一般法人的认定申请。这些部门对申请进行形式审查，形式审查通过后，再委托给第三方评估机构进行实质审查，实质审查通过即可登记为慈善组织。在日本，对从事公益事业的特别法人准入程序上要求比较宽松，这类法人经过相关部门认可即可取得相应法人资格，即采取认可制，这类法人经相关的管理部门登记认可，即可以从事公益活动。对特定非营利活动法人的准入，日本采取认证制。认证制比认可制更为宽松，设立特定非营利活动法人的发起人只需向内阁府或各都、道、府、县相关部门提交申请书和相关文件，取得认证后即可设立为法人组织，这种准入方式类似于备案制。

上述关于日本非营利组织准入法律依据及方式归纳见表 2－3。

表 2－3　日本各类非营利组织准入法律依据及方式

非政府组织类型		法律依据	准入方式
公益法人	社团法人与财团法人	《日本民法典》（1896 年）	许可制
	社团法人与财团法人	《日本一般社团法人与一般财团法人法》（2006 年）	准则制
特别法人	社会福利法人	《日本社会福利法》（1951 年）	认可制
	医疗法人	《日本医疗法》（1948 年）	
	学校法人	《日本私立学校法》（1951 年）	
	宗教法人	《日本宗教法人法》（1951 年）	
	职业培训法人	《日本职业能力促进法》（1969 年）	
	更生保护法人	《日本更生保护事业法》（1995 年）	
NPO 法人	特定非营利活动法人	《日本特定非营利活动促进法》（1998 年）	认证制

四、域外慈善组织准入特征分析

（一）慈善组织准入有法可依

无论是英美国家还是德日等国家，对非营利的公益慈善组织准入都强调必须依据相关法律的规定设立，英国有慈善法，美国有联邦税收法典，日本除了日本民法典之外，还有特定非营利活动促进法等，可以看出，慈善组织的准入不是任意行为，是法律规范的行为，如果慈善组织非依法设立，则不能认定是合法的慈善组织。

（二）以公益慈善为目的是慈善组织准入的核心要件

登记设立的慈善组织必须要向登记机关提交组织章程，在章程中要明确慈善组织的宗旨与目的。设立慈善组织必须以慈善为目的，这是慈善组织准入的核心要件，是区别慈善组织与非慈善组织实质性的标准。以慈善为目的强调慈善组织是为社会公益开展活动，慈善组织所有的财产不得用于分配，发起人出资的财产不得抽回，对当年接受捐赠的财产大部分必须当年就要进行捐助，开展以慈善为目的活动的组织才是慈善组织。

（三）慈善组织准入程序要件宽严有别

在英美国家，慈善组织在相关部门登记时，无须审查慈善组织财产、内部组织机构、管理人员等实质要件，在程序方面，英美国家慈善组织一般进行登记即可成立，还有部分慈善组织采取任意等级制度，慈善组织成立无须审批，慈善组织的准入采取比较宽松的做法。日本等国家根据慈善组织性质不同，分为双重登记与单一登记的慈善组织。对设立为财团法人性质的慈善组织一般需要先专门管理机关审批，审批通过之后再向登记机关申请登记；对设立为教育、卫生、职业培训等特别法人，则无须审批，直接向登记机关申请登记即可。德日等国家对慈善组织的准入条件要求较为严格，不符合法律规定设立的条件，不得以慈善组织的名义从事慈善活动。从域外慈善组织发展的趋势来看，慈善组织准入在向更为宽松的要求方向发展，让尽可能更多人的设立慈善组织，采取“宽进严管”的模式，对成立后的慈善组织严加监管。

（四）慈善组织具有高度的独立性

无论是英美国家还是日本等国家，慈善组织具有独立的法律地位，绝大多数慈善组织设立时就取得法人资格，慈善组织以法人的名义从事慈善活动，不受任何个人、其他组织干涉，慈善组织不依附于任何行政机关。美国慈善组织不需要经行政机关注册，只在税务机关登记接受税收监管，由税务机关认定慈善组织是否免税；日本法律规定一般情况下慈善组织须登记，但允许特殊类型的慈善组织不登记。无论对登记的慈善组织还是不登记的慈善组织，政府机关一概不干预。慈善组织具有高度的独立性，其自主决定开展慈善活动，政府与慈善组织之间是合作伙伴关系，政府只是对慈善组织活动履行监管职责。

尽管域外国家慈善组织准入差异较大，但各国对慈善组织准入的做法对完善我国慈善组织准入制度具有一定的借鉴价值。

第四节　中国慈善组织准入改革与创新

一、完善慈善组织准入立法

当前，我国慈善组织准入立法主要有《宪法》、《民法典》、《慈善法》及三部条例。根据《宪法》规定的结社自由，慈善组织可自由设立。《民法典》中规定的非营利法人中的捐助法人包括慈善组织，非法人组织中的社会服务机构主要就是公益慈善组织。因此，《民法典》为设立慈善组织做了框架性的规定。一是对慈善组织的存在形式作出规定，即慈善组织既可以设为法人组织，也可以设为非法人组织；二是对慈善组织的准入要件进行了概括性规定，如设立慈善组织要有组织章程、内部组织机构等，对准入的其他要件没有规定。《民法典》仅是为慈善组织准入搭建了一个基本框架，至于慈善组织准入的具体要件主要由三部条例和《慈善法》规定。

我国慈善组织准入的立法现状是，既有宪法的规定，也有法律行政法规的规定，比较分散且层级不同，给慈善组织准入带来一定的不便。因此，有必要加强立法，完善慈善组织准入制度。

（一）制定社会组织法，全面规范慈善组织准入制度

我国《慈善法》第8条第2款规定：慈善组织可以采取基金会、社会团体、社会服务机构等组织形式。在《慈善法》实施之前，我国慈善组织准入的主要依据是三部条例，三部条例分别对社会团体、民办非企业单位（包括社会服务机构）、基金会三类组织的设立进行了规定。三部条例对三类组织准入的实体要件的规定存在较大差异，而对程序要件的规定基本一致。由于慈善组织准入的实体要件存在不同的规定，慈善组织准入的标准也就不同，这不但给捐赠者识别慈善组织带来困难，也为监管者监管带来不便。笔者建议，根据我国慈善组织在扶贫济困、改善民生、弘扬中华民族传统美德和社会主义核心价值观等方面发挥重要作用的定位以及将来慈善事业发展的前景，慈善组织在社会全面发展中的作用将越来越显著，所以，有必要对慈善组织准入进行统一立法，通过制定社会组织法，对作为社会组织重要组成的慈善组织准入进行全面规定。借鉴国外对慈善组织准入的合理做法，在一部法中对三类慈善组织准入共同的实体要件进行统一规定，对不同类型慈善组织准入的特别要件分别进行规定。既体现慈善组织准入的统一性，又不失灵活性。

（二）完善《慈善法》关于慈善组织准入的规定

统一的社会组织法的出台还有待时日，当前，《民法典》总则编规定的非营利法人及非法人组织中包含慈善组织，即《民法典》对慈善组织准入进行了原则规定；《慈善法》调整的是自然人、法人和其他组织开展慈善活动以及与慈善有关的活动，可以说，《慈善法》主要是行为法，但对慈善组织准入也有具体规定。在规范慈善组织准入立法方面：《民法典》与《慈善法》的关系是，《民法典》是普通法，《慈善法》是特别法；《慈善法》与三部条

例的关系是，《慈善法》是对慈善组织准入作出原则规定，三部条例是对慈善组织准入作出具体的规定。对于慈善组织准入条件，首先应适用三部条例的规定；如果三部条例没有规定，则适用《慈善法》《民法典》的规定。如果三部条例与《慈善法》规定存在冲突，则应适用《慈善法》的规定，因为《慈善法》是三部条例的上位法，且属于新法。如果《慈善法》与《民法典》规定存在冲突，则应适用《民法典》的规定，因为《民法典》属于普通法，又是新法。如果三部条例、《慈善法》及《民法典》均没有规定，则应结合《慈善法》及《民法典》的立法主旨确定。鉴于我国《民法典》是调整民事主体及民事活动的基本法律，涉及民事主体、民事法律行为、民事权利、民事责任等基本制度，内容广泛，慈善组织仅是民事主体中的很少一部分，所以《民法典》对慈善组织的准入不宜规定过细，又由于我国三部条例对慈善组织准入规定存在差异，一时难以统一，还由于我国社会组织法在短时间内难以出台，因此，笔者建议当前可对我国《慈善法》中慈善组织准入制度进行完善，以便于实践操作。

《慈善法》第 9 条规定了慈善组织设立的实体要件，该条规定概括、原则，是对所有慈善组织的基本要求。《慈善法》第 10 条第 1 款规定了增量慈善组织准入的程序要件，采取准则制，即在民政部门注册登记即可成立。而对存量慈善组织则采取“双重登记 + 慈善组织认定”模式，原先的一些存量慈善组织如果没有申请认定，就不能认定为慈善组织，这些组织不能享有慈善组织待遇，若从事慈善活动往往被认定为非法活动。既不利于这些组织的发展，也不利于促进我国慈善事业的发展。因此，对慈善组织准入的实体要件与程序要件需要进一步创新与改革。

1. 实体要件方面

《慈善法》对慈善组织准入的实体要件应明确并扩大其范围。现有的立法规定了慈善组织设立包括宗旨目的、名称住所、组织章程、财产、组织机构及负责人等，这种概括性的规定对设立慈善组织只起着指导作用，但不具有可操作性。虽然慈善组织具有多样性，但《慈善法》没有对不同类型的慈善组织准入的实体要件进行特别规定例如，社会团体类的慈善组织与基金会类的慈善组织原始资金（财产）具体数额不同，在《慈善法》中应有所规定，而不是仅仅提及“财产”就可以。虽然这两类慈善组织的原始资金（财产）在《社会团体登记管理条例》与《基金会管理条例》中有规定，但这两部条例属于行政法规，效力不及《慈善法》，有必要在《慈善法》中对慈善组织准入的实体要件进行细化。目前我国通常是根据三部条例设立包括慈善组织在内的社会组织。这种做法，直接导致我国《慈善法》对慈善组织准入采取了概括性的规定，不利于慈善组织管理与运行。所以，笔者建议，在《慈善法》中对三类慈善组织准入可进行特别规定，以方便具体操作。再就是，除了现有的实体要件规定外，还应对发起人资格加以规定。我国非公募慈善组织越来越多，若对发起人资格不加以规范，将可能导致不法分子借慈善之名敛财。根据《慈善法》规定，非公募慈善组织依法登记满 2 年，可以向其登记的民政部门申请公开募捐资格。如果发起人资格没有限制的话，就有可能会发生有损慈善组织公信力的行为，甚至发生骗捐、诈捐等违法犯罪行为，因此，对发起人资格需要加以限制，特别需要强调的是个人不得负有较大债务。

2. 程序要件方面

《慈善法》对慈善组织准入程序方面采取一般规定加上特别规定的模式。一般规定方面，要求所有的慈善组织设立采取准则制，即向慈善组织登记机构申请登记，没有经过登记的组织不得以慈善组织的名义开展慈善活动。采取准则制准入制度可以借鉴日本的做法，就是慈善组织申请登记，登记机关可以委托第三方评估机构对慈善组织准入的资质进行审核，重点是对申请的组织能否从事慈善活动进行审核。第三方评估机构属于非政府的民间机构，由专业人员组成，对是否登记为慈善组织进行评估审核，根据审核的结果，登记机关决定是否予以登记。特殊规定方面，由于我国慈善组织存在不同的类型，有必要根据不同类型的慈善组织进行不同规定。对社会团体类、基金会类的慈善组织，《慈善法》实施前已经设立的慈善组织经登记机关通过慈善组织资格认定即可，实施后新设的社会团体和基金会类的慈善组织采取直接登记设立，经登记机关登记同时取得慈善组织资格。对社会服务机构类的慈善组织，《慈善法》实施前已经设立为慈善组织的，还需要进行慈善组织资格认定，我国目前规定的是民政部门认定；《慈善法》实施后社会服务机构设立为慈善组织的，在登记为慈善组织的同时，宜由第三评估机构对该社会服务机构是否符合设立慈善组织的条件进行审核。如果符合设立条件，就登记为慈善组织，否则不能登记为慈善组织。在我国允许部分没有登记但从事慈善活动的社会服务机构存在，将这部分组织纳入慈善组织管理范围。近年来，社会服务机构发展迅速，规模大小不一。有的社会服务机构暂时还不符合慈善组织登记条件，但其已经开展慈善活动，并且产生了积极的社会效果，允许这部分社会服务机构暂以慈善组织名义开展活动，待其符合慈善组织登记条件时，再进行登记，这样有利于推动慈善事业的发展。

二、全面完善慈善组织准入的实体要件

我国相关法律行政法规对慈善组织准入实体要件均有规定，但不够全面、规范，需要从以下几个方面全面完善慈善组织准入的实体要件。

（一）强化慈善组织宗旨

慈善组织宗旨与国家慈善事业发展方向相一致。每一个慈善组织的宗旨必须明确，并且还要反映出慈善组织自身的特点和特色，具有识别慈善组织的作用。同质化的宗旨易被“山寨”慈善组织“搭便车”，因此，每个慈善组织的宗旨既不能假大空，也不宜拘泥于过窄的范围。慈善组织宗旨既要反映现实的需要，又要与国家慈善事业长远规划相一致，能够引领和指导慈善组织积极开展活动，推动慈善事业的发展。

（二）规范慈善组织名称管理

实践中“山寨”慈善组织屡禁不止的一个重要原因是慈善组织名称不规范，容易被假冒或仿冒。我国慈善组织名称规范管理可采取以下措施：

1. 禁止使用的名词

全国性的慈善组织可以冠名“中国”“全国”“中华”字样，必须在民政部注册登记，地方慈善组织不允许使用“中国”“全国”“中华”字样。

2. 采用名称预先核准制度

所有准备设立的慈善组织，其名称须先向民政部门申请核准。经核准的名称才可注册登记；没有核准的名称不得注册登记为慈善组织。核准的名称不得转让，也不得另作其他用途。核准的名称保护期为6个月。如果申请人在6个月内没有将名称用于登记慈善组织，则核准的名称不再受保护。

3. 慈善组织名称中须明确慈善组织活动范围

慈善组织名称的一个重要的作用是对公众公示其活动范围，如中国青少年发展基金会是致力于“帮助青少年提高能力，改善青少年成长环境，促进青少年全面发展”的慈善组织，其活动范围明确，这样既有利于慈善组织募捐，也有利于公众识别。

4. 规范慈善组织类型

由于我国慈善组织与社会组织的种属关系，在社会组织中，哪些属于慈善组织，哪些属于非慈善组织不能从名称上分辨出来，给慈善组织活动与管理带来不便。所以，有必要在慈善组织名称中明确慈善组织类型。对社会团体类的慈善组织，名称中需冠以“慈善”字样，如某某慈善协会；基金会与红十字类的慈善组织一般都冠以“基金会”“红十字”字样；对社会服务机构类的慈善组织也需冠以“公益”或“公益慈善”字样，如某某公益服务中心等。

（三）明确慈善组织财产性质

慈善组织的财产主要包括：一是发起人认缴的原始资金；二是接受的捐赠或募捐的款物；三是前两项财产的利息和孳息。这三部分财产是广义上的财产，因财产来源不同，其性质也就不同。

1. 慈善组织原始资金及其利息、孳息的性质

慈善组织是独立从事慈善活动的组织，正常的活动需要一定的资金维持。

原始资金是维持慈善组织活动的资金的一部分，这部分资金由慈善组织发起人认缴，一旦认缴，财产就不再属于发起人所有，慈善组织享有所有权，该财产产生的利益属于慈善组织所有。

2. 慈善组织接受的捐赠或募捐的款物及其利息、孳息性质

慈善组织接受的捐赠或募捐的款物主要用于捐助，有定向的捐助和不定向的捐助两种类型。慈善组织对接受的捐赠或募捐的款物不享有民法上的所有权，慈善组织只有管理和处分权。慈善组织行使的管理与处分权是一种财产管理制度即信托制度的运用，所以，该部分财产可以界定为信托财产，该部分财产产生的利息、孳息也属于信托财产。

（四）加强慈善组织内部机构建设

因我国慈善组织起步晚，慈善组织内部机构一直不受重视。规模较大的公募慈善组织内部一般有个基本的组织机构框架，但往往突出理事会的权力；规模小的慈善组织按照发起人意思设置内部组织机构，更不规范。慈善组织内部组织机构设置不规范，导致慈善组织治理能力和治理水平低下，与慈善组织发展要求不相适应，为此，需要加强慈善组织内部机构建设。

1. 全面采取理事会或理事制

慈善组织应当设立理事会，规模较小的慈善组织可不设理事会，但要设负责人。理事会由全体理事组成，理事由发起人和非发起人担任，非发起人从社会上热心于慈善事业的知名人士中选聘。国家机关退休人员也可以担任理事，但不能担任法定代表人或负责人。理事组成理事会，理事会会议每年不得少于两次。在慈善组织发生重大事项的情况下，理事或监事可以提议召开临时理事会，理事会采取一人一票制，过半数理事参加才能召开理事会，理事会表决的事项必须经全体理事过半数同意才能通过。理事因故不能参加会议，可以委托其他理事代为表决，但必须要有书面的授权委托书明确授权事项。

理事会下设秘书处，秘书处主要负责慈善组织日常活动的开展，对理事会负责。根据需要秘书处可以设专门部门开展专项工作。

2. 全面设立监事会或监事

慈善组织应当设立监事会，规模较小的慈善组织可不设监事会，但至少设有1~2名监事。监事由发起人和非发起人担任，非发起人监事从慈善组织员工中选任。监事的主要职责是对慈善组织信息公开、财务会计、慈善项目进展、重要慈善活动等进行监督，督促慈善组织履行其应尽的职责。监事会有权对理事、法定代表人、秘书长、各部门负责人进行监督。

3. 明确慈善组织法定代表人或负责人职责，明确理事、监事的义务

具有法人资格的慈善组织理事长是法定代表人，非法人慈善组织设负责人，法定代表人或负责人代表慈善组织开展活动，对慈善组织负责，开展活动的结果由慈善组织承担。慈善组织法定代表人或负责人、理事、秘书长及监事都应当认真履行职责，尽到勤勉义务和忠实义务。勤勉义务要求慈善组织法定代表人或负责人、理事、秘书长及监事具有相应的执业能力和水平，应当为了慈善目的而以合理的方式谨慎、认真、勤勉尽职地履行职责，保证慈善组织所披露的信息真实、准确、完整等。忠实义务要求慈善组织法定代表人或负责人、理事、秘书长及监事善意地从事慈善活动，并从慈善组织开展慈善活动的目的考虑，而不是仅仅实现其自己或者其他人的利益。

三、改革慈善组织准入程序制度

我国现有的慈善组织准入程序主要是许可制和准则制。从慈善组织的实际情况看，我国尚有许多没有登记但以慈善组织名义从事慈善活动的组织，《慈善法》施行之后，这部分组织就不再具有慈善组织资格。我国慈善组织准入从早期的许可制到现在的许可制与准则制相结合，将来我国慈善组织准入发展的趋势应采取准则制，这是慈善组织准入改革的方向，也是我国慈善组织准入制度发展的选择。随着我国慈善组织在社会治理以及社会发展的作用日益凸显，准则制是发展所趋，是慈善组织准入的理性选择。当前我国慈善组织还处于初级发展阶段，采取许可制与注册制相结合既符合我国国情，也可以更好规范慈善组织的发展，壮大慈善组织力量。对那些没有注册的慈善组

织实行备案制，以促使慈善组织合法运行，也方便对慈善组织的监督管理。

（一）由许可制向准则制发展

许可制又称双重登记制或双重管理制，是指设立慈善组织须经业务主管行政机关批准和登记机关登记才能成立。设立慈善组织先向业务主管机关申请，批准后，申请人再向登记管理机关申请设立登记，设立慈善组织要经过两次审核。双重登记准入有利有弊。从域外慈善组织的发展来看，国外早期慈善组织的准入大部分采取许可制。例如，英国慈善组织设立需要向慈善委员会申请，慈善委员会审查同意后颁发公益募捐执照，没有执照的募捐为非法募捐；在德国，公共慈善募捐须获得内政部门批准；澳大利亚慈善组织在实施募捐前应向所在地区的主管部门申请许可；在美国，州检察长负责审查批准设立和监督慈善组织。① 但随着各国慈善组织制度的不断健全和完善，大部分国家已经不再坚持许可制，而是逐渐向准则制与备案制发展。尽管双重登记制有利于加强对慈善组织的监督管理，能够阻断非法慈善组织的设立，但是双重登记设立程序复杂，不利于慈善组织准入，对慈善组织的发展壮大带来一定阻力。在大力发展我国慈善事业的新时代背景下，我国慈善组织准入的许可制已经不能适应时代发展的需要，有必要进行改革，逐步取消许可准入制度，实行准则制。

（二）构建以准则制为主的程序规则

准则制又称注册制，是我国慈善组织准入的主要发展趋势。由于慈善事业的不断发展，参与慈善活动的组织越来越多，慈善活动的范围也越来越广泛，一些慈善活动无须业务主管机关或不存在业务主管机关，无须审批机关审核，这种情况下，慈善组织准入没有必要适用许可制。慈善组织从事慈善活动是为了公共利益，无须划入专门机关管理。对慈善活动管理的重点是用好慈善财产，登记机关能够胜任对慈善财产的监管。慈善组织向登记机关注

① 参见李炳安、李慧敏：《公共慈善募捐准入：规制与放任——以我国地方公共慈善募捐准入制度为参考》，载《江海学刊》2015 年第 3 期。

册，登记机关掌握其信息，方便登记机关进行监管。因此，采取注册制，不仅可以提高准入的效率，而且还有利于登记机关有针对性进行监管，使监管落到实处。我国《慈善法》第10条第1款的准则制，是针对增量慈善组织的规定。对存量慈善组织也有必要逐步去除业务主管机关的监管，过渡到单一的登记机关监管。采取准则制准入是现代慈善事业较为发达的国家主要做法，其适用有一定的理由。

1. 简政放权是国家行政机关改革发展的趋势

慈善组织从事的是公益慈善事业，更多体现在私权活动领域。国家行政机关过多干预慈善组织事务则势必会抑制慈善事业的发展，所以公权力不应过多介入慈善活动领域。对慈善组织的准入，应当尊重发起人的意思自治，符合设立一般条件即可，行政管理机关不应过多干预，国家行政机关过多介入慈善组织设立事务，不但抑制慈善公益组织的发展和活力，而且还有可能发生管理机关对捐赠的强行摊派。这种非捐赠者本意的强行募捐，损害了捐赠自愿规则。慈善组织准入实行单一登记的准则制，不仅是国家行政机关简政放权改革的发展趋势，也是壮大慈善组织队伍、推动慈善组织发展的必然选择。

2. 慈善组织准入实行准则制有利于提高设立效率

慈善组织只需向登记机关申请，符合条件即可设立，提高慈善组织设立效率。由于省去了业务主管机关的审批环节，简化了设立手续，缩短了设立时间，提高了慈善组织的准入率，能够吸引更多热心于公益慈善活动的人投身于公益慈善事业中。

（三）采取准则制与备案制相结合的准入规则

大力发展慈善事业需要大量的慈善组织参与，由于我国慈善组织存量不多，还需要设立大量慈善组织，基于此，对慈善组织准入在现有的准则之下作适当的变通，采取准则制与备案制相结合的方式，如允许以慈善组织名义先试运行。在试运行一段时间后，如果该慈善组织能够持续发展，则再进行登记；如果不需要再存续，则就自动终止，无须进行解散清算。这种变通的慈善组织准入规则既适应我国慈善组织发展的现状，也有利于慈善组织进退。如果一律要求慈善组织必须先登记才允许开展活动，则有些慈善组织成立完成一定慈善项目后发现不需要再发展下去，这时该慈善组织就需要履行相应的退出手续，进行解散清算，比较麻烦；如果允许设立前试运行一段时间，则这个问题解决起来就非常方便。采取这一准入规则需要明确以下几点：

1. 以准则制为主兼顾备案制

慈善组织从事的是公益慈善活动，其财产主要来自社会捐赠。如果对慈善组织财产的管理和使用没有监管，则极易发生侵占、挪用、私分、挥霍等违法行为。采取准则制准入，要求慈善组织登记，登记管理机关可以随时对慈善组织活动进行监管，可以有效督促慈善组织正常开展工作，准则制是慈善组织准入的主要选择。然而，有的慈善组织就是为了某个慈善项目而设立，有的则是为了参与某项慈善活动而设立，这些情况下慈善组织在完成项目或活动后，无须存续。针对这些情况，慈善组织采取备案制即可，不需要登记。在备案前，发起人应将组织名称、住所、章程、原始财产、负责人等基本信息向备案机关报备，备案之后才能以慈善组织名义开展慈善活动。

2. 向专门管理机关或人民团体备案

对设立慈善组织采取备案制的，宜向专门管理机关备案。采取备案制准入的慈善组织一般方向性比较强，如教育、文化、卫生、妇女保护等，这些方面设立的慈善组织采取备案制的，可以向教育行政部门、文化管理行政部门、卫生行政管理部门、妇女权益保护组织等专门机构报备，如果没有专门管理机构的，向民政部门报备。

3. 先备案制后准则制

这一准入规则不适用于全国性的慈善组织，也不适用于公募慈善组织，只适用于地方性的非公募慈善组织的准入。在采取准则制与备案制相结合的准入规则时，一般先适用备案制，在时机成熟时转为准则制。对此，我国有的地方已在酝酿，允许公民联合 3 人以上或任何一家企业单位作为发起人发起设立慈善组织，制定组织的章程和推选出组织负责人后，可以先到登记管理机关备案。组织运行一定时间后再去登记管理机关申请注册，在登记前可以慈善组织名义开展活动。

四、改革存量慈善组织资格认定

我国现代意义上的慈善组织是在改革开放之后出现的。在我国现代慈善组织出现伊始，慈善组织准入实行严格的双重登记制，在其后一个较长的时期内一直执行这一严格的准入制度，无论是公募慈善组织还是非公募慈善组织，都采取许可制。我国 2013 年通过的《国务院机构改革和职能转变方案》中明确指出对社会组织管理制度进行改革，其中改革的主要内容之一是对社会组织准入制度的改革，改革社会组织登记管理体制，将原先的“双重登记制度”改为“单一登记制度”，便于社会组织的准入。根据该文件，成立行业协会商会类、科技类、公益慈善类、城乡社区服务类四类社会组织，可直接向民政部门依法申请登记。也就是说，慈善组织设立将全面改为直接登记制度，无须专门管理机构审核，为慈善组织准入打开了方便之门，这一政策导向为慈善组织设立提供了依据。2016 年实施的《慈善法》为慈善组织准入进行了概括性的规定。该法与上述政策规定相衔接，进一步明确存量慈善组织与增量慈善组织准入的要求，对增量慈善组织只要登记机关准予登记即可以取得慈善组织资格，增量慈善组织主体资格与其慈善活动资格同时取得。对存量慈善组织资格的取得则规定了较为复杂的程序，要求先向登记机关申请认定为慈善组织，符合慈善组织条件的，才予以认定并向社会公告，取得慈善组织资格。这里的“符合慈善组织条件”是指符合《慈善法》中规定的慈善组织设立的条件，而在《慈善法》实施前已经存在的组织要取得慈善组织资格还要符合《慈善法》规定的条件，条件过于苛刻。存量慈善组织是根据三部条例设立的，三部条例与《慈善法》对慈善组织准入的规定存在一定差异。存量慈善组织已经存在，又要按照《慈善法》设立条件要求，有可能导致部分多年来从事慈善活动的组织无法取得慈善组织资格，无法再继续开展慈善活动，这样显然对这部分组织发展不利。因此，笔者认为，对存量慈善组织资格认定可采取直接认定方式，即在《慈善法》实施前就已经从事慈善活动的组织，只要组织提出申请，登记管理机关应将其直接认定为慈善组织，颁发慈善组织资格证书，不需要审查其是否符合《慈善法》的规定。至于这部分慈善组织是否符合《慈善法》规定设立的条件，交由登记管理机关在日常监管中进行规范，逐步将这类组织过渡到符合《慈善法》规定的设立慈善组织条件要求。

结　语

当今世界慈善活动日益频繁，慈善组织是慈善事业发展的主要主体，是社会治理的积极参与者。为规范慈善事业的发展，一些国家制定慈善法，对慈善组织相关制度进行规范，其中慈善组织准入是法定内容之一。早在 17 世纪初，英国根据当时颁行的《慈善用途法》设立了非宗教性的慈善组织，此后英国慈善组织发展一直处于领先地位。但真正意义上的现代慈善组织源于 20 世纪初美国出现的拉塞尔·塞奇基金会（1907 年）、卡内基慈善组基金会（1911 年）、洛克菲勒基金会（1913 年）等慈善组织。美国对慈善基金会的准入没有单独立法，对慈善基金会准入采取注册制，只要符合慈善目的即可设立慈善组织。在长达一个多世纪的慈善组织发展中，美国对慈善组织的准入始终保持宽松的做法，但将早先的行政机关准入登记改为由税务机关登记，通过税收优惠制度引导、规制慈善组织的准入。在大陆法系国家，多数国家对慈善组织准入实行多重法律规制，从宪法、民法典到慈善法或非营利组织法，早期适用严格的许可制，后来随着慈善组织的规范化发展逐步从许可制向准则制兼顾备案制发展。

我国慈善组织准入的现状是许可制与准则制并存，理论界对构建符合中国国情的慈善组织准入制度探讨没有间断过。首先，基于我国对慈善组织立法的分散，要制定一部统一的社会组织法，在该法中专门列出一章对慈善组织准入进行全面规定；其次，慈善组织准入的实体要件必须明确、具体；最后，慈善组织准入的程序要件需要明确规定。当然，慈善组织的准入问题不能仅靠一部法律来解决，更重要的是为慈善组织创造独立、自由、平等、公正的生存和发展环境。准入只是慈善组织跨入慈善领域的第一步，至于慈善组织能够走多远，是否能够发挥其积极的作用，实现其慈善目的，则还要看慈善组织开展活动的成效。准入只是向社会宣示具有慈善活动的准入资格，至于慈善组织给社会带来的效益，则还要看慈善组织活动的社会影响力，即慈善组织开展的活动是不是社会发展所需要的，是否能够在社会治理中发挥其积极作用等，这些将直接关系到慈善组织的前途和命运。因此，明确慈善组织准入条件，既不能过分依靠限制准入来控制慈善组织的业务范围和数量，也不能放任慈善组织的设立，而是要合理引导慈善组织的准入，彰显慈善组织在社会治理中应有的价值与作用。

第三章

慈善组织内部治理结构法律制度

引　言

慈善组织内部治理是慈善组织开展慈善活动的基本保障，治理水平直接影响慈善组织开展慈善活动的质量。慈善组织内部治理包括两部分，即内部治理机制与内部治理结构。内部治理机制是内部治理效果的核心保障，由一系列制度构成，包括内部人事管理制度、财务管理制度、决策制度、绩效管理制度、内部治理结构制度及监督约束制度等，建立系统的内部治理机制目的在于保障慈善组织依法规范开展慈善活动；内部治理结构是指组织内部机构的组成与安排，目的在于平衡与制约慈善组织内部各机构权力的分配、运行。慈善组织内部治理机制与内部治理结构既有联系，又存在区别。慈善组织内部机制由建立在内部治理结构基础上的一系列制度构成，慈善组织内部治理机构是慈善组织运行的组织保障，本章主要探讨慈善组织内部治理结构法律制度。

自 2008 年以来，我国慈善组织包括申请认定与新设的慈善组织，数量快速增加。慈善组织数量的增加，增强了人们对慈善组织的认知，也推动了慈善事业的不断发展。但从慈善组织实际运行效果来看，慈善组织内部治理制度的不完善，严重制约了慈善组织发展。慈善组织因管理混乱、信息不公开等屡屡引发社会的问责，慈善组织的社会公信力大打折扣。例如，2018 年 12

月4日，刘彪慈善基金会因2016年度公益事业支出比例仅为2.96%，借款1亿元给陕西保榆能源集团有限责任公司，未公布2015年度工作报告全文、摘要，未公布内部管理制度、项目资金使用情况、关联方关系及关联交易等情形，违反了《基金会管理条例》《基金会信息公布办法》的相关规定，民政部依法对刘彪慈善基金会作出停止活动6个月的行政处罚。同时，依据《社会组织信用信息管理办法》相关规定，自行政处罚决定生效之日起，民政部将其列入社会组织严重违法失信名单。① 成立于2012年的该慈善基金会之所以发展到如此境地与其内部治理制度不健全、不规范密切相关。合理、规范的慈善组织内部治理机构是慈善组织开展慈善活动的基础，也是慈善组织参与社会治理的组织保障。我国现有的慈善组织内部结构设置总体框架类似，不同类型的慈善组织内部治理结构略有不同。例如，社会团体类的慈善组织内部治理结构主要包括会员大会与理事会；基金会类的慈善组织内部治理结构主要包括理事会与监事会；社会服务机构类慈善组织内部治理结构设置存在不同情形，有的只设理事会或负责人，有的设有理事会与监事会。从实际情况来看，虽然慈善组织对其内部治理结构有安排，但多数慈善组织尤其是非公募慈善组织内部治理结构形同虚设，内部治理弱化明显，严重阻碍了慈善组织的发展。所以，有必要健全和完善我国慈善组织内部治理结构，提高慈善组织运行效率。

第一节　慈善组织内部治理结构基本理论

一、慈善组织内部治理结构的含义

我国对慈善组织内部治理进行专门研究的学术观点不多，一般将慈善组

① 参见中国社会组织公共服务平台，http://www.chinanpo.gov.cn/xzcf/xzcfList.html，2019年10月10日访问。

织内部治理纳入社会组织内部治理研究中。虽然说慈善组织是社会组织中的一部分，但慈善组织存在诸多不同于非慈善类社会组织的制度，因此，慈善组织内部治理不应直接套用社会组织内部治理制度，其应具有符合自身发展的内部治理结构。

慈善组织内部治理分为广义上的慈善组织内部治理和狭义上的慈善组织内部治理。广义上的慈善组织内部治理包括慈善组织内部治理机制与慈善组织内部治理结构，狭义上的慈善组织内部治理是指慈善组织内部治理结构。慈善组织内部治理机制是指由慈善组织内部人事管理、财务管理、事项决策、内部监督、内部治理结构等制度共同构成的相互之间既有联系又有区别的关系体制。慈善组织内部治理结构是内部治理机制中的一个组成部分，是慈善组织内部治理的组织保障。正是有了慈善组织内部治理结构才能将慈善组织内部治理机制中的各项活动联结起来。在慈善组织内部治理机制中，慈善组织内部治理结构是基础，也是核心，设置合理高效的慈善组织内部治理结构不仅能够提升慈善组织内部治理能力和水平，而且有利于提高慈善组织运行效率。

我国的慈善组织是依法成立的，以开展慈善活动为宗旨的基金会、社会团体、社会服务机构等非营利组织，类型包括社会团体、民办非企业单位及基金会。慈善组织是社会组织的一部分，因其类型不同，慈善组织的内部治理结构不完全相同。社会团体和部分民办非企业单位（社会服务机构）类的慈善组织内部治理结构较为接近，以成员类的社团法人居多，而以基金会形式设立的慈善组织一般具有财团法人性质，其内部治理结构不同于会员制的慈善组织。各类慈善组织内部治理结构是否适当合理将直接影响其运作效率。多年来，我国慈善组织内部治理结构趋同化严重，同类慈善组织内部结构差别不大，慈善组织内部治理结构改革与创新没有引起足够重视，给慈善组织发展带来了一系列问题，阻碍了慈善组织的发展，所以，有必要重构慈善组织内部治理结构。慈善组织内部治理结构的构建需要合理安排内部各机构的职能、激励工作人员提高工作效率以及合理配置慈善组织各项资源等，高水平的内部治理结构直接影响到慈善组织的发展前景。

（一）慈善组织内部治理结构主要模式

1. 一元制模式说

此观点主张：慈善组织内部设立会员大会，会员大会产生理事会。理事会既是权力机构又是事务执行机构，下设秘书处和具体职能部门，秘书处和具体职能部门对理事会负责。

2. 二元制模式说

此观点主张：慈善组织内部设立理事会和监事会。理事会主要行使决策权，下设秘书处和具体职能部门执行决策；监事会是监督机构，主要对理事会及秘书处执行慈善组织事务进行监督。

上述两种模式有其现实基础。一元制模式强调的是慈善组织理事会的核心作用。理事会一般存在于枢纽型的慈善组织中，即主要在社会团体和部分民办非企业单位（社会服务机构）适用。这两类慈善组织采取会员制，会员组成会员大会，会员大会选举产生理事会，理事会是重大事项决策者，又是执行者，理事会下设秘书处和具体职能部门管理慈善组织具体事务。二元制模式强调的是慈善组织内部事务执行的平衡与制约，主要存在于基金会性质的慈善组织中。理事会负责决策慈善组织重要事项，理事会下设的秘书处负责执行理事会的决策；监事会有权要求理事会和秘书处公开慈善组织相关信息，对理事会和秘书处的事项决策和事务执行进行监督。

（二）慈善组织内部治理结构的界定

关于慈善组织内部治理结构含义的界定，不同学者观点不尽相同。有的学者认为，慈善组织内部治理结构就是指其内部机构设置与权力配置，包括权力的分配与制衡；[①] 有的学者认为，慈善组织内部治理结构是指委托者、决策者、执行者和监督者之间通过分工合作和各司其职而形成的权责明确、有效制约、规范代理、保障使命，并依照法律法规规章和章程等规定予以制

---

① 参见张冉：《非营利组织管理》，北京大学出版社2014年版，第159页。

度化的角色关系模式。[1] 笔者认为，慈善组织内部治理结构是慈善组织的决策者、执行者与监督者之间分工合作、相互制约、相互协作的制度安排。对此含义的理解应从以下三方面着手：一是慈善组织内部治理机构的设置。一般慈善组织内部治理机构包括决策机构、执行机构及监督机构。二是慈善组织内部治理机构的职权。在慈善组织章程中须明确不同机构的职权，各机构职权各不相同，分工明确。三是慈善组织内部治理机构之间的关系。慈善组织内部每个机构不是孤立的，各机构之间是互相制约、相互监督、权责相互制衡的关系。

二、慈善组织内部治理结构的特征

（一）公益导向性

慈善组织以社会公益作为其开展活动的目的，所以，其内部治理制度的构建也要以公益为目的。只要能够实现公益目的，对慈善组织治理结构进行改革创新都是必要的，如慈善组织内部治理结构无须整齐划一，对不同类型的慈善组织可以采用不同的治理机制和治理结构，慈善组织治理就是为更好实现公益目的，所以，公益导向性是慈善组织治理的指引。

（二）治理复杂性

广义上，慈善组织内部治理不仅包括内部机构安排合理、科学、效益，而且还包括慈善组织内部人事管理、财务管理、事项决策、监督管理等制度高效运行。由此可见，慈善组织内部治理事务千头万绪。既要求对内部各项事务处理得井然有序，又要求对各项事务的处理符合慈善组织运行目的，治理的复杂性可见一斑。面对复杂的治理状况，处理得好，则将对慈善组织发展产生积极推动作用；处理得不好，则内部治理混乱，导致慈善组织运行效率低下，更严重的是会导致一系列问题爆发，慈善组织的声誉受到极大影响，可能带来慈善组织被迫解散的结果。

---

① 参见马庆钰：《社会组织能力建设》，中国社会出版社2011年版，第21页。

（三）权力制约性

慈善组织内部机构主要按照权力相互制约与相互监督的思路设置。完善慈善组织内部治理制度，一方面要充分调动内部各机构的积极性、创造性；另一方面对各机构职权的行使要考虑相互之间监督制约。权力的行使必须要有约束，否则将导致权力膨胀，对慈善组织发展带来不利影响。

（四）运行协同性

尽管慈善组织内部机构运行分工明确，但在运行中，各个机构各尽其职，任何一个机构都不可缺少，在具体运行中需要所有的机构协同合作共同完成工作。慈善组织对内部机构的协同的要求比其他组织高，因为慈善组织从事的活动属于非营利性质。没有利益的驱使，内部机构工作人员凭着对慈善组织高度的责任感和使命感而工作；没有利益驱使，人在工作中偷懒、倦怠、消极等情绪就会滋生。为了避免负面情绪的滋生，就需要各机构的协同合作。在开展的每项活动中，需要高标准严要求对待各个机构的协同合作。只有各机构相互协调共谋发展，才能实现慈善组织的宗旨与目的。

（五）治理结构变动性

慈善组织类型不同，其内部治理结构不同，且因慈善组织准入制度不断改革，慈善组织内部治理结构有一定的变动性。慈善组织性质发生变化，其内部治理结构也要做适当调整，如社会服务机构由非法人性质转变为法人性质，其原来的负责人要变更为法定代表人，其内部机构须依法设置，各机构之间要相互配合、相互制约，形成有效的内部治理结构。

（六）机构运行公开性

慈善组织开展慈善活动遵循自愿有效原则，其内部治理结构一般是由慈善组织根据具体情况设置，但由于慈善组织是从事慈善活动的非营利组织，其内部治理结构需要根据慈善组织的宗旨与目的设置，以实现公共利益最大化的目标。根据法律规定，慈善组织接受捐赠的财产必须公开，管理与使用慈善组织财产的活动也必须公开，以确保慈善组织运行公开透明。

三、慈善组织内部治理结构的基础理论

从我国现有的立法来看，慈善组织因类型不同，其内部治理结构不完全相同。社会团体属于社团法人性质的组织，其全体成员通过组成成员大会参与慈善组织内部治理。基金会一般属于财团法人性质，其接受捐赠者捐赠，由理事会决策执行基金会所有事务，捐赠者不参与基金会事务。民办非企业单位（社会服务机构）分为三种情况：一是部分社会服务机构类似于社会团体法人，其由成员组成，这类社会服务机构内部治理结构与社会团体类慈善组织类似；二是部分社会服务机构类似于基金会，其设为财团法人，这类社会服务机构内部治理结构与基金会类似；三是部分社会服务机构不具有法人性质，内部治理结构简单，一般只设负责人，其他机构是否设立视具体情况而定。慈善组织内部治理结构的安排与慈善组织性质、人数、规模、活动范围等因素息息有关，每类慈善组织内部治理结构的安排都将直接关系到其运作效率。慈善组织内部治理既要解决慈善组织当下存在的问题，又要解决慈善组织的前景、使命以及战略的问题。为此，从慈善组织长期发展考虑，需要依据慈善组织内部治理结构基本理论，完善和创新慈善组织内部治理结构。

（一）多元共治理论

慈善组织内部治理结构的设置是为了更加合理、科学配置慈善组织内部资源，充分发挥慈善组织在社会公益慈善事业发展中的重要作用。多元共治理论是广泛运用于社会各方面治理的基本理论，是指在经济、社会、文化、生态等领域多个主体、多种方式、多种途径协同作用，达到治理的预期目标。该理论也适用于慈善组织内部治理制度的构建。

1. 慈善组织内部多元共治的理解

慈善组织内部多元共治是指影响慈善组织内部治理结构的多元化因素共同作用的制度。影响慈善组织内部治理结构的因素众多，包括慈善组织的宗旨与目的、内部机构设置、管理人员安排、内部管理制度、募捐活动、慈善项目等。慈善组织内部多元共治主要体现在以下几个方面：一是慈善组织理

事会与监事会之间的相互制约、相互衡平关系是慈善组织内部治理结构设置的基本要求；二是慈善组织的理事会、监事会、秘书处、各委员会等机构协同合作是保证慈善组织正常运行的基本条件；三是慈善组织的理事长、监事、秘书长、各委员会主任恪守职责是慈善组织持续发展的人才保障。慈善组织内部多元共治是为了保证慈善组织高效运行，强调慈善组织内部各个机构之间相互配合、相互作用、相互制约，内部机构共同作用实现慈善组织的持续发展。

2. 慈善组织内部多元共治机制

慈善组织内部多元共治机制包括慈善组织内部治理机构之间的协作、人员的合作、慈善项目的创新等内容。

（1）慈善组织内部治理机构之间的协作关系。慈善组织内部治理结构由内部治理机构起主要作用，内部治理机构是治理结构的基础。内部治理机构主要有会员大会、理事会、监事会，其中理事会是比较复杂的机构。理事会与其他内部治理机构的协作反映了慈善组织内部协作的水平，所以，在现代慈善组织中，理事会的地位格外突出。理事会与会员大会的协作主要是执行会员大会的决议，与监事会的协作主要是接受监事会的监督，在执行股东大会决议过程中，对监事会指出的问题，应及时纠正，并及时回复监事会。

（2）理事长、理事、秘书长及各委员会主任之间的合作。我国慈善组织以基金会为主，一般基金会都是以理事会为中心进行管理和运行，正副理事长、理事与秘书长都是为理事会工作。理事会下设的各委员会主任对其所管理的部门负责，并向理事会报告工作。正副理事长、理事、秘书长及各委员会主任须齐心协力、通力合作，共同执行慈善组织事务。

（二）慈善信托理论

1. 慈善信托立法现状

慈善信托（charitable trust）是从公益信托演化而来的，属于信托中的一种。信托是一个包含内容极其丰富的法律概念，根据信托中受托人从事信托活动内容的性质不同，将信托分为营业信托与非营业信托。非营业信托根据其是否为私人利益，又分为私益信托与公益信托。私益信托是指委托人为了特定的受益人的利益而设立的信托；公益信托是指委托人为了社会公共利益而设立的信托。我国《信托法》中将信托分为民事、营业、公益三种，并专章对“公益信托”进行了规定，但没有提及“慈善信托”这一概念，直到《慈善法》实施才首次在法律中出现“慈善信托”一词。

信托制度源于中世纪的英国土地用益关系，经过几个世纪的发展，到16世纪英国信托制度最终形成。信托从其产生起就包括民商事信托与公益信托，其中慈善信托涵盖在公益信托中，公益信托与慈善信托几乎作等同理解，有了慈善法立法后，出现了“慈善信托”一词，将慈善信托与公益信托区分开来。16世纪中叶颁布的1536年《英国用益法》中的“用益”制度就是英国最初的慈善信托制度。早期的用益被行会、教堂等非营利组织使用获得利益，自16世纪开始，慈善用益（慈善信托）已成为慈善捐赠对象获得慈善利益的唯一形式。① 在世界上，凡是制定慈善法的国家一般都会规定慈善信托制度。虽然1601年《英国慈善用途法》中没有明确提出“慈善信托”这一概念，但该法对慈善用益制度的规定实际上就是慈善信托。“慈善信托”在一些国家制定的信托法中有明确的规定。例如，《美国统一信托法》第103条第1款第3项规定，“慈善信托”是指为了或部分为了第405条（a）款②所规定的慈善目的而设立的信托；《日本信托法》与《德国信托法》中将慈善信托纳入公益信托中；2016年我国实施的《慈善法》设专章对“慈善信托”进行了规定。在社会发展中，慈善信托越来越为人们所了解与认同。近年来我国慈善信托发展迅速，2018年12月31日全国共有备案慈善信托136单，合同总金额约20亿元；③ 截至2022年10月20日，我国共有备案慈善信

---

① See Theodore F. T. Piucknett, *A concise History of the Common Law*, 5th edition, Little Brown and Company, 1956, p. 584. 转引自解锟：《英国慈善信托制度研究》，法律出版社2011年版，第23页。

② 该款规定，慈善信托可以为了以下目的设定：减少贫困、促进教育或宗教进步、促进健康、政府或市政目的或者其他旨在使社区受益的目的。

③ 参见杨团主编：《中国慈善发展报告（2019）》，社会科学文献出版社2019年版，第4页。

托994单，财产总规模共442，066.94万元，① 由此可见，自2018年至2022年我国慈善信托单数激增，财产总规模翻了一倍多。我国慈善信托因《慈善法》的实施而催生出来，慈善信托的启动有力地推动了慈善事业的发展，但我国慈善信托合同金额（财产总规模）增长没有慈善信托单数快，慈善组织作为信托管理人较少，需要完善相关制度进一步推动我国慈善信托的发展。

2. 慈善信托的含义

关于慈善信托，多数国家在其信托法中采取“列举+概括”的形式进行定义，如美国、日本、德国。立法上虽不对慈善信托作抽象定义，但理论上需要对慈善信托加以定义。基于慈善信托其他信托的区别，笔者将慈善信托定义为：委托人基于慈善目的，依法将其财产委托给受托人，由受托人按照委托人意愿以受托人名义进行管理和处分，开展慈善活动的行为。我国《慈善法》对慈善信托的适用范围没有明确规定，但根据《慈善法》第50条规定，《慈善法》没有规定的制度，适用《信托法》的有关规定。我国《信托法》对公益信托适用的范围采取了“列举+概括”的形式，共包括七个方面，见图3－1。

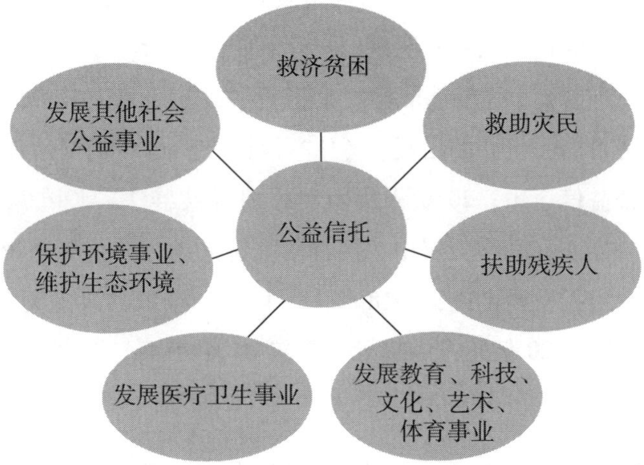

图3－1　我国公益信托适用的范围

① 参见民政一体化政务服务平台“慈善中国”，http：//cishan.chinanpo.gov.cn/biz/ma/csmh/e/csmheindex.html，2022年10月20日访问。

慈善信托通常由委托人提供一定的财产设立，由受托人管理与处分慈善信托财产。根据慈善信托的目的不同，可以将慈善信托分为一般目的慈善信托与特定目的慈善信托。一般目的慈善信托是指不设立特定受益人，只为一般公益目的设立，对慈善信托财产的处分没有特定的限制，受托人可以自由处分信托财产，如捐赠者没有指定特定的资助对象捐赠给慈善组织的财产；特定目的慈善信托是指慈善信托限定于特定的公益目的，有特定的受益人或受益项目，如扶助某个地区的残疾人、捐助某所学校等。

3. 慈善信托的特征

慈善信托的特征包括：(1) 目的必须是完全社会公共利益。慈善信托与商业信托的最主要的区别就是两者的目的不同：慈善信托是为了社会公共利益，而商业信托是为了获取经营利益。(2) 受益人是不完全确定的。慈善信托一般不指定特定的受益人，在需要资助时才能确定受益人。(3) 慈善信托须向有关主管部门备案。慈善信托虽然不是以营利为目的，但该行为是为公益慈善目的对慈善信托财产进行管理和处分，关系到受益人的权益保护，慈善主管行政机关有权对慈善信托进行监管，所以，慈善信托需要向慈善主管行政机关备案。(4) 接受利益相关者监督。慈善信托需要设立内部监察人制度，内部由信托监察人监督，外部由慈善主管机关、捐赠人、受益人、公众媒体等各利益相关者监督。(5) 不得中途解除合同。慈善信托一般时间较长，在信托计划实施期间没有特殊原因，不得解除合同，以保障慈善信托项目的连续性与顺利开展。

4. 慈善信托理论在慈善组织内部治理中的运用

慈善组织财产的管理与使用主要适用慈善信托理论。慈善信托由具体的机构担任受托人管理与使用慈善财产。根据《慈善法》第 46 条的规定，慈善信托的受托人，可以由慈善组织担任，也可以由信托公司担任。也就是说，担任受托人的可以是营利性的专业信托公司，也可以是慈善组织。由于我国慈善信托起步较迟，慈善组织运行慈善信托的能力有限，所以大部分慈善信托的受托人由专业信托公司担任，由慈善组织担任受托人比较少。这种现状有利有弊：专业的信托公司本来是从事商业信托的组织，其经营信托是以营利为目的，追求的是利益最大化，在营利方面具有专长，慈善信托财产交由其管理，慈善信托财产保值增值的可能性概率高。不利的是专业信托公司的逐利性，其经营慈善信托财产并不能保证零风险，慈善信托财产的损失风险不能排除，所以，交由专业信托公司管理和处分的慈善信托财产必须全面加强监管。对受托人的监管包括内部监管和外部监管。为保证内部监管的落实，我国《信托法》与《慈善法》均规定，慈善信托设置信托监察人。信托监察人的产生由信托文件规定；信托文件未规定的，由慈善组织管理机构指定。信托监察人主要是对慈善信托财产的管理和处分实时进行监督，信托监察人有权以自己的名义，为维护受益人的利益，提起诉讼或者实施其他法律行为。就外部监管而言，一是备案机关、税务财政等机关监管，设立慈善信托需要在民政部门备案，民政部门是当然的监管机关，慈善信托涉及税收财政的由相应的行政机关监管；二是慈善信托的委托人、受益人、社会公众、媒体也有权监督慈善信托财产的管理与处分。

（三）委托代理理论

1. 委托代理理论在慈善组织内部治理中的适用

委托代理理论的基本内容在第一章已进行论述，不再赘述。这里主要阐述委托代理理论对慈善组织内部治理的影响。

委托代理是民商事活动中常见的法律行为，是指委托人（被代理人）委托受托人（代理人）从事一定的法律行为，受托人以委托人的名义从事法律行为的后果由委托人承担的法律制度。委托代理要求被代理人必须对代理人授权，代理人在授权范围内从事代理行为。我国慈善组织内部治理结构也需要根据委托代理理论进行安排。在慈善组织内部治理中存在多层级委托代理关系：第一层级是慈善组织与理事会之间的委托代理关系。慈善组织的日常活动主要是理事会具体执行，表面上慈善组织作为委托人，将慈善组织的日常活动授权由理事会开展，实际上慈善组织的出资人和捐赠人才是真正意义上的委托人，受托人理事会是按照出资人和捐赠人的意思表示开展活动。第二层级是慈善组织与监事会之间委托代理关系。慈善组织作为委托人将慈善组织开展日常活动的监督权授予监事会，监事会作为受托人对理事会、秘书处及各委员会履行监督职责。第三层级是理事会作为委托人，将理事会的一系列事务委托给秘书处及各委员会办理，理事会与秘书处及各委员会之间形成委托代理关系，委托人是慈善组织内部的理事会，受托人是秘书处及各委员会。在慈善组织中，无论处于哪一层级的受托代理关系都应当在委托人的授权范围内开展活动，受托人在授权范围内开展活动的后果由委托人承担。

2. 委托代理的法律后果

（1）代理人依约完成代理义务的法律后果。代理人完成代理事务，代理的后果由被代理人承担，代理人应在被代理人授权范围内从事代理行为。代理人超越了代理权限从事的代理行为是否由代理人承担后果，要根据具体情况而定：如果被代理人追认了代理人的行为，则由被代理人承担法律后果；否则，被代理人不承担法律后果。

（2）代理人未能完成代理义务的法律后果。代理人未能完成代理义务存在多种可能：一是可归责于代理人的原因导致未能完成义务，则由代理人对被代理人承担法律责任；二是可归责于被代理人的原因导致未能完成代理义务，则代理人不承担法律责任，被代理人自担法律后果；三是可归责于第三人的原因导致未能完成代理义务，则代理人无须向被代理人承担法律责任，由第三人承担；四是可归责于代理人和被代理人的原因导致未能完成代理义务，代理人对被代理人承担过错责任；五是可归责于代理人与第三人的原因导致未能完成代理义务，则代理人与第三人对被代理人承担连带责任；六是可归责于被代理人与第三人的原因导致未能完成代理义务，则代理人不承担责任，被代理人自担法律后果，第三人承担过错责任。

在慈善组织的活动中，慈善组织一般都是委托人即被代理人，其对理事会和监事会均可以授权委托；而在慈善组织的具体活动中，慈善组织的理事会往往又是委托人，其有权委托秘书处及各委员会开展活动。由于慈善组织所有者缺位，所以慈善组织中的理事会是个身份特殊的机构，其既是受托人又是委托人。在慈善组织内部治理中的地位至关重要，对其既要放权，又要限权，既要敦促理事会高效开展工作，又要限制理事会滥用职权。规范理事会及理事的职能及其职责是慈善组织内部治理的核心问题。

第二节　慈善组织内部治理结构现状及存在的问题

一、慈善组织内部治理结构现状

（一）不同类型慈善组织内部治理结构现状

我国慈善组织类型包括社会团体、基金会及社会服务机构，由于不同类型的慈善组织设立的方式不同，其内部治理结构不完全相同。长期以来，实践与理论中对慈善组织的界定不甚清晰，对慈善组织的内部治理机构如何构建不甚明了，因此，慈善组织对其内部治理机构安排重视不够，出现同类型的慈善组织出现内部治理结构不完全相同的乱象，给慈善组织的监管带来麻烦，也严重阻碍了慈善组织的健康发展。近年来，我国在推进慈善事业发展的进程中，不断加强慈善组织建设，同时也在加强慈善组织内部治理结构建设，进一步完善慈善组织内部治理结构制度。

根据实践中慈善组织的类型及慈善组织内部治理结构中参与的主体地位不同，可将我国慈善组织内部治理结构分为会员大会中心模式、理事会中心模式、发起人模式，以下分别以中华慈善总会（公募）、腾讯公益慈善基金会（非公募）、合肥市蜀山区君善公益服务中心（非公募）三个不同类型的慈善组织为例进行分析。

1. 会员大会中心模式：以中华慈善总会内部治理结构为例

会员大会中心模式存在于枢纽型的慈善组织中，是指由全体会员组成会员大会，会员大会产生理事会和监事会，理事会和监事会对会员大会负责的慈善组织内部治理结构模式。成立于1994年的中华慈善总会是一家家喻户晓的具有公开募捐资格的社会团体类慈善组织，在我国慈善领域具有极大影响力。该慈善组织经过20多年的发展，其内部治理机构设置趋于稳定，在公募慈善组织中具有代表性。

中华慈善总会内部治理机构基本框架如图3－2所示：

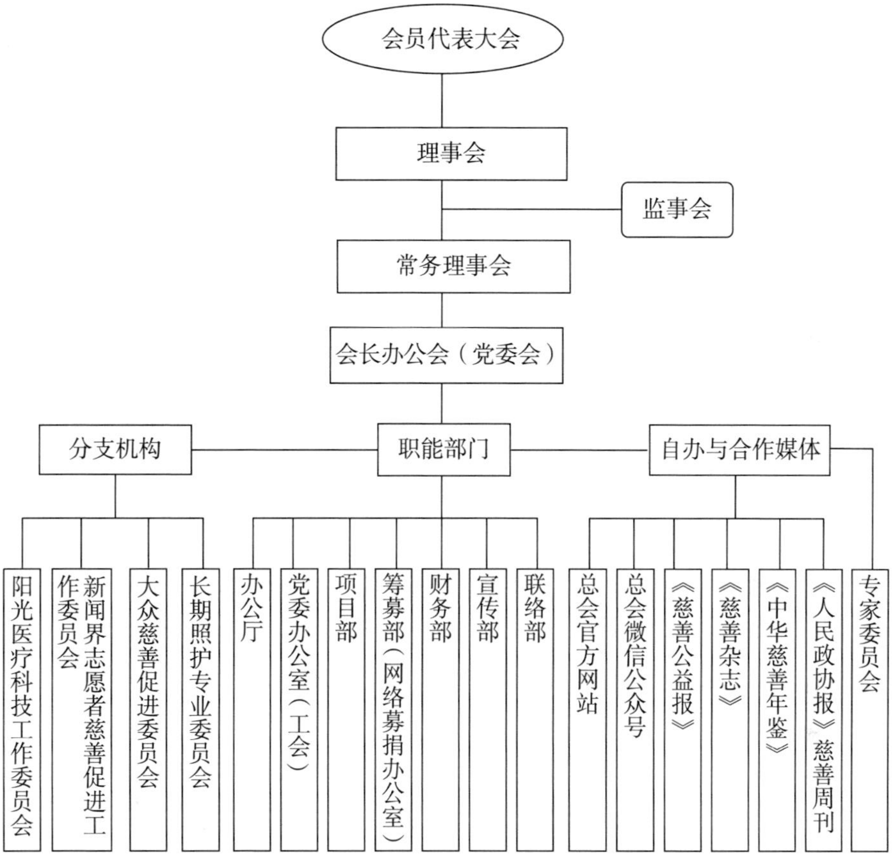

注：根据中华慈善总会网站公布的组织机构制作，http：//www.chinacharityfederation.org/，2019年9月30日访问。

图3－2　中华慈善总会内部治理机构基本框架

中华慈善总会是社会团体类慈善组织的典型代表，其内部治理结构的安排也是枢纽型慈善组织的代表。枢纽型慈善组织的重大事项由会员大会决策，会员大会是该慈善组织的权力机构。地方慈善总会均是中华慈善总会的会员，地方慈善总会的内部结构总框架参照中华慈善总会设立，但由于地方慈善总会没有会员，所以没有会员大会，只设理事会与监事会，与中华慈善总会内部治理结构有所不同。我国与中华慈善总会同类型的慈善组织内部治理结构均是以会员大会为中心的模式。

2. 理事会中心模式：以腾讯公益慈善基金会内部治理结构为例

理事会中心模式是指没有会员的慈善组织，其内部只设理事会和监事会，理事会是慈善组织决策者，理事会下设秘书处作为慈善组织决策的执行者，监事会对理事会和秘书处决策和执行事务进行监督。腾讯公益慈善基金会成立于2006年，是中国第一家由互联网企业发起的非公募慈善组织。该基金会秉承着“人人可公益的创联者”的理念，推动互联网与公益慈善事业的深度融合与发展，通过互联网的技术和服务推动公益慈善事业的发展。自该基金会成立以来，通过技术与服务支持，设立了腾讯公益网络募捐信息平台，为公募慈善组织慈善项目网络募捐提供了很好的平台，创新的慈善募捐方式，为广大公众所接受并积极参与，繁荣并发展了我国慈善事业。

腾讯公益慈善基金会内部治理机构基本框架如图3－3所示：

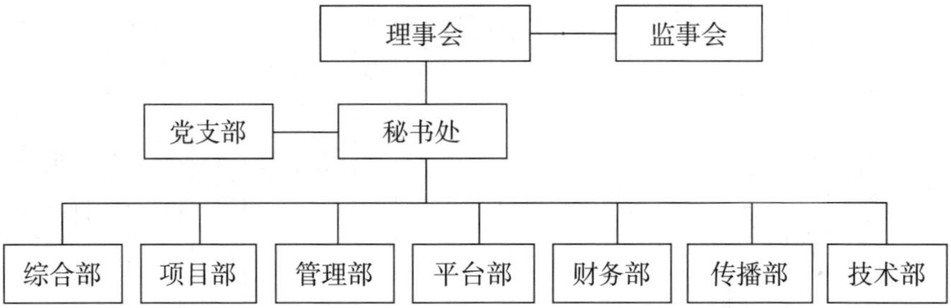

注：根据腾讯公益慈善基金会网站公布的组织机构制作，http：//gongyi. qq. com/jjhgy/about/lsh. htm，2019年9月30日访问。

图3－3　腾讯公益慈善基金会内部治理机构基本框架

腾讯公益慈善基金会是典型的基金会类的慈善组织，属于非公募基金会，也是近年来发展迅速、知名度节节攀升的明星慈善组织。2015年，该基金会联合数百家公益组织、知名企业、明星名人、顶级创意传播机构共同发起一年一度的全民公益活动，即“9·9”公益日。2015 年至 2019 年，每年 9 月 9 日以一个主题开展“9·9”公益日活动。5 年间，该活动网络参与人数从最初的 2015 年的 205 万人次增加到 2019 年的 4800 万人次，另外 2019 年还有超过 2500 家企业配捐 3.07 亿元，捐赠总额从 2015 年的 1.279 亿元增加到 2019 年的 17.83 亿元，腾讯公益慈善基金会配捐 3.9999 亿元，2019 年“9·9 公益日”募捐总计 24.9 亿元，[①] 这一活动不断引领中国公益慈善生态圈书写下一个个有爱又有温暖的记录。腾讯公益慈善基金会开创了具有高度吸引力的慈善捐赠新方式，为我国慈善事业注入了新的活动，我国其他基金会类的慈善组织，包括公募与非公募的慈善组织内部治理结构与腾讯公益慈善基金会内部治理结构基本一致，一般采取理事会为中心的治理模式。

3. 发起人中心模式：以合肥市蜀山区君善公益服务中心内部治理结构为例

发起人中心模式一般存在于规模比较小的慈善组织中。这类慈善组织设立方便，可以设为法人组织，也可以设为非法人组织。这类组织治理以发起人为中心，内部治理机构设置灵活，法人组织可以设立理事会和监事会，非法人组织一般只设负责人。合肥市蜀山区君善公益服务中心是民办非企业单位（社会服务机构）类的慈善组织，属于法人组织。该慈善组织于 2014 年成立，2017 年申请认定为慈善组织，主要从事志愿者管理及培训、公益服务咨询、社区环境营造、社区工作评估服务、社区老人服务、社区儿童服务、社区安全教育服务等公益服务。该公益服务中心主要依托合肥高校资源开展公益服务活动，其内部组织机构简单。我国类似于合肥市蜀山区君善公益服务中心这样的社会服务机构数量庞大，这类组织内部治理结构基本一致，准入条件简单，一般登记为法人性质的社会服务机构，设有理事会与监事会，理事会下设秘书处。规模比较小、人数比较少的，只设理事和监事，不设理事会与监事会，可以聘用秘书，其内部治理机构基本框架如图 3－4 所示。另外，我国非法人性质的社会服务机构大量存在，这类慈善组织内部治理

① 参见《4800 万人次捐款＋上万场线下活动 99 公益日全线绽放》，载腾讯网，https：//gongyi.qq.com/a/20190919/004593.htm。

结构更为简单，一般只设负责人，负责人可以聘用秘书，其内部治理机构基本框架如图 3－5 所示。负责人一般是该组织的发起人，也是捐赠者，还是慈善组织事务的执行者，本章对此类非法人社会服务机构慈善组织治理结构不做深入探讨。

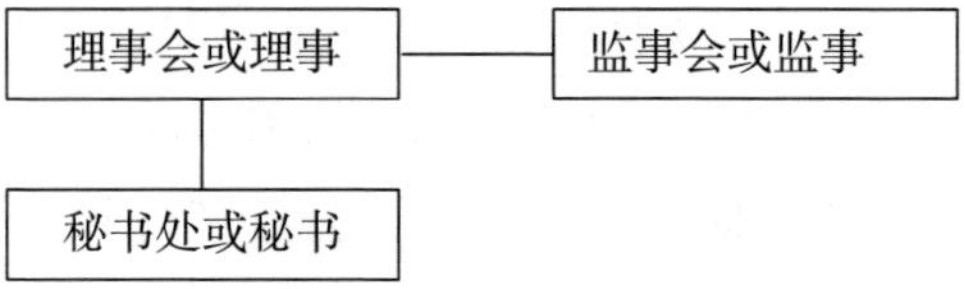

图 3－4　法人型社会服务机构内部治理机构基本框架

图 3－5　非法人型社会服务机构内部治理机构基本框架

二、我国慈善组织内部治理结构存在的问题

（一）慈善组织内部治理结构法律依据不统一

长期以来调整我国慈善组织的法律性文件主要是三部条例，虽然后来颁布实施了《慈善法》，但该法生效时间比较短，并且慈善组织只是《慈善法》中的一章内容，对慈善组织治理结构的规定高度概括。该法第 12 条第 1 款规定："慈善组织应当根据法律法规以及章程的规定，建立健全内部治理结构，明确决策、执行、监督等方面的职责权限，开展慈善活动。"可见，《慈善法》只是要求慈善组织建立健全内部治理结构，至于如何建立健全内部治理结构以及建成什么样的内部治理结构，《慈善法》没有规定。实践中，慈善组织内部治理结构设置的主要依据还是三部条例。然而，由于三部条例颁布实施比较早，三部条例中对慈善组织内部治理结构的规定有的内容已经不再适应新时代下慈善组织内部治理的需要。从立法的现状可以看出，我国慈善组织内部治理结构制度的法律依据存在严重不足，需要健全和完善《慈善

法》中关于慈善组织内部治理结构的立法，对三部条例也要进行修改，废止三部条例中不符合时代发展要求的内容，有必要制定统一的社会组织登记管理条例，全面构建慈善组织内部治理结构制度。

（二）部分慈善组织内部治理结构存在明显不合理性

根据是否吸纳会员以及资金来源不同，我国慈善组织分为社会团体、基金会及民办非企业单位（社会服务机构）三种类型。不同类型的慈善组织，内部治理结构不同。社会团体类慈善组织实行会员制，会员大会作为其决策机构，重大事项须经会员大会表决，慈善组织理事会与监事会机构均由会员大会产生，但绝大多数社会团体类慈善组织不设监事会。基金会类的慈善组织以管理和使用捐赠者的财产为中心，该类型的慈善组织内部治理围绕最大化发挥捐赠财产的效用设立内部治理结构：一是捐赠财产管理和使用的机构；二是对捐赠财产管理与使用进行监督的机构。由此便产生基金会的理事会或理事及监事会或监事。社会服务机构类的慈善组织财产来源于私人，这类慈善组织内部治理结构根据其是否设为法人组织而不同。设为法人的慈善组织，内部机构一般设有理事会与监事会；非法人性质的慈善组织，一般只设负责人，需要时设立监事。慈善组织内部治理结构需根据慈善组织类型进行设置，方便慈善组织开展工作，但我国慈善组织内部治理机构设置随意的现象普遍存在，需要对慈善组织内部治理结构进行合理、科学设置。

（三）慈善组织内部治理机构设置简繁程度不同

我国慈善组织内部治理机构的设置，有的比较复杂，有的比较简单。一般公募慈善组织的内部治理机构设置比较复杂，不但设有职能部门，而且还设有专业委员会和专门委员会，内部机构众多，体系较为庞大。非公募慈善组织内部治理机构设置差别较大：有的设置较完整，如上述的腾讯公益慈善基金会，设有理事会与监事会，理事会下设秘书处及多个职能部门；有的则较为简单，一般只设一个管理部门，聘请一名负责人，所有事务由负责人负责处理。

（四）慈善组织内部治理机构运行效率不高

从我国慈善组织运行的现状来看，慈善组织运行主要依靠的不是内生动力，而是诸如国家政策、政府支持、社会呼吁、公众参与等外在因素的推动，运行比较被动，导致慈善组织活动社会影响力不大，运行效率不高。慈善组织运行内生动力不足主要体现在慈善组织内部治理机构方面，由于内部治理机构安排不合理，运行效率低下，工作人员的工作积极性不高。内生动力不足是我国慈善组织运行中急需解决的问题。相比较而言，社会团体类慈善组织内部治理机构较为完整，由会员大会作为权力机构决策慈善组织的重大事项，理事会组织实施会员大会决议事项，理事会将具体执行事项再分配到各个职能部门，由监事会对理事会及其职能部门开展的活动实行监督。这种安排基本做到分权与制衡，是慈善组织内部治理机构比较合理的安排。然而，关键问题是这种安排需要严格付诸实施，但在具体实践中，能够严格执行内部治理结构制度的慈善组织寥寥无几。社会团体类慈善组织理事会职权较大，会长往往是兼职，慈善组织对内对外事务主要由理事会负责，而在理事会中，理事长或常务副理事长或秘书长往往一权独大，慈善组织事务的决策与实施几乎是一人说了算，其他职能部门只能照办，不允许有不同的意见与建议。这种情况在基金会、社会服务机构类的公募慈善组织中也存在。这种不合理不规范的内部治理结构导致慈善组织运行效率低下、透明度不高，给慈善组织带来一系列不利影响。

（五）慈善组织内部监督乏力

就我国现有的慈善组织来看，并不是所有的慈善组织内部都设有监事会或监事。理论上，慈善组织内部治理机构应包括决策机构、执行机构与监督机构，监督机构是慈善组织内部治理不可或缺的部门；但三部条例中只有《基金会管理条例》规定基金会内部机构中须有监事会，《社会团体登记管理条例》对社会团体类慈善组织与《民办非企业单位登记管理暂行条例》对民办非企业单位（社会服务机构）类慈善组织均没有要求。由此可知，对慈善组织中监事会的设立不是强制规范，不设监事会或监事的慈善组织只能依靠外部监督。而且，设有监事会的慈善组织中能够尽职尽责履行监督权的监事会或监事也不多，由于监事往往是由理事指定，监事碍于面子而不主动监督，监事会成为摆设。我国慈善组织内部的监督机构存在的主要问题是，监事会消极不作为、监事不履行义务。对慈善组织来讲，监事会的这种尴尬局面是慈善组织内部治理结构制度构建不力的结果，更是我国慈善组织内部治理的失败。多年来，我国在慈善组织建设上一直强调要抓治理结构建设，但多年过去了，慈善组织内部治理结构建设成效仍不尽如人意，严重阻碍我国慈善组织发展的动力和水平。

第三节　域外慈善组织内部治理结构概况

域外慈善组织历史悠久，早期以宗教慈善组织为代表，传播仁爱、慈悲、救赎等仁慈思想。宗教慈善组织以宗教教义为主旨，教皇或教主享有绝对权威，这与现代慈善组织内部治理结构完全不同。本章对宗教慈善组织内部治理结构不做探讨。20 世纪初，西方国家现代意义上的慈善组织开始出现，慈善组织开启了一个全新的发展局面。起初的慈善组织事务比较单一，规模比较小，其内部结构相对比较简单，一般设有负责人管理，其他机构可有可无。随着慈善事业的不断推进，慈善组织规模越来越大，承担的社会事务也越来越复杂，原先的慈善组织结构已经不能适应慈善事业的发展，需要对慈善组织内部治理结构进行重新构建，建立符合慈善事业发展需要的内部治理结构。一些国家对慈善组织内部治理结构进行了较大改革，域外一些国家慈善组织内部治理结构趋于合理，有力推动了慈善事业的发展，其中英国、美国、德国的做法对健全和完善我国慈善组织内部治理结构具有一定的启发与借鉴价值。

一、英国慈善组织内部治理结构特征

英国是世界上制定慈善法成文法最早的国家，1601 年《英国慈善用途

法》是世界上最早的慈善法，该法在实施过程中经过多次修订，英国《2011年慈善法》是在英国《2006年慈善法》的基础上进行的修改，将慈善组织分为慈善公司、登记为法人的慈善组织（CIO）、非法人慈善组织、特殊信托、地方慈善组织等，针对不同慈善组织，其内部组织机构安排有所不同，丰富了慈善组织内部治理结构制度。

（一）具有法人资格的慈善组织内部治理结构主要采取理事会为中心的治理模式

英国《2006年慈善法》第九章“慈善组织理事”一章中对慈善组织理事制度进行了全面规定。根据英国《2011年慈善法》第十章与第十一章的规定，具有法人资格的慈善组织的内部治理结构以理事会为中心，对慈善组织理事的资格、报酬、义务等都有明确规定。在实践中，英国慈善公司、登记为法人的慈善组织等具有法人资格的慈善组织须依据慈善法的规定设立理事会，理事会既是慈善组织的决策机构，也是慈善组织事务的执行机构，理事会下设秘书处，具体事务交由秘书处处理。理事会在法人类慈善组织内部治理中占有重要地位，如在世界范围内影响力比较大的英国救助儿童会（Save the Children UK）、英国海外志愿服务社（Voluntary Service Overseas，VSO）等慈善组织中，内部治理结构都以理事会为中心。英国救助儿童会成立于1919年，是英国最大的国际性慈善组织之一，是救助儿童会国际联盟的重要成员。其致力于保护儿童幸福、健康及安全的基本权利。成立于1958年的英国海外志愿服务社致力于促使男性或女性与贫困国家的人一道工作，共同分享技术、提高能力，追求一个更加平等的世界。英国海外志愿服务社已在20多个发展中国家发挥了重要作用，重点是改善这些国家最边缘化群体的健康、教育和生计。[①] 英国救助儿童会与英国海外志愿服务社设有理事会和秘书处，不设监事会，是英国慈善组织内部治理结构设置的典型代表。

---

① 参见英国海外志愿服务社网，https：//www. vsointernational. org/，2019年8月20日访问。

（二）非法人慈善组织与特殊信托实行托管人制度

英国《2011年慈善法》中规定的非法人慈善组织与特殊信托（慈善信托）托管人（charity trustees）具有特殊的含义，与传统信托受托人含义不同。根据英国《2011年慈善法》第21条规定，慈善组织托管人又称慈善组织官方托管人，是指对慈善组织的运行进行全面控制与管理之人，由慈善委员会随时指定。[①] 托管人对慈善委员会负责，是慈善组织决策机构。在非法人慈善组织中，该慈善组织执行人或者管理委员会就是该慈善组织托管人。如果该慈善组织是慈善信托，则慈善组织受托人即为该慈善信托的托管人；如果该慈善组织是慈善公司，则慈善公司的理事即为该慈善组织的托管人。法律对托管人的权利与义务规定非常明确，托管人的权利来自慈善组织的治理文件、相关的成文法以及判例法的规定。对于托管人制度，英国《2011年慈善法》的规定比较概括，并没有系统地规定慈善组织托管人的一般义务。理论上，托管人的一般义务主要是信义义务，慈善组织托管人的信义义务是英国慈善组织治理的核心内容之一。

传统意义上信义义务被英美法学家称为“双胞胎”义务，即注意义务与忠实义务。在西方国家，这两项义务对所有营利组织与非营利组织中的管理者（包括董事或理事、高级管理人员、托管人）普遍适用。通过判例法、成文法及相关慈善监管机关以及民间慈善组织的联盟组织等出台的相关指导或行为准则，英国已经形成了较为完备、详尽的信义义务规则。（1）注意义务。注意义务是指慈善组织托管人应当按照一个普通勤勉之人处理慈善组织的事务如同处理自己事务的标准尽职尽责管理慈善组织。（2）忠实义务。忠实义务是指慈善组织托管人不得从事有损慈善组织利益的行为，不得将自己的利益置于慈善组织之上，应当遵守慈善组织章程，并通过恰当的管理避免或解决利益冲突问题。根据《英国慈善法》的规定，一般要求托管人是志愿

---

① 参见《非营利组织法译汇（三）：英国慈善法》，金锦萍译，社会科学文献出版社2017年版，第233页。

者，除非例外规定，托管人不得从慈善组织中获得报酬。但随着英国慈善事业发展，为了鼓励更多的人参与慈善组织治理之中，《英国慈善法》在坚持托管人志愿原则的基础上，对托管人报酬问题进行了一定的放松规定。①

（三）慈善信托中监察人对托管人开展活动进行监督

慈善组织监察人主要对慈善组织托管人进行监管，在慈善组织托管人不履行信义义务及其他义务时，监察人有权介入调查，对托管人的不当行为或违法行为提出纠正，以促使慈善组织托管人履行相关义务，承担相应法律后果。如果托管人不履行应尽的义务，监察人可以通过诉讼或非诉讼的方式问责托管人。

传统上，英国由首席检察官对托管人的信义义务执行情况进行监督。由于特殊信托即慈善信托并没有特定的受益人对托管人进行监督，而且慈善信托为了公共利益而存在，因此，首席检察官事实上扮演了慈善信托的保护者与监督执行者的角色，从而避免任何私人从慈善信托中不当获益。随后，首席检察官的职权范围扩展至所有慈善组织，后来首席检察官对慈善组织监督的很大一部分权力转移给了慈善委员会。在与慈善组织相关的法律诉讼中，慈善委员会与首席检察官在以下方面可以行使同等权力：（1）进行涉及慈善组织或者慈善组织财产或事务的法律诉讼；（2）为避免或终止该诉讼而对其主张同意和解。另外，慈善委员会虽然可以自己的意志行使诉讼权力，但是必须在每次行使时取得首席检察官的同意。② 随着英国慈善事业的发展，慈善信托运行中的监管不断得到加强，除了慈善委员会监督之外，也赋予监察人对托管人管理和使用慈善财产的监督。

总之，英国慈善组织治理的一个重要理论基础是受托人的信义义务。不同类型的慈善组织治理都围绕着慈善组织托管人（管理人员）信义义务的履行而展开。慈善组织内部治理主要在于慈善组织托管人的信义义务的确立与

---

① 参见李德健：《英国慈善法研究》，山东大学2016年博士学位论文，第75~76页。

② 参见《非营利组织法译汇（三）：英国慈善法》，金锦萍译，社会科学文献出版社2017年版，第294页。

执行，确保慈善组织托管人信义义务及其他法定义务、约定义务的高效履行，推动慈善组织的问责、保障慈善组织的独立、促进慈善资源的有效利用，并在这个过程中更好、更全面地实现慈善目的，服务于公共利益。①

二、美国慈善组织内部治理结构特征

美国是慈善事业发达国家之一，慈善组织众多，主要包括私人基金会和公共慈善组织。虽然美国没有制定单独的慈善法，慈善组织内部治理结构缺乏法律依据，但美国对慈善组织运行管理制定了一系列制度，对慈善组织内部治理结构制定了专门的行为标准，美国更好事务局委员会与美国全国慈善信息局②分别对慈善组织内部治理制定了慈善行为标准，为慈善组织内部治理提供了示范性标准。

（一）以董事会或理事会③为中心的治理模式

美国绝大多数慈善组织内部治理结构模式借鉴了公司法人治理结构模式的成功做法，将公司法人内部治理结构设置的理念植入非营利的慈善组织治理结构中，即慈善组织的治理结构主要由决策与执行机构（董事会或理事会和首席执行官或秘书长）和独立会计师两部分组成。董事会或理事会是慈善组织的法定代表机关和最高决策机关，首席执行官或秘书长是首席雇员和决策执行者。慈善组织内部不设立监事会，对慈善组织的监督由慈善组织聘请的具有审计监督职能的独立的会计师承担。

---

① 参见李德健：《慈善组织托管人：慈善组织治理的英国进路》，载梁慧星主编：《民商法论丛》第57卷，法律出版社2015年版，第622~625页。

② 美国全国慈善信息局（National Charities Information Bureau，NCIB）成立于1918年，本身是一个全国性的、独立的、专事评估的非营利机构，由志愿者组成董事会，主要从事制定和出版慈善机构评估准则（共有9项）的工作，在这些标准的基础上对全国慈善机构写出报告并散发信息，向公众通报有关如何评价慈善机构的表现的信息。2001年，美国全国慈善信息局与成立于1912年的著名评估机构美国更好事务局委员会所属公益咨询服务部进行了合并，合并后的评估机构名为BBB明智捐赠联盟。

③ 美国社团类的慈善组织一般设立董事会，基金会类型的慈善组织设立理事会，美国慈善组织以基金会居多。

董事会或理事会最主要的职能是把握慈善组织的发展方向。除此之外，董事会或理事会的职能还包括：（1）决定秘书长或总干事的人选；（2）对慈善组织预算和财务报告进行审定；（3）为慈善组织的发展提供社会关系网络，帮助慈善组织筹款等。所有慈善组织在其章程中都应规定本慈善组织的董事或理事产生方式、董事或理事的任期、董事或理事的职权、董事或理事会议的召集程序及议事规则。

在美国，不同类型的慈善组织的治理结构也有差异。第一，内部决策机构不完全相同。有的慈善组织除董事会或理事会外，决策机构中还包括管理委员会。设管理委员会的慈善组织通常是实体性的慈善组织，管理委员会的成员通常由不同利益群体的代表组成。管理委员会主要是反映不同群体的利益诉求，起到沟通与桥梁作用。第二，决策层与执行层的分离程度不一样。规模越大的慈善组织，决策层与执行层分离度越高。董事会或理事会成员不负责具体的日常事务，秘书长不担任董事或理事，更不能担任董事长或理事长和承担财务监管职责。秘书长可以出席董事会议，向董事会或理事会报告、发言或提出建议，但是，没有投票权。第三，董事或理事的遴选方式不同，董事会或理事会的结构也有差异。规模大、实力雄厚的慈善组织，董事会或理事会往往采用有限民主的方式选举产生，即由上一届董事会或理事会的主席、董事或理事或秘书长提名新的候选人，在聘任董事或理事时，需要考察其专业背景。① 这种选举方式的优点是董事会或理事会成员的专业结构合理，业务能力强，有利于提高董事会或理事会的工作效率。

（二）慈善组织内部治理机构设置灵活

慈善组织不论规模大小，都有各自的明确的慈善目的。美国慈善组织的慈善活动集中在文化、教育、卫生、消除贫困、服务弱势群体、保护妇女与儿童权益、环保、就业、社区改造等多方面，而且海外慈善组织发展迅速，

① 参见邬爱其：《我国社会组织内部治理结构研究：一项基于内容分析法的研究》，载中国社会组织公共服务平台，http：//www.chinanpo.gov.cn/700108/92683/preindex.html，2019 年 6 月 10 日访问。

一些规模较大的慈善组织国际化发展步伐加快。这些慈善组织将总部设在美国国内，在国内外设立多家分支机构，实行总部与分支机构并行的运行模式。慈善组织总部设有董事会或理事会与秘书处，董事会或理事会对慈善组织活动事项具有决策权和一定范围的执行权，秘书长具体负责执行慈善组织的具体事务的职权；分支机构一般设有负责人，负责人可以是总部指派的人员，也可以是从分支机构所在地国家或地区聘任的人员。负责人负责执行分支机构的所有事务，分支机构从事慈善活动的目的应与总部保持一致。规模比较小的慈善组织内部治理机构设置不做统一要求，根据慈善组织的具体需要以及慈善组织开展活动的内容，可以设董事会或理事会、秘书，也可以只设负责人。只要慈善组织内部设立的机构能够保证慈善组织正常运行起来，就是适合慈善组织发展的治理结构。

三、德国慈善组织内部治理结构特征

（一）慈善组织内部治理结构依法设立

德国社会组织分为互益性与公益性两大类。互益性组织主要是行业协会和商会等社会组织；公益性组织即慈善组织，包括医疗、卫生、教育、科技、体育、文化、环境保护、救助等领域的慈善组织，是德国公共服务和社会福利服务事业的重要力量，慈善组织以基金会为主要组织形式。

德国规范慈善组织的法律包括三个层次：一是《德意志联邦共和国基本法》。该法第 9 条规定“所有德国人均有结社之权利”，为德国结社自由提供了根本法依据。二是《德国民法典》。《德国民法典》对社团法人与基金会类的财团法人慈善组织的内部结构进行了规定。社团法人设立成员大会，凡不属于董事会或社团其他机构处理范围内的社团事务，由社团全体成员大会作出决议决定，决议由出席成员的过半数决定；如果社团全体成员书面表示同意某项决议时，即使不召开大会，该决议也有效。董事会的任命通过会员大会决议加以确定，在董事会之外任命特别代理人以处理一定的事务。[①] 对基金会类财团法人，强调需要登记才能取得相应的民事权利能力和民事行为能力。《德国民法典》第80条至第89条对基金会设立及运作进行了规定：设立基金会须得到国家批准，在各州办理必要的登记手续，州政府对基金会的审批，主要是审查其是否拥有办公场所、章程、理事会以及监事机构，基金会的组织主要准用《联邦德国结社法》的相关规定。三是《联邦德国结社法》。该法重申了在宪法中规定的结社自由的基本原则，对社团的定义、管理机关设置、社团的行为、注册、解散、财产关系等内容进行了规定。上述三方面的立法构成了德国慈善组织立法的基本框架，其中《德国民法典》及《联邦德国结社法》对德国慈善组织的内部治理结构有明确规定。根据法律的规定，社团类慈善组织治理以成员大会为中心，设有成员大会、董事会、特别代理人等机构。基金会类慈善组织治理以理事会为中心，设有理事会及监事会，监事会对理事会进行监督。德国法律对慈善组织内部治理结构的规定只是原则性的，慈善组织内部治理结构的具体安排，法律授权由慈善组织章程进行规定。

（二）突出章程对慈善组织内部治理的规范作用

慈善组织章程是慈善组织的基础性文件，规定了慈善组织的基本制度，对慈善组织内部机构予以明确，并对内部机构的产生、职权、会议、表决规则等予以规定。章程由会员大会或理事会讨论表决，章程一旦通过，对慈善组织的管理人员、工作人员都有约束力；如果需要变更章程的内容，则要召开会员大会或理事会进行表决。根据德国相关法律的规定，慈善组织必须严格按照其章程开展活动，不得超越章程规定的活动范围开展慈善活动，如果违反章程规定开展活动，则会引发问责。德国慈善组织都必须有组织章程，章程必须明确组织的宗旨与使命，在此基础上将慈善组织相关重要制度写入章程，慈善组织有权决定章程的内容，但不得规定从事经营活动。政府登记

---

① 参见《德国民法典》第27条第1项、第30条和第32条。

部门有权监督慈善组织是否遵守了法律及章程列明的规定，但无权干涉慈善组织章程规定的内容。

（三）慈善组织内部机构相互制衡

德国慈善组织根据类型不同，其内部机构设立不尽相同。社团类的慈善组织内部机构包括权力机构、执行结构。权力机构即决策机构是全体会员大会或会员代表大会，决策慈善组织的重大事项，如章程的制订和修改，董事会的产生，慈善募捐活动，慈善组织财产投资，慈善组织重大关联交易，慈善组织的变更、解散、清算、终止等。董事会由会员大会选举产生，由3～5人组成，包括董事长、财务管理、秘书等，董事会的董事长、副董事长常常由社会知名人士担任，秘书长具体负责日常工作，董事会每年向全体会员报告工作开展情况。基金会类的慈善组织内部机构设有理事会与监事会。基金会的最高权力机构为理事会，一般由理事会主席、副主席、财务主管、秘书长和若干理事会成员组成。秘书长是专职工作人员，负责基金会日常事务，为基金会开展日常活动提供人员组织保障。基金会设立监事会。监事会有权要求基金会的理事会或秘书处提供年度工作报告、财务报告、审计报告等，监督理事会和秘书处是否按照宗旨、章程规定开展活动。理事会、秘书处与监事会各司其职，相互合作，相互制衡，共同推动慈善组织发展。

综上，英、美、德三国慈善组织内部治理结构是目前典型的三种模式，其他国家慈善组织的内部治理结构的设置与上述国家大致相当。从慈善组织发展的现状分析，上述各国慈善组织的内部治理机构安排与各国社会发展相适应，无论是会员大会为中心的模式，还是董事会或理事会为中心的模式，均是根据慈善组织性质、自身发展的需要而定，强化章程在内部治理结构中的规范指引作用。域外慈善组织内部治理结构设置灵活又不失规范性，慈善组织的决策机构、执行机构及监督机构分权明确，彼此之间又互相制衡，规范各个机构在合理的范围内行使各自的权力，既有利于防范各个机构权力的滥用，又有利于合理配置各个机构权力，这对完善我国慈善组织内部治理结构具有重要的借鉴与参考价值。

第四节　健全和完善我国慈善组织内部治理结构制度

一、完善我国慈善组织内部治理制度立法

我国现行相关法律法规对不同类型慈善组织的治理结构有不同的规定。《民法典》中规定的社会团体法人与捐助法人中包含慈善组织法人，《民法典》第91条第2款与第3款规定，社会团体法人应当设会员大会或者会员代表大会等权力机构。社会团体法人应当设理事会等执行机构。理事长或者会长是社会团体法人的法定代表人。第93条第2款与第3款规定，捐助法人应当设理事会、民主管理组织等决策机构，并设执行机构。捐助法人应当设监事会等监督机构。捐助法人的理事长是其法定代表人。根据上述法律规定可知，我国《民法典》对慈善组织的内部结构设置只是进行了一般性规定。《慈善法》第12条强调建立健全慈善组织内部治理结构，显然规定过于概括，操作性不强，至于如何建立健全慈善组织内部治理结构没有具体规定。三部条例规定稍微详细一点：《社会团体登记管理条例》规定了社会团体应当由会员大会或会员代表大会产生执行机构、负责人和法定代表人；《基金会管理条例》对基金会的内部组织机构规定包括理事会和监事。理事会设理事长、副理事长和秘书长，从理事中选举产生，理事长是基金会的法定代表人，基金会的法定代表人不得同时担任其他组织的法定代表人。理事、理事的近亲属和基金会财会人员不得兼任监事。《民办非企业单位登记管理暂行条例》的规定与社会团体大致相当。

从我国法律法规对慈善组织内部治理结构设置的规定来看，三部条例的规定要比《慈善法》详细一点，但对社会团体与民办非企业单位（社会服务机构）两类组织内部治理机构的规定比较简略，基本是粗线条规定要有相应的组织机构，没有进一步规定必须设立哪些组织机构。《基金会管理条例》

对慈善基金会的理事会规定较为详细，但对监事会规定较简略。目前三部条例是慈善组织准入的主要法律依据，慈善组织内部治理结构设置主要依据三部条例，而现有的三部条例的规定已不能满足慈善组织内部治理结构构建的需要，且三部条例在立法层级上属于行政法规，立法层级较低。因为我国《民法典》与《慈善法》不是专门法律关系的主体立法，不可能对慈善组织及其内部治理结构进行详细规定，所以，从慈善事业及社会事业发展趋势来看，有必要制定一部社会组织法，对慈善组织内部治理结构进行详细规定。

二、完善以章程为核心的慈善组织内部治理结构制度

根据《民法典》、《慈善法》及三部条例的规定，不同类型的慈善组织，其内部治理结构不尽相同：社会团体类与部分民办非企业单位（社会服务机构）类的慈善组织内部的会员大会是其最高权力机构，也是最高决策机关，享有制定、修改组织章程以及选举或罢免管理人员等权力。此类慈善组织还设立会员大会的执行机构即理事会，可以依据章程的规定设立监事会。因此，社会团体类慈善组织内部治理结构是双层制的“会员大会—理事会—监事会”的基本模式。基金会与部分民办非企业单位（社会服务机构）类的慈善组织不存在会员，不可能通过成立会员大会实行自治，因此这部分慈善组织内部治理结构是单层制的“理事会—监事会”模式。这部分慈善组织通过设立理事会与秘书处来行使决策和管理的权力，由于这部分慈善组织没有会员大会，需要设立独立的机构对理事会权力进行监督，所以，监事会是必设机构。监事会的主要职责就是监督理事会及秘书处的活动，实现慈善组织内部机构间的分权与制衡。由于法律法规作为国家制定的具有普遍效力的行为规则，对制度的安排一般只作概括性的规定，不可能满足所有慈善组织的具体需要，因此，各类慈善组织在不与法律法规相冲突的基础上，制定组织章程，规范符合自身情况的内部治理结构。会员制的慈善组织章程由会员大会制定，非会员制的慈善组织章程一般由发起人制定。慈善组织的章程对全体会员、

管理人员、工作人员及志愿者具有约束力，是慈善组织会员、捐赠人、管理人员、工作人员、志愿者及受益人等利益相关者的行为准则。章程中对慈善组织的宗旨、名称、住所、慈善活动范围、内部治理结构、慈善财产管理与使用、投资、重大关联交易、解散清算等基本事项必须进行规定，依据章程构建慈善组织内部治理结构是慈善组织持续、高效开展慈善活动的制度保障。

（一）章程在慈善组织内部治理中的地位

慈善组织章程是慈善组织内部治理的基本规则，也是慈善组织对外活动的总纲。慈善组织内部治理结构在其章程中须加以明确规定，立法上对此有原则要求：《民法典》规定，设立社会团体法人与捐助法人应当依法制定法人章程；《慈善法》要求慈善组织章程记载决策、执行机构的组成及职责、内部监督机制，这是对慈善组织内部治理结构设置的概括要求；《社会团体登记管理条例》规定，社会团体章程应记载会员资格及其权利、义务，民主的组织管理制度，执行机构的产生程序，负责人的条件和产生、罢免的程序等；《民办非企业单位登记管理暂行条例》规定，民办非企业单位的章程应当记载组织管理制度，法定代表人或者负责人的产生、罢免的程序；《基金会管理条例》规定，基金会章程应当载明理事会的组成、职权和议事规则，理事的产生程序和任期，法定代表人的职责，监事的职责、任期等。

从上述法律法规的规定可以看出，不同类型的慈善组织的章程对其内部治理机构的规定不完全相同：《慈善法》概括性规定了社会团体与民办非企业单位章程对其内部治理机构的要求，强调的是产生、罢免法定代表人或负责人的程序；基金会章程不仅规定基金会须设立理事会、监事会，并且对理事、监事资格的取得、职权、产生方式等也应有具体规定。章程是慈善组织的基础性文件，是慈善组织开展活动的直接依据，慈善组织内部治理机构须在章程中明确，强化慈善组织内部治理机构在慈善组织开展活动中的核心地位及对慈善组织持续发展的重要意义。

（二）慈善组织内部治理结构在章程中应进行详细规定

从现有的慈善组织章程的规定来看，章程对慈善组织内部治理结构的规定较为简单，章程弱化现象非常普遍，除了少数公募慈善组织之外，大多数慈善组织章程雷同化非常明显。章程虽对组织内部设立的机构有基本要求，如设立理事会、监事会，但这些简单的规定实际意义不大。慈善组织章程对其内部治理结构的雷同化、简单化的规定，导致章程流于形式，对慈善组织内部结构安排起不到实质性规范作用。因此，需强化慈善组织章程的地位，细化章程对慈善组织内部治理结构制度的安排，如社会团体类慈善组织章程应规定会员大会或会员代表大会职权、召集程序、会议制度、议事规则、会议表决规则等内容，对理事会和监事会的产生、组成、职权、召集程序、会议制度、议事规则、会议表决规则等内容也应予以明确规定。基金会类慈善组织章程中应对理事会、监事会的职权进行详细规定，对理事、监事的产生、理事会与监事会的表决、会议议事规则等也应当明确规定。章程对慈善组织内部治理结构的规定应详细、全面，为设立慈善组织内部治理机构提供明确的依据。

（三）保障慈善组织章程执行力

章程作为慈善组织的基本准则，应对慈善组织的性质、地位、职能、治理结构和运行机制等基本问题明确予以规定。章程虽然是慈善组织内部的文件，但作用不限于慈善组织内部，其对慈善组织开展慈善活动也会产生影响。章程是慈善组织的行动纲领，慈善组织章程一旦生效，就必须得到遵守。同时，章程是发起人制定的具有法律效力的文件，慈善组织的活动以章程为行动准则。慈善组织及其利益相关者都应明确章程的地位和重要作用，自觉执行章程的内容，以章程规范和约束慈善组织及利益相关者的活动。章程中规定的慈善组织内部治理结构如果没有落到实处，则慈善组织、捐赠者或发起人可以通过申诉、诉讼等途径保障章程的执行力，以维护慈善组织的权益。

三、建立分权与制衡相结合的慈善组织内部治理结构

慈善组织内部治理需要对内部机构的权力进行合理分配，即决策机构、执行机构和监督机构之间形成权责明确、相互制衡、相互协调的关系，实现慈善组织内部治理结构的高效运行。

（一）确保会员大会或会员代表大会的决策权

社会团体类慈善组织设立会员大会或会员代表大会。会员大会或会员代表大会是最高权力机构，拥有最高的决策权、决定权、任免权和监督权等。但在实践中，部分社会团体类慈善组织要决策一些重要事项，往往事先已有决定，然后确定一个时间召开会员大会进行表决，这种会议也只是走走过场，会员大会没有发挥其应有的作用。会员大会或会员代表大会虽不是慈善组织常设机构，但在慈善组织中具有重要法律地位，要提高慈善组织的内部治理机构运行效果，就必须明确会员大会或会员代表大会的决策权范围，充分发挥会员大会或会员代表大会民主决策、集体决策、公开决策的作用。不仅立法上需要强化社会团体类慈善组织会员大会或会员代表大会的中心地位，而且在实务中登记管理机关有义务督促社会团体类慈善组织加强会员大会或会员代表大会建设，敦促这一机构在制定章程、选举理事、监事以及其他重大事项决策上发挥应有的作用。

（二）理事会依法行使职权

社会团体类慈善组织设理事会。理事会是执行会员大会或会员代表大会决议的机构，是具体事务执行机构，具有事务执行权。理事会作为慈善组织执行机关，在慈善组织的功能发挥和运行中起着核心的组织作用。我国此类慈善组织理事会权力过于膨胀，弱化了会员大会或会员代表大会的职能，所以，有必要厘清会员大会或会员代表大会与理事会的关系，提升此类慈善组织内部治理机构的运行效力和执行力。基金会类、社会服务机构类慈善组织一般不采取会员制，没有会员大会或会员代表大会，其内部设立理事会与监事会，理事会兼具决策和执行权力，理事会也可以将其执行权授权秘书处行

使。有研究者认为，我国公益基金会法人治理结构的现实缺陷主要是理事会决策职能的架空、监事会的虚位和内部人控制三大问题。[①] 这是我国以基金会为代表的慈善组织内部治理的现实。基于我国慈善组织内部治理机构存在的问题，有必要进行改革与完善。

1. 社会团体类慈善组织理事会依法律法规章程行使执行权

我国社会团体类慈善组织一般实行会员制，由会员组成慈善组织的权力机构，法律赋予会员大会或会员代表大会决策权。但在实践中，此类慈善组织的会员大会或会员代表大会作用并没有充分发挥，而慈善组织的理事会权力过于膨胀，行使了部分会员大会的职权，导致会员大会形同虚设。理事会权力的膨胀必然带来权力的滥用，致使此类慈善组织内部治理混乱甚至瘫痪。再就是此类慈善组织一般由理事长担任法定代表人，权力过于集中到理事长一人手中，导致的结果就是独断专行。因此，有必要合理安排理事会的职权，限制理事长滥用权力，明确理事会执行机构的地位，严格按照法律法规章程的规定履行职责，接受监事会的监督，理事会成员滥用职权致使慈善组织权益受到损害的，慈善组织、捐赠者、受助人等利益相关者有权启动问责。

2. 充分发挥非社会团体类慈善组织理事会的决策权

此类慈善组织主要包括慈善基金会和部分社会服务机构（民办非企业单位）类慈善组织。此类慈善组织不设会员大会，理事会是其决策机构。理事组成理事会，理事由发起人、捐赠者、热心公益慈善事业的人员担任，任期3年，连选可以连任。理事非因违法行为不得解除其理事职务。理事长由全体理事过半数选举产生，或者按照章程规定的办法产生。理事长不得兼任，应由专人担任，国家机关退休人员在退休最初2年内不得担任理事。实行理事长轮值制，每1至2年轮任。理事长是慈善组织的法定代表人，全面负责慈善组织的事务。理事会决定设立秘书处，秘书处是此类慈善组织的事务执行机构，负责慈善组织运行与具体事务的执行。经理事长提名，理事会可以

① 参见李莉：《中国公益基金会治理研究——基于国家与社会关系视角》，中国社会科学出版社2010年版，第128～132页。

聘任秘书长。秘书处实行秘书长负责制，对理事会负责。秘书长任期与理事任期一致。

理事会一般设常务理事。常务理事为理事会的常设机构，在理事会闭会期间代表理事会行使职权。常务理事代表理事会行使职权，并为慈善组织发展和壮大进行谋划，全面对慈善组织各项活动进行管理。具有隶属关系的单位或具有亲属关系、利害关系的个人不得担任常务理事。常务理事有权提议、召集理事会，向理事会报告工作。

3. 慈善组织理事、秘书长须符合任职资格要求

（1）民事行为能力方面的限制。自然人担任慈善组织理事、秘书长的，必须是具有完全民事行为能力的人。如果丧失民事行为能力，则应及时辞退；如果是组织担任理事的，则国家机关不得成为慈善组织理事。（2）犯罪方面的限制。理事、秘书长故意犯罪被判处刑罚的，自刑罚执行完毕之日起未逾5年的不得任职；如果是故意犯罪免予刑事处罚以及过失犯罪的不受限制。（3）职务行为年限的限制。在被吊销登记证书或者被取缔的组织担任理事或秘书长的，自该组织被吊销登记证书或者被取缔之日起未逾5年的不得任职慈善组织理事或秘书长。（4）个人负有较大债务的也不得担任理事、秘书长。（5）在职国家机关工作人员不得担任慈善组织理事长、监事、秘书长。除了上述情形，相关法律法规另有规定不得担任理事、秘书长情形的，遵照执行。

4. 慈善组织理事、秘书长应尽到忠实义务与勤勉义务

（1）理事、秘书长的忠实义务。忠实义务是指理事、秘书长在执行慈善组织事务时所承担的以维护慈善组织利益作为行为和行动的最高准则，以慈善组织利益为重，不得计较个人得失，也不得为他人谋取利益的义务。忠实义务包括：不得利用其关联关系损害慈善组织、受益人的利益和社会公共利益；慈善组织发生交易行为的，关联关系人不得参与慈善组织有关该交易行为的决策；不得泄露慈善组织的重要信息；不得挪用、私分慈善组织的财产；不得侵占慈善组织财产；等等。（2）理事、秘书长的勤勉义务。勤勉义务也

称注意义务，是指慈善组织理事、秘书长在处理慈善组织事务时能像处理个人事务时那么认真和尽职，做到一个善良管理人应尽的义务，也就是理事、秘书长在管理慈善组织事务过程中负有运用自己的知识、经验、技能，尽到勤勉并且使之达到法律所要求的标准的义务。理事、秘书长的忠实义务及勤勉义务是慈善组织内部治理的保障，是必须要落到实处的强制性要求。

（三）监事会依法行使监督权

域外国家慈善组织一般设有监事会对理事会和秘书处进行监督，我国《社会团体登记管理条例》、《民办非企业单位登记管理暂行条例》及《慈善法》对社会团体、民办非企业单位是否设立监事会没有规定；《民法典》中规定捐助法人应当设立监事会，《基金会管理条例》对慈善基金会设立监事会也有明确规定。也就是说，我国立法对慈善组织是否设立监事会并没有作统一的要求。在实践中，大多数社会团体类及民办非企业单位（社会服务机构）类慈善组织不设监事会，即使设立了监事会，也形同虚设。慈善组织监事会这一机构一直没有受到应有的重视，有必要加强监事会的建设，发挥监事会应有的职能，强化监事会对理事会、秘书处及各专门委员会的监督。

1. 慈善组织应设立监事会或监事

无论是社会团体类的慈善组织，还是基金会、社会服务机构类的慈善组织都有必要设立监事会或监事，规模比较大的慈善组织应当设立监事会，规模较小、人数较少的慈善组织可以不设监事会，但须有监事。随着我国慈善事业的发展，慈善组织需要加强自身建设，健全内部治理结构。为了树立慈善组织良好的形象，促进慈善组织持续发展，实现慈善组织公益目的，慈善组织有义务将自身打造成公众信任的组织，为此，慈善组织开展活动应公开透明，接受监督。对慈善组织进行监督不仅包括外部监督，也包括内部监督。内部监督主要是专门监督机构，即监事会或监事的监督。监事会或监事主要是对慈善组织理事会或理事、秘书处活动进行监督，敦促慈善组织依据法律法规章程开展慈善活动。

2. 强化慈善组织监事会的职权

慈善组织监事会是监督机构，是对慈善组织理事会、秘书处及各专业或专门委员会开展活动进行监督。监事会主要对下列事项进行监督：（1）检查慈善组织的财务。监事会成员中须有懂法律、经济、财务等专业的专家，检查财务由懂财务会计方面的专家进行。（2）对理事、秘书长执行慈善组织职务的行为进行监督，对违反法律、行政法规、章程的理事、秘书长提出罢免的建议。（3）当理事、秘书长的行为损害慈善组织的利益时，要求理事、秘书长予以纠正。（4）对理事、秘书长不履行职责给慈善职责造成损失的，监事会可提起诉讼。（5）社会团体类慈善组织在理事会不召集和主持会员大会或会员代表大会时，监事会有权召集和主持会员大会或会员代表大会。（6）社会团体类慈善组织的监事会可以向会员大会或会员代表大会提出议案。

慈善组织内部设立监事会或监事是慈善组织发展的需要，只有这样才能保证慈善组织内部监督的落实，赋予监事会或监事对理事会或理事决策权、管理权及秘书处执行权的监督，有助于防止权力的滥用和腐败的滋生，纠正理事会、秘书处的不当行为，保证监事会充分行使监督权，形成监督权与执行权相互制约的格局，最终实现民主、规范、高效的慈善组织治理结构。

3. 慈善组织监事会的组成及其议事规则

规模比较大的慈善组织应当设立监事会，监事会由监事组成，一般为三人以上。监事由发起人、捐赠者、专家等人员组成，其中专家不得少于1/3，以保证监事会工作落到实处，监事会中的捐赠者主要对捐赠款物使用情况进行跟踪监督。正常情况下，不得限制或剥夺监事的职权。监事以监事会的名义开展工作，慈善组织的理事会、秘书处及各委员会应当予以积极配合，不得干涉与阻挠。监事会会议每年至少召开两次，对监事会表决的事项应当经全体监事的过半数表决通过。慈善组织中的理事、秘书、各委员会主任不得兼任监事。监事的任职资格适用理事、秘书长任职资格的相关要求。

结　语

随着我国社会治理创新的全面深入推进，慈善组织在社会公益慈善事业发展中的作用日益凸显，应建立健全符合我国慈善组织发展的内部治理结构，带动更多的人与组织参与慈善活动，使慈善成为人人可为、人人愿为的事业，引导人们发自内心、自愿、真诚参与慈善活动。我国的慈善组织曾在一个比较长的时期内起着弥补政府失灵和市场失灵的功能。随着慈善组织内部治理结构的健全和完善，慈善组织内生动力充足，其将会更好地发挥在社会治理中的作用。慈善组织与政府、营利组织一起承担社会治理特殊的时代使命，是社会管理和公共服务的合作者，是社会慈善道德文化的引领者和传播者，是建设和谐、友善良好社会秩序的重要力量。慈善事业的发展离不开慈善组织的参与。立法上应赋予慈善组织独立的法律地位，独立享有权利履行义务，在社会治理中担起大任，调动一切可以调动的力量承担社会责任。为此，慈善组织必须要建立健全内部治理结构，创新内部治理机制，处理好内部各个机构之间的关系，充分发挥民主，平衡各机构之间的权力与责任，各个机构各尽其责，相互合作，相互制约，营造共建共治共享的慈善组织内部治理新机制。

第四章

慈善组织信息公开制度

引　言

慈善组织是从事慈善募捐、接受捐赠、开展捐助活动的非营利性组织。慈善组织除了其慈善活动具有普遍的社会影响力、财产来源具有非对价性外，最大特点是具有更高的公信力。慈善组织的公信力已经成为其生存的生命线，丧失了公信力，慈善组织就会丧失资源、丧失民众、丧失价值。[①] 慈善组织公信力主要源于慈善组织信息公开透明。信息公开透明是慈善组织活动应遵守的基本准则，也是慈善组织公信力建设的基本要求。2014 年国务院发布的《关于促进慈善事业健康发展的指导意见》中将慈善组织信息公开透明作为一项基本原则确定下来，该意见指出："慈善组织以及其他社会力量开展慈善活动，要充分尊重捐赠人意愿，依据有关规定及时充分公开慈善资源的募集、管理和使用情况。慈善组织要切实履行信息公开责任，接受行政监督、社会监督和舆论监督。"这一规定奠定了慈善组织信息公开的基调。慈善组织信息公开一直是全社会高度关注的焦点，我国《慈善法》第八章对慈善信息公开设专章进行了规定，2018 年施行的《慈善组织信息公开办法》是一部专门针对慈善组织信息公开实施的部门规章，对慈善组织信息公开进行了专门规定，但不够全面、完整。

① 参见于佳莉：《公信力是慈善组织的生命线》，载《公益时报》2008 年 12 月 9 日版。

党的十八大以来，在全面推进社会治理体系和治理能力现代化、全面建成社会主义现代化国家的新时代背景下，慈善组织作为参与社会治理的重要主体，秉承慈善目的，不断加强信息公开建设。慈善组织信息公开与否直接关系到慈善组织乃至慈善事业的发展前途，慈善组织信息公开做得好，则能赢得持续发展的源头活水；反之，慈善组织则失去发展的动力。实践也证明了这一点，如中国社会福利基金会下设的“免费午餐”项目。自2012年10月以来，该项目每月做一期“免费午餐月度简报”，对开餐学校、惠及人数、稽查学校、善款的收支等重要信息及时、全面予以公开。这种信息公开方式得到捐赠者及公众的高度称赞与认同，这就是“免费午餐”项目能够持续发展的重要动力。相反地，近年来多家慈善基金会因为信息不公开被处以警告、停止活动、没收违法所得甚至被撤销的行政处罚。我国在慈善组织发展进程中，对慈善组织登记、监管、募捐、捐助、购买服务、慈善项目运行、慈善组织年度工作报告、财务会计报告、税收优惠、投资、关联交易等方面信息公开制度建设一直没有停止，但慈善组织信息公开建设还有很大提升的空间。随着对慈善组织目的、功能的不断强化，信息公开得到不断规范与发展，又随着互联网慈善的不断发展，我国慈善组织信息公开制度建设进入一个线下线上共建共治共享的新时代，慈善组织信息公开制度建设取得了明显成效。然而，在线下线上慈善募捐共存的情况下，慈善组织信息公开新问题层出不穷，需要不断加强慈善组织信息公开制度建设，构建符合我国国情的慈善组织信息公开新制度、新机制。

第一节　慈善组织信息公开制度概述

一、慈善组织信息公开的理解

（一）慈善组织信息公开的定义

对慈善组织信息公开进行定义，主要存在两种方式：一种是概括式定义，即将慈善组织信息公开抽象为一种行为，认为慈善组织信息公开即信息披露，指的是慈善组织按照法律规定或依照申请，向社会公开自身信息的行为。[①]这种定义是一种概括性界定，至于慈善组织中哪些信息应当公开不做具体列举。另一种是采取列举与概括相结合的方式，认为慈善组织信息公开是指慈善组织依据法律法规规章，基于维护社会公众知情权与促进慈善组织健康发展的目的，在慈善组织运作过程中，通过法定形式与程序将慈善组织的治理结构、财产变动、年度工作报告与审计报告、慈善募捐、慈善捐助、慈善项目、慈善信托等主要信息真实、准确、完整、及时地向行政管理机关、捐赠者、受助人、社会公众及媒体等利益相关者公开或依申请向特定的个人或组织公开的过程。这一定义是立法与理论研究中常用的定义。该定义将慈善组织公开信息的内容、主体、原则、形式、程序等明确下来，慈善组织需要公开的信息既包括内部的重要信息。也包括对外活动的重要信息。信息公开贯穿于慈善组织运行整个过程，是慈善组织公信力建设的基础。

（二）慈善组织信息公开的特征

1. 形式统一性

我国《慈善法》对慈善组织信息公开的形式有明确规定，要求慈善组织在县级以上人民政府民政部门建立的统一信息平台及时向社会公开慈善信息，并免费提供慈善信息发布服务。也就是说，县级以上民政部门要建立统一信息平台，慈善信息通过该平台对外发布。对此，《慈善组织信息公开办法》中也有规定。由此可以看出，我国对慈善组织信息公开的形式要求是在民政部门建立的统一信息平台公开慈善信息。一方面，便于行政管理机关对慈善组织信息公开进行监管；另一方面，便于慈善组织利益相关者对慈善活动的监督，敦促慈善组织全面、及时公开信息，依法开展慈善活动。

2. 程序规范性

与政府信息公开相比，由于慈善组织活动的范围与受益群体没有政府部

① 参见何华兵：《〈慈善法〉背景下慈善组织信息公开的立法现状及其问题研究》，载《中国行政管理》2017 年第 1 期。

门职能所及范围与受益群体覆盖面广泛，所以对慈善组织信息公开没有政府信息公开要求那么严格，但慈善组织信息公开必须按照法定程序进行，不得任意而为，慈善组织对外发布信息有严格的程序规范。《慈善组织信息公开办法》规定了慈善组织信息公开的基本程序要求：慈善组织应当自有关信息形成之日起在规定的时间（长则 3 个月，短则 30 日）内，在民政部门提供的统一信息平台向社会公开。

3. 类型差异性

多数国家根据慈善组织是否具有公开募捐资格，将慈善组织分为公募慈善组织和非公募慈善组织。这两种慈善组织信息公开范围不同，即两类慈善组织信息公开存在差异：公募慈善组织信息公开要求严格，只要与公募慈善组织宗旨与目的有关的事项信息均需要对外公开，并且随着慈善组织的发展，慈善组织活动项目的增加，对增加的项目信息也必须及时公开，如慈善组织临时决定投资，该信息必须及时公开，公募慈善组织信息公开具有开放性，没有固定的限定范围；而非公募慈善组织不存在公开募捐信息，所以没有对募捐信息公开作出要求，但与捐助、投资、税收优惠等方面相关的重要信息必须公开。

4. 效果显著性

慈善组织真实、准确、完整、及时公开信息，不仅能够提升慈善组织公信力，更为重要的是，政府监管部门、捐赠者、公众及媒体能够及时了解慈善组织活动的动向，建立起慈善组织与利益相关者之间的相互信任机制，保障利益相关者对慈善组织的监督，保证慈善组织可持续发展，不断提升慈善组织活动的质量与水平，从而推动慈善事业的不断发展。

二、慈善组织信息公开的基本要求

立法上对慈善组织信息公开有基本要求，即真实、完整、及时。慈善组织应当对公开的信息真实性负责，公开信息必须完整、及时，不得有虚假记载、误导性陈述或者重大遗漏，任何慈善组织不得以新闻发布、广告推广等形式代替应当履行的信息公开义务。

（一）真实性

真实是信息公开制度的基石，真实的信息才能反映慈善组织活动的真实状况，公开不真实的信息不但对慈善组织没有任何好处，反而会对慈善组织产生不利影响。真实性要求公开的信息不得有任何虚假记载、误导性陈述，公开的信息必须与信息客观存在情况相符，要求来自信息事实本身，不得对信息进行加工、润饰，不得弄虚作假。真实的信息反映的是事实本源，具有很强的客观性，能够客观反映事实本身的基本情况，是了解慈善活动最基本的、最直接的依据。

（二）完整性

慈善组织信息公开完整是全面了解慈善组织的前提，捐赠者在了解慈善组织基础上才会有捐赠可能。慈善项目的开展、慈善信托的管理等信息公开必须完整，不得有重大遗漏。慈善组织只有全面完整公开信息，公众才能了解情况，再决定是否合作。如果公开的信息不完整，即便慈善活动开展起来，也不会收到预期的效果，甚至有可能承担法律风险。所以，慈善组织不得故意隐瞒重要信息，也不得选择性公开信息，只要是法律规定需要公开的信息都应当毫无保留地公开。完整公开信息有利于行政管理机关的监管，也有利于慈善组织公信力的提升，吸引更多的人参与慈善组织活动。

（三）及时性

慈善组织信息公开及时是对信息处理上的要求。由于信息本身是体现慈善组织价值的重要因素，信息及时公开不仅可以为慈善组织带来更多的资源，而且可以及时阻断不法侵害者利用慈善组织信息谋取不当利益。信息不及时公开可能会导致社会公众对慈善组织产生错误的认识，不利于慈善组织开展活动。例如，慈善组织公募资格不及时公开，就不能公开募捐，如果公开募捐，则属于不合法行为。因公募资格信息没有及时公开，则会直接影响到慈善组织的一系列活动，不利于慈善组织开展慈善活动。

三、慈善组织信息公开的范围

慈善组织哪些信息应当公开一直是关于慈善组织信息公开争议的焦点问题。近年来，随着我国《慈善法》的贯彻落实，慈善组织信息公开制度得以不断完善，《慈善组织信息公开办法》对慈善组织信息公开的范围有了较为全面的规定。概括而言，慈善组织需要公开的信息主要包括公开慈善组织内部治理信息、慈善组织年度工作报告与财务会计报告信息、慈善组织慈善募捐信息、慈善项目信息、慈善组织慈善信托信息、慈善组织财产活动信息等。上述信息构成我国慈善组织信息公开的内容体系，既包括慈善组织内部治理的内容，也包括慈善组织对外活动的内容。根据《慈善法》等法律法规规章的规定，上述信息必须要在民政部门指定的统一慈善组织信息公开平台公布，以方便各利益相关者对慈善组织信息公开的监督与管理。

第二节　慈善组织信息公开的立法与实践

一、慈善组织信息公开的立法

（一）我国慈善组织信息公开的立法

我国慈善组织信息公开制度的形成与发展有一个逐步演变的过程，与我国社会治理及慈善事业发展的历程密切相关。改革开放之后，1993 年制定的《红十字会法》对红十字基金会信息公开进行了规定，开启了我国慈善组织信息公开的先河，2017 年修改的《红十字会法》要求红十字会对接受的捐赠在统一的信息平台及时公布、接受政府审计等，更加强调信息公开。三部条例中 2006 年施行的《基金会信息公布办法》是我国首部有关慈善组织信息公开的部门规章，该部门规章规定了基金会信息公开的主体、对象、内容和途径等，慈善组织信息公开有了基本的制度体系。

2011 年公布的《公益慈善捐助信息公开指引》明确了信息公开的五项基本原则以及信息公开的内容，确定信息公开的时限及方式；2014 年国务院发布的《关于促进慈善事业健康发展的指导意见》对我国慈善事业发展进行总体布局，其中将“确保公开透明”作为慈善事业发展的一项基本原则；2016 年《慈善法》正式实施，标志着我国慈善事业进入一个崭新时代，该法第八章对信息公开的管理、方式、内容、范围等进行了规定，为慈善组织信息公开提供了法律依据。2018 年 9 月 1 日实施的《慈善组织信息公开办法》对我国慈善组织信息公开进行了较为详细的规定。

通过对慈善以及慈善组织信息公开的梳理可知，立法与政策对慈善组织信息公开一直都十分重视。从 1993 年《红十字会法》要求红十字基金会公布接受的捐赠及捐助信息，到 2018 年《慈善组织信息公开办法》规定的慈善组织信息公开的基本制度体系，慈善组织信息公开制度建设历经 20 多年，有法律的规定，也有行政法规、部门规章的规定，还有政策的规定，从早期的社会团体、民办非企业单位及基金会类慈善组织立法中的一项制度规定，发展到对慈善组织信息公开专门立法，足以看出立法者与管理者对慈善组织信息公开重要性的认识。

进入 21 世纪，我国慈善事业有了全新的发展，对慈善组织信息公开要求越来越规范、严格，对慈善组织应公开的信息要求也越来越高。按照时间的顺序，立法及一些政策性文件中对慈善组织信息公开主要有以下具体要求。

1. 《关于促进慈善事业健康发展的指导意见》对慈善组织信息公开的规定

2014 年国务院发布的《关于促进慈善事业健康发展的指导意见》最早以国务院规范性文件的形式对我国慈善事业发展进行了总体规划和设计。该文件除了在基本原则中规定了“确保公开透明”之外，在第三部分“培育和规范各类慈善组织”中的第 5 项“强化慈善组织信息公开责任”中专门对慈善组织信息公开的范围、时限及途径进行了具体规定。

（1）信息公开的范围。慈善组织应向社会公开组织章程、组织基本信息、负责人信息、年度工作报告、财务会计报告、募捐、接受捐赠、捐赠款物使用、慈善项目实施等信息。这些信息既是慈善组织活动的基本信息，也是对慈善组织开展活动产生重大影响的重要信息，关系到慈善组织的公信力、影响力与持续发展，所以，这些信息必须要公开。

（2）信息公开的时限。慈善组织信息公开应当及时，不得拖延，只有及时公开信息才能发挥信息对慈善组织公信力建设的能动作用。根据《关于促进慈善事业健康发展的指导意见》的规定，及时公开信息主要涉及两个方面：一是对慈善募捐款物信息的及时公开。慈善组织应及时公开募捐情况，募捐周期超过 6 个月的，应当每 3 个月向社会公开一次募捐情况，募捐活动结束后 3 个月内应全面公开。二是对慈善项目实施信息及时公开。慈善组织的慈善项目实施中应及时公开慈善项目运作及受赠款物的使用情况。项目运行周期大于 6 个月的，应当每 3 个月向社会公开一次，项目结束后 3 个月内应全面公开项目实施情况和募捐款物使用情况。

（3）信息公开的途径。慈善组织应通过其门户网站或民政部门指定的统一信息公开平台进行信息发布。慈善组织公开发布信息还应向社会公开其联系方式，及时回应公众媒体及其他利益相关者的询问，并及时给予答复，慈善组织应对其公开信息和答复信息的真实性负责。

《关于促进慈善事业健康发展的指导意见》对慈善组织信息公开的规定虽然不够全面，但为慈善组织信息公开提供了具有一定可操作性的指导，后来实施的《慈善法》及《慈善组织信息公开办法》基本上吸纳，该意见对慈善组织有关信息公开的规定。

2.《慈善法》关于慈善组织信息公开的规定

我国《慈善法》是慈善组织信息公开效力最高的立法，该法第八章专门对“信息公开”进行了规定。《慈善法》第 71 条至第 75 条是对慈善组织信息公开的规定，主要内容有以下几方面：

（1）慈善组织信息公开的途径。根据《慈善法》的规定，慈善组织信息公开须通过统一的慈善组织信息公开平台发布。目前我国慈善组织信息公开平台包括民政部社会组织管理局建立的中国社会组织公共服务平台下的“慈善中国”以及地方民政部门建立的慈善信息公开平台，慈善组织门户网站也是慈善组织信息公开的重要途径。

（2）慈善组织信息公开的基本要求。根据《慈善法》的规定，慈善组织信息公开应当真实、完整、及时。这是对慈善组织信息公开的基本要求，慈善组织信息公开必须遵循这些基本要求，不得有虚假记载、误导性陈述以及重大遗漏，确保信息公开真实性、完整性、及时性。

（3）慈善组织信息公开的范围。慈善组织应当向社会公开组织章程，决策、执行、监督机构成员信息以及监管机关要求公开的其他信息。慈善组织应当每年向社会公开年度工作报告和财务会计报告，公募慈善组织还须公开其审计报告。

（4）慈善组织募捐及慈善项目实施信息公开的时限。公募慈善组织应当定期向社会公开其募捐情况和慈善项目实施情况，《慈善法》对公开募捐周期及慈善项目实施周期的信息公开的规定与《关于促进慈善事业健康发展的指导意见》的规定是一致的，并且公募慈善组织募捐周期与慈善项目实施周期信息公开时间要求一致，根据《关于促进慈善事业健康发展的指导意见》及《慈善法》的规定，慈善组织募捐和慈善项目实施的信息至少每 3 个月公布一次，便于公众及利益相关者及时了解慈善活动的进展，也便于对慈善组织开展活动的监督。

（5）慈善组织向捐赠人、受助人公开信息的义务。慈善组织开展定向募捐的，对募得的款项的使用情况有义务及时向捐赠人告知相关情况。慈善组织还应当告知受助人其受资助标准等信息。根据法律的规定，慈善组织有义务将募捐款物管理使用情况及资助信息向捐赠人和受助人公开，以便捐赠人和受助人知晓相关信息。这是对捐赠人尊重、对受助人负责的表现。

综上，我国《慈善法》规定的慈善组织信息公开是一般性规定，可概括为“一个制度、一个平台、三类公开、两项告知”。[①]“一个制度”即慈善信

---

① 参见刘奕湛、王思北：《努力开创以法促善　依法行善的新局面——民政部有关负责人就慈善法实施答记者问》，载新华网，http：//www. xinhuanet. com//politics/2016 – 03/23/c_1118421980. htm。

息统计和发布制度，由各级人民政府建设。“一个平台”即统一的慈善组织信息公开平台，由各级民政部门建设。“三类公开”包括：（1）登记信息公开。登记管理部门对慈善组织登记管理中获取的慈善信息进行公开。（2）重大信息公开。慈善组织要公开组织章程、内部治理结构、年度工作报告和财务会计报告。（3）募捐及慈善项目实施信息公开。公募慈善组织应定期向社会公开募捐情况和慈善项目实施情况。“两项告知”包括：（1）向捐赠者告知财产管理与使用情况。慈善组织开展定向募捐的，要向捐赠者告知募得款物的管理使用情况。（2）向受益人告知相关信息。慈善组织向受益者捐助的，要向受益人告知相关信息。

3.《慈善组织信息公开办法》对慈善组织信息公开的规定

《慈善组织信息公开办法》是最新的关于慈善组织信息公开的规范性文件，是关于慈善组织信息公开的专门立法，是对之前实施的《基金会信息公布办法》《慈善组织公开募捐管理办法》《慈善法》中关于慈善组织信息公开规定的概括和凝练。该办法对慈善组织信息公开进行了较为全面规定，涉及慈善组织信息公开的多项制度。

4. 我国台湾地区“公益劝募条例”关于慈善组织信息公开的规定

我国台湾地区没有单独的慈善法，但有一系列规范性文件调整慈善公益事业，如我国台湾地区“民法典”“志愿服务法”“公益劝募条例”等，其中“公益劝募条例”对公益慈善组织劝募程序及实体上的信息公开有原则性规定，该“条例”第 18 条第 1 款规定了劝募活动期满必须公告劝募信息。劝募团体应于劝募活动期满之翌日起 30 日内，将捐赠人捐赠资料、劝募活动所得与收支报告公告及公开征信，并报主管机关备查。第 20 条规定劝募所得财产使用情况定期向社会公开，并报主管机关备案查核。[①] 第 23 条规定主管

① 我国台湾地区“公益劝募条例”第 20 条规定：劝募团体应于劝募活动所得财物使用计划执行完竣后 30 日内，将其使用情形提经理事会或董事会通过后公告及公开征信，连同成果报告、支出明细及相关证明文件，报主管机关备查。但有正当理由者，得申请延长，其期限不得超过 30 日。劝募团体应将前项备查资料在主管机关网站公告，主管机关定期办理年度查核。

机关核定资料上网公告。[①]“公益劝募条例”的这些规定是对公益慈善类的财团法人开展劝募活动信息公开的基本要求，主要是对公益慈善组织劝募活动期满及所得财产使用情况的信息必须公开，对劝募中的相关资料必须上网公告，接受公众监督。围绕劝募活动，劝募期限、募捐财产、募捐财产的管理与使用等信息是慈善募捐中的主要信息，关系到募捐财产的管理和使用，所以必须公开，公开的方式是相关资料上网公告。我国台湾地区“公益劝募条例”主要是对慈善组织募捐活动中的重要信息及募捐财产使用等信息公开的规定，慈善组织其他信息公开依据其他法律法规的规定。

（二）域外关于慈善组织信息公开的立法

1.《美国国内税收法典》的规定

美国没有专门的慈善立法，对慈善组织信息公开的规定主要体现在税务管理过程中，通过税务管理引导慈善组织信息公开。在美国，除了宗教组织外，所有年总收入超过5000美元的慈善组织都要向国税局登记，公开的信息主要是慈善组织基本信息及财务会计方面的信息。《美国国内税收法典》对慈善组织信息公开主要是通过税收审查及报送各种年度报表表现出来。在税收审查方面，联邦税务局主要审查慈善组织是否享受税收优惠。享受税收优惠的慈善组织必须公开其基本信息，如果不公开，则不得享受税收优惠。在报送年度报表方面，要求慈善组织向税务机关报送最基本的税务报表。年总收入超过2.5万美元的非营利组织每年必须向国税局递交详细记载年度收支的税务报表，被称为990表；年收入低于2.5万美元的免税组织则提交电子版，私人基金会递交990－PF表，如有与章程无关的应税商业所得，还需提交990－T表等。[②] 这些年度税务报表主要内容包括：慈善组织年度收支明细、管理人员和5个薪酬最高员工工资与福利（包括由关联组织所提供）等

① 我国台湾地区“公益劝募条例”第23条规定：主管机关应将已核定之劝募活动、其所得及使用情形等资料予以上网公告。

② 参见［美］贝希·布查尔特·艾德勒等：《通行规则：美国慈善法指南》，金锦萍、朱卫国、周虹译，中国社会出版社2007年版，第111页。

详情；直接或间接涉及的内部人员交易；资助和其他主要活动；筹资、会计、法律费用；等等。为方便公众的利用，美国国内税务局将上述的这些表格、材料统一管理，存放在公共图书馆内供公众查询。[①] 在美国联邦慈善信息处（National Charity Information Bureau）网站也可查到慈善组织登记、财务会计数据等信息。

美国将慈善组织信息公开与税收优惠联系在一起，信息不公开的慈善组织不享受税收优惠。由于是与税收优惠相联系的信息公开，所以，在慈善组织信息公开的范围上强调的是基本信息公开与财务信息公开，对慈善组织其他方面的信息公开不做强制性的要求。

2. 《英国慈善法》的规定

早在1601年的《英国慈善用途法》中就确定了“慈善监督专员”制度。慈善监督专员有权对慈善组织信息公开进行监督，后来《英国慈善法》经过多次修订，对慈善组织信息公开均进行了规定，主要包括慈善委员会依职权调查慈善组织并公开相关信息和慈善组织向慈善委员会申请公开相关信息。

（1）慈善委员会依职权发起调查慈善组织信息公开情况。根据英国《2011年慈善法》第46条规定，慈善委员会享有发起调查的一般权力。①慈善委员会可为一般目的或特别目的，随时针对所有的慈善组织、某一慈善组织或某类慈善组织发起调查。②但是，上述调查的对象不包括无须登记的慈善组织，除非该慈善组织的主管人请求如此。③慈善委员会可以亲自调查，或指定一人调查并向慈善委员会报告。第47条规定，慈善委员会为进行调查可以询问获得或能够合理获得有关调查涉及事项信息的人，指示其提供关于该事项的书面账单及报告，或书面回复向其提出的有关该事项的任何问题或询问，且通过法定声明证实上述账单、报告及回复；提供由其保管或控制的

① See Henry B. Hansmann, *Reforming Nonprofit Corporation Law*, 129 University of Pennsylvania Law Review 620c 1981. 转引自刘承涛、王倩：《美国非营利组织信息披露制度的实现路径及启示》，载《黑龙江省政法管理干部学院学报》2015年第5期。

与调查涉及事项有关的文件的副本及通过法定声明证实此副本。[①] 根据英国《2011 年慈善法》的规定，英国慈善委员会有权主动对慈善组织相关信息进行调查，强制要求慈善组织公开账单、报告等重要材料，如果慈善组织不配合，慈善委员会可以请求当地治安部门发布搜查令，持搜查令进行调查，调查的结果一律公开。

（2）慈善组织向慈善委员会申请公开信息。慈善组织申请公开的信息包括：①慈善组织基本信息。根据英国《2011 年慈善法》第 39 条的规定，慈善组织会计年度总收益超过 1 万英镑的已登记慈善组织须通过官方出版物披露其身份。不仅如此，对慈善组织的内部组织机构也要进行信息披露。②慈善组织的固定资产总额、善款收入及使用情况、资产变动情况等信息必须及时公开。③慈善组织的财务账目、年度工作报告、资产负债表、现金流量表、财务活动表及报表附注等必须公开。④税收优惠信息公开。慈善组织享有一般税收及关税优惠待遇，慈善组织有义务向慈善委员会披露其税收和关税，以方便慈善委员会的监管。

在英国，法律对慈善组织信息公开的要求十分严格，不亚于对上市公司信息公开的要求，英国慈善组织信息公开始终在慈善委员会的监管之中，信息公开化程度高，公众随时可向慈善组织免费索要包括其财务报表在内的各种信息，并向慈善委员会举报所发现的任何问题，如慈善委员会查证属实，便依法追究慈善组织相应的法律责任。英国慈善组织信息公开透明提升了慈善组织的公信力，也为慈善组织持续发展注入了活力。

3.《日本特定非营利活动促进法》等法律的规定

在日本，对慈善组织信息公开主要在《日本民法典》《日本税法》《日本特定非营利活动促进法》等法中从不同的角度进行规定。《日本民法典》侧重于慈善组织设立、变更、终止相关重要事项的信息公开；《日本税法》侧重于以税收优惠促使慈善组织信息公开，慈善组织信息不公开则不得享有税

① 参见《非营利组织法译汇（三）：英国慈善法》，金锦萍译，社会科学文献文出版社 2017 年版，第 246 页。

收优惠；《日本特定非营利活动促进法》则较为全面规定了特定非营利活动法人（慈善组织）信息公开的内容。该法第 28 条规定，特定非营利活动法人，应当根据内阁府令的规定，于每年会计年度的前 3 个月内制定上个会计年度的慈善活动报告书、财产登记表、资产负债表、收支预算报告（事业报告书）及载有管理人员姓名、住所、报酬的名册，以及记载是名义上的社员的姓名或名称、住所或居所的文件，将上述文件置于主事务所，并保存至下一事业年度最后一日。如果特定非营利活动法人的成员或其他利害关系人请求查阅相关报告书、管理人员名册、章程、认证或登记相关文件的副本时，除有正当理由外，应当允许其查阅此等文件。第29 条又规定，特定非营利活动法人应当根据内阁府令，每个事业年度向主管机关提交上条规定的文件、管理人员名册及章程等，如果有人请求查阅相关文件、高级职员名册或章程等，主管机关应当允许其查阅。[①] 由此可以看出，日本对非营利活动法人（慈善组织）应公开的信息主要与慈善组织内部治理密切相关，重点要求慈善组织公开其财务及相关报告信息。

（三）中外慈善组织信息公开立法的比较

慈善组织信息公开是世界上通行的做法，各国对慈善组织信息公开一般都有相应的法律规定，从上述中外对慈善组织信息公开的立法分析，不同点主要有以下三个方面：

1. 规范信息公开的法律依据不同

我国慈善组织的信息公开主要由有关慈善法律法规进行规范；域外不同国家做法不同：英国由慈善法进行规范，而美国则由税法进行规范，日本没有专门的慈善法，对慈善组织信息公开由多部法加以规定，包括民法典、税法及非营利组织相关法等。

2. 各国对信息公开的范围要求不完全相同

我国慈善立法对慈善组织信息公开规定较为详细，不仅包括慈善组织的

① 参见《国外慈善法译汇》，杨道波等译校，中国政法大学出版社 2011 年版，第 331 页。

基本信息、内部组织机构、年度工作报告、财务会计报告，还包括慈善组织募捐、捐助、投资等活动的信息。域外国家立法上对慈善组织的信息公开一般集中在两方面：一是慈善组织的内部治理结构方面的信息；二是慈善组织的年度报告、财务会计报告方面的信息。慈善组织必须要公开的信息一般包括慈善组织设立、变更、终止的信息，内部组织机构信息，年度报告及财务报告信息等。如果慈善组织不公开这些信息，慈善组织将会被问责。

3. 信息公开的监管机构不同

我国慈善组织信息公开监管包括慈善组织的主管单位、登记管理机关及税务机关等机构的监管，主要是登记管理机关的监管，即民政部门有权采取措施敦促慈善组织信息公开，慈善组织有义务主动向民政部设立的统一信息平台公开其相关信息。域外慈善组织信息公开的监管机构各不相同：英国由慈善委员会统一监管，美国由联邦税务局监管，日本由慈善组织许可机关、登记机关、税务机关等多个部门联合监管。

二、我国慈善组织信息公开的实践

慈善组织信息公开透明是慈善组织开展慈善活动的基本要求，也是慈善事业持续发展的保障。自从立法上对慈善组织信息公开有了规定，在实践中对慈善组织信息公开制度建设的推进就没有停止过，但由于在较长的时间内，我国民间慈善力量孱弱，慈善组织的发展没有受到应有的重视，对慈善组织信息公开也就没有严格执行。自 2006 年《基金会信息公布办法》出台后，监管部门对基金会的信息公开监管的力度不断加大，陆续出台了一些有关社会组织信息公开的规范性文件，同时，利益相关者对慈善组织信息公开的监督也越来越多，助推了慈善组织信息公开的力度。近年来，我国慈善事业逐渐步入规范化、常态化发展，实践中慈善组织信息公开的重视程度越来越高，推出了一些行之有效的做法。

（一）“慈善中国”的建设

我国《慈善法》第 69 条第 2 款规定：“县级以上人民政府民政部门应当

在统一的信息平台，及时向社会公开慈善信息，并免费提供慈善信息发布服务。”根据法律的规定，我国慈善组织信息公开有了新的法定途径，即通过民政部门设立的慈善组织信息公开平台（以下简称信息公开平台）对外公布，及时向社会公开慈善组织信息。为了落实《慈善法》的规定，民政部于2017 年9 月1 日开通了全国慈善组织信息公开平台（“慈善中国”）。图4－1为“慈善中国”首页截屏。

图4－1　“慈善中国”首页

“慈善中国”下设有“慈善组织查询、慈善信托查询、募捐方案备案、慈善项目进展、慈善组织年报、募捐信息平台”六大板块，每个板块的信息及时更新，可以供全国各级民政部门和所有的慈善组织免费使用，公众随时都可以登录该平台查阅相关信息。

继“慈善中国”之后，各地民政部门也陆续开通了地方慈善信息公开平台，与“慈善中国”联通，形成数据的统一归集，慈善组织依托统一信息公开平台公布信息，接受监督。

慈善组织开展活动中凡是属于慈善组织重要事项的信息、对慈善组织产生重大影响的信息，都应在统一慈善组织信息公开平台公布，以方便统一查询、统一监管。开展公开募捐时，除了在统一公开信息平台公布信息，还应当在募捐活动现场或者募捐活动载体上公开信息。涉及关注度相对较低的信息，如定向小额募捐信息等，也应当公开信息，但可以通过其他渠道，如在慈善组织网站或本地重要报刊上予以公开。

（二）我国慈善组织信息公开范围基本确定

根据立法结合实践，我国慈善组织信息公开主要包括六个方面：慈善组织基本信息、慈善组织年度工作报告与财务会计报告、公开募捐情况、慈善项目实施情况、慈善财产变动情况及法律法规规定的其他情形，实际上还包括慈善信托信息公开，但由于我国慈善组织管理的慈善信托项目过少，在此不做探讨。

慈善组织公开应公开的信息是慈善组织应尽的义务，这些信息要求在统一信息公开平台及时公布。其中慈善组织基本信息包括慈善组织的名称、住所、章程、变更等信息，其他事项都是慈善组织活动中可能发生的事项，对慈善组织产生重大影响的事项，如慈善组织年度工作报告和财务会计报告、公开募捐、慈善项目实施情况、慈善信托执行情况、慈善财产的变动等各个事项都会对慈善组织产生重要影响，所以，将这些事项纳入慈善组织应公开信息范围。除了上述信息之外，在具体实践中，慈善组织的其他信息是否公开要视具体情况而定。

（三）互联网募捐信息公开平台的建设

我国《慈善法》第23条第3款规定："慈善组织通过互联网开展公开募捐的，应当在国务院民政部门统一或者指定的慈善信息平台发布募捐信息，并可以同时在其网站发布募捐信息。"《慈善组织信息公开办法》也有类似规定。近年来，传统中的慈善组织线下面向公众募捐的格局发生了质的变化，我国慈善组织通过互联网募捐已经常态化，互联网成为我国慈善组织开展活动的又一重要阵地。为了规范互联网募捐，加强对互联网募捐的管理，自2016年至2021年年底，民政部分别在2016年、2018年及2021年分三批遴选指定了30家互联网公开募捐信息平台，见表4－1。

表 4-1 民政部指定的 30 家互联网公开募捐信息平台

序号	信息平台名称	运营主体	网址
1	腾讯公益	腾讯公益慈善基金会	http：//gongyi. qq. com/
2	阿里巴巴公益	浙江淘宝网络有限公司	https：//gongyi. taobao. com/
3	支付宝公益	浙江蚂蚁小微金融服务集团有限公司	https：//love. alipay. com/donate/index. htm
4	微公益	北京微梦创科网络技术有限公司	https：//gongyi. weibo. com/
5	京东公益	网银在线（北京）科技有限公司	http：//gongyi. m. jd. com/index. htm
6	百度公益	百度在线网络技术（北京）有限公司	http：//gongyi. baidu. com/dist/index. html
7	公益宝	北京厚普聚益科技有限公司	https：//www. gongyibao. cn/
8	新华公益	新华网股份有限公司	https：//www. gongyibao. cn/
9	轻松筹	北京轻松筹网络科技有限公司	https：//www. qschou. com/
10	联劝公益	上海联劝公益基金会	https：//www. lianquan. org. cn/index. jsp
11	广州市慈善会	广州市广益联合募捐发展中心	http：//www. gzcf. org/Web Site/Index
12	美团·公益	北京三块云计算有限公司	https：//gongyi. meituan. com/
13	滴滴	北京小桔科技有限公司	https：//www. didiglobal. com/
14	中银慈善基金会	北京善源公益基金会（中国银行发起成立）	https：//www. shanyuanfoundation. com
15	融 e 购公益	中国工商银行股份有限公司	http：//channels1. mall. icbc. com. cn/channels/pc/operation/fupin1018/index. html
16	水滴公益	北京水滴互保科技有限公司	https：//www. shuidichou. com/gongyi
17	苏宁公益	江苏苏宁易购电子商务有限公司	https：//gongyi. suning. com/
18	帮帮公益	中国思源工程基金会	http：//www. sygoc. org. cn/

续表

序号	信息平台名称	运营主体	网址
19	易宝公益	易宝支付有限公司	https：//gongyi. yeepay. com/www/#/
20	中国社会帮扶网	社会帮扶网科技有限公司	http：//www. zgshfp. com. cn/
21	字节跳动公益	北京字节跳动科技有限公司	https：//gongyi. bytedance. com/
22	小米公益	小米科技有限责任公司	https：//gongyi. mi. com/
23	亲青公益	中国青少年发展基金会	https：//qinqing. cydf. org. cn/
24	哔哩哔哩公益	上海宽娱数码科技有限公司	https：//gongyi. bilibili. com/
25	中国平安	深圳市平安公益基金会	http：//www. pafoundation. org. cn/
26	360 公益	北京奇保信安科技有限公司	https：//www. 360gongyi. com/
27	中国移动慈善基金会	中移在线服务有限公司	http：//www. 10086. cn/cishan/indexc. html
28	芒果公益	湖南快乐阳光互动娱乐传媒有限公司	https：//gongyi. mgtv. com/
29	慈链公益	佛山市顺德区慈善组织联合会	https：//www. sdecoa. com/
30	携程公益	上海携程商务有限公司	https：//gongyi. ctrip. com/

注：根据中国社会组织公共服务平台公布的 30 家互联网公开募捐信息平台相关信息整理而成，http：//cishan. chinanpo. gov. cn/biz/ma/csmh/h/csmhhindex. html，2022 年 8 月 20 日访问。

表 4－1 所列的 30 家慈善组织互联网公开募捐信息平台接受慈善组织公开募捐，在互联网公开募捐也只能在这 30 家公开募捐信息中平台进行选择，其他信息平台不具有网络公开募捐资质。设立慈善组织互联网公开募捐信息平台主要是防范网络骗捐、诈捐，避免捐赠者上当受骗，引导、规范网络募捐活动。在民政部认定的具有网络公开募捐资格的信息平台进行募捐，有利于净化网络公开募捐环境，避免捐赠者的风险，方便受助人网上求助，提升慈善组织的公信力与透明度。

第三节　我国慈善组织信息公开存在的问题分析

一、慈善组织信息公开的立法层次较低，信息公开范围不够全面详细

在《慈善法》实施之前，对慈善组织信息公开主要由行政法规与部门规章调整，包括三部条例、《基金会信息公布办法》（2006 年）、《基金会年度检查办法》（2006 年颁布，已修订）、《公益慈善捐助信息公开指引》（2011 年）、《慈善组织公开募捐管理办法》（2016 年）等，这些基本上是部门规章，立法层次较低。2016 年实施的《慈善法》是对慈善组织信息公开规定较为全面的第一部法律，但《慈善法》的规定也只是概括性、原则性规定，至于如何进行信息公开、信息不公开的法律后果等具体问题，需要民政部等相关职能部门根据《慈善法》进一步进行规定。2018 年民政部发布的《慈善组织信息公开办法》是一部专门对慈善组织信息公开进行规定的部门规章。该办法依据《慈善法》的规定，对慈善组织信息公开范围规定得较为详细，但该办法立法层次较低，在实践中执行力较弱，只适用于在民政部门登记注册的慈善组织的信息公开，而对在其他部门登记注册的慈善组织就不适用。再就是，如果慈善组织在与税务、市场监管部门打交道过程中需要信息公开，则该办法就无法加以调整。因此，有必要提升慈善组织信息公开立法层级，制定慈善组织信息公开条例或社会组织信息公开法，具体规范慈善组织信息公开。

二、慈善组织信息公开透明度低，公信力不高

只有将慈善组织建设成为“玻璃口袋”，才能够彰显其社会公信力，一个具有高度公信力的慈善组织就必须做到高度的透明。慈善组织推行“透明

榜”的意义在于方便公众、捐赠人和受助人了解和关注慈善业的“透明度”建设，成为慈善组织透明度建设的参与者、推动者和监督者。

2016年我国《慈善法》实施以来，新媒体“界面”连续多年发布了“中国最透明慈善公益基金会排行榜”。新媒体“界面”是一家第三方机构，其对慈善组织透明度的评选，能够反映目前中国慈善组织透明度的实际情况。该机构每年选出50家最透明慈善基金会，评选的目的旨在披露中国慈善公益基金会的透明现状，为慈善公益基金会透明度建设提供标准，同时为公众捐款提供参考。评选的标准包括慈善基金会基本信息、筹款、项目执行、财务、日常事项等披露情况以及披露机制、渠道和频次等，这些标准也是影响慈善组织透明度的主要因素。从我国慈善组织透明度建设发展历程来分析，慈善组织透明度建设上还存在以下问题。

1. 慈善组织透明度建设权威性不够

自2016年以来，新媒体“界面”用于评估的标准与之前的福布斯评估标准几乎一致，没有创新，并且其评估的样本没有覆盖到各类慈善组织，权威性不够，说服力不强，需要具有监管职责的国家机关设计或委托第三方机构设计一套科学合理的慈善组织透明度评估标准，用于慈善组织透明度的评估。

2. 慈善组织透明度评定标准不全面

现有的慈善组织透明度评定标准不能反映慈善组织信息公开的全貌，在慈善组织透明度建设方面缺乏全局性设计。已有的慈善组织基本信息、筹款信息、项目执行信息、财务信息、日常事项等披露情况以及披露机制、渠道和频次等标准只是慈善组织信息公开的一部分，慈善组织捐助信息、慈善信托财产备案信息、投资信息、慈善财产重大交易信息、法定代表人或负责人变动信息等都需要公开，在评估标准中也要体现出来。

3. 慈善组织透明度排行榜评选积极效果不明显

“中国最透明慈善公益基金会排行榜”这一评估活动公众知之甚少，一些慈善组织也不了解如何参与。评选程序不公开，评选的结果缺乏公正性，难以令人信服。慈善组织透明度评估的目的在于督促慈善组织对慈善组织透明度建设的重视，引导更多的慈善组织加强信息公开建设，推动慈善组织信息公开制度建设，但实际上没有达到这一效果。

三、法律规定的慈善组织应公开的信息不能有效执行

我国关于慈善组织信息公开范围主要规定在《慈善法》与《慈善组织信息公开办法》中，规定大体相同，具体情况见表4－2。

表4－2　慈善组织信息公开范围

序号	《慈善法》的规定	《慈善组织信息公开办法》的规定
1	慈善组织登记管理及相关资格信息：包括慈善组织登记事项、慈善组织资格、公开募捐资格及税前扣除资格等信息	慈善组织的基本信息
2	慈善组织开展活动信息：对慈善组织税收优惠、资助补贴、向慈善组织购买服务等信息	慈善组织年度工作报告和财务会计报告
3	慈善组织内部治理结构信息：慈善组织章程和决策、执行、监督机构成员信息	慈善组织公开募捐情况
4	慈善组织外部监管信息。对慈善组织开展检查、评估的结果、对慈善组织和其他组织以及个人的表彰、处罚结果等信息	慈善组织慈善项目有关情况
5	慈善组织年度工作报告和财务会计报告信息	慈善组织慈善信托有关情况
6	慈善组织募捐情况和慈善项目实施信息	慈善组织重大资产变动、财产投资、资产重大交换交易、关联交易行为等情况
7	慈善组织捐助信息等	

由表4－2可以看出，《慈善法》对慈善组织应公开信息范围作了概括性规定，界定的范围广泛，《慈善组织信息公开办法》则对慈善组织应公开的信息规定更为全面、详细，更贴合慈善组织运行情况。但在实践中，慈善组

织信息公开内容不准确、不完整、不及时的情况屡有发生，给慈善组织开展活动带来一定的不利影响。具体表现在以下几方面。

1. 慈善组织基本信息公开不全面

慈善组织要公开的基本信息包括在登记机关登记的名称、住所、法定代表人、原始资金、是否具有公募资格、章程、发起人、主要捐赠人、管理人员、重要关联方、组织的联系人及联系方式、门户网站、官方微博、官方微信、移动客户端、是否享受税收优惠、慈善组织内部规章制度等。我国《慈善法》实施之后，要求慈善组织取得公募资格必须公示。根据《慈善法》《慈善组织认定办法》《慈善组织公开募捐管理办法》等法律法规，2016 年 9 月 2 日民政部依照自愿申请、依法审核、公开透明原则，确认了中国扶贫基金会、中国残疾人福利基金会、中国儿童少年基金会、中国红十字基金会、中华慈善总会、中国妇女发展基金会、中国青少年发展基金会、中国人口福利基金会、中国社会福利基金会等 16 家慈善组织作为首批具有公开募捐资格的慈善组织，向其颁发了标明慈善组织属性的登记证书、公开募捐资格证书。之后，民政部又认定了多批公募慈善组织，截至 2020 年 5 月 15 日，在“慈善中国”平台上公开信息的慈善组织有 7990 家，其中公募慈善组织 2934 家，占 36.7%。根据《慈善组织信息公开办法》规定，公募慈善组织每年须公开在本组织领取报酬从高到低排序前五位人员的报酬金额。

近年来，我国不断加强慈善组织基本信息公开建设，虽取得了一定的成效，但仍然存在一些不足，主要有：（1）慈善组织章程公开不多。姑且不论非公募慈善组织章程的不公开问题，单公募慈善组织公开章程的也并不多。有些公募慈善组织章程始终不公开，甚至一些知名度较大的慈善组织章程在民政部社会组织公共服务平台“慈善中国”上也查不到，在一些慈善组织官方网站上也查不到其章程。（2）一些慈善组织对内部决策、执行、监督机构负责人信息公开不全面。慈善组织内部各个机构负责人基本信息应当公开，但在具体操作中，往往只是公开负责人的姓名、职务，对是否兼职，在原单位的职务等信息一般不公开，导致对负责人了解不全面。（3）部分慈善组织开通的网站信息常年不更新，没有官方微博、官方微信或者移动客户端等终端服务平台，公众无法及时了解慈善组织活动的最新动态。(4) 慈善组织内部规章制度不公开。为数不少的慈善组织内部信息公开制度、项目管理制度、财务和资产管理制度等没有公开过，公众不知晓，监管部门也无法监管。以上种种问题严重损害了慈善组织公信力，给慈善组织发展带来重重阻力。

2. 慈善组织募捐信息公开存在的问题

募捐是慈善组织活动的核心内容，也是慈善组织开展慈善活动的保障，公募慈善组织向社会募捐必须要信息公开。目前我国规模比较大的全国性公募慈善组织在募捐信息公开方面主要做法是传统的线下募捐与互联网线上募捐信息向社会公开，线下募捐在募捐期限截止日及时将募捐的总金额及财务向社会公开，线上募捐金额在慈善组织网站同步公开。目前，我国一些规模比较大的慈善组织，如中国红十字基金会、中华慈善总会、中国青少年发展基金会等公募慈善基金会募捐信息基本上能做到及时公开，而一些规模比较小的慈善组织以及部分非公募慈善组织募集款物的信息不能及时向社会公开，有的慈善组织虽然公开募捐信息，但不准确、不全面也不及时，屡屡引起质疑。例如，2017 年 12 月 22 日由深圳市爱佑未来慈善基金会与北京零分贝科技有限公司互联网社会扶贫平台共同推出的“同一天出生的你”慈善项目上线，该项目的设计为网友输入自己的生日信息，系统将会产生一个页面，出现一位与自己同一天生日的贫困儿童，这时，网页会邀请网友向这位山区贫困孩子捐款 1 元。这一募捐项目第二天被网友发现一个孩子有不同的生日和姓名、孩子生日根本不存在等疑似诈捐行为，2017 年 12 月 24 日，深圳市民政局约见深圳市爱佑未来慈善基金会并叫停了此项募捐活动，截至被叫停之日，该项目已筹款 255 万余元。① 该项目在有关受助人的基本信息未完全核实的情况下，就匆匆启动募捐活动，导致在募捐活动中基本信息出现错误而引发舆情事件。慈善组织募捐不但要公开相关信息，而且要真实、完整、及

---

① 参见《爱佑未来慈善基金会被立案调查马化腾郁亮为其理事》，载新浪财经，http：//finance.sina.com.cn/china/gncj/2017－12－26/doc－ifypxrpp4268687.shtml。

时公开信息，不得诈捐、骗捐。

3. 慈善组织慈善项目及捐助信息公开存在的问题

慈善组织接受捐赠的财产如何管理和使用等问题，是捐赠者、公众及受助人关心的问题。我国慈善组织实施捐助多是通过慈善项目进行，也有直接给予捐助，无论是通过慈善项目开展捐助还是直接捐助，相关信息都应当及时公开，让捐赠者放心，受益人安心。根据《慈善法》规定，慈善组织应当向受益人告知其资助标准、工作流程和工作规范等信息。对于慈善捐赠，受益人也有获得相关信息的权利。但在具体操作中，因捐助信息没有及时公开或公开不准确引发的问题时有发生，如2016年8月由上海"无障碍艺途"工作室联合深圳市爱佑未来慈善基金会共同发起的公益慈善项目"用艺术点亮生命"即"一元画"项目在腾讯公益平台发起线上筹款活动，其基本设想是公众只需捐赠1元钱就能购买患有孤独症、精神障碍等人的画作作为手机屏保。"一元画"项目自2016年8月17日上线至2017年8月29日筹款结束，累计获得了5,814,925人次的爱心网友捐赠，累计善款15,029,059.79元。截至2017年9月初，已经使用了233万元，"无障碍艺途"工作室对已经使用的善款去向以及余款使用计划给出了回应，① 但仍未消弭捐赠者对款项使用情况是否属实及余款使用计划是否可行等存在的疑惑。慈善组织捐助信息也需要依法及时公开，对捐助信息的公开必须准确、清楚、完整、及时，对捐助对象、捐助标准、工作流程和工作中纪律规范都要向社会公开，不但要接受捐赠者和公众的监督，还要接受受助人的监督，真正做到透明慈善。

4. 慈善组织年度工作报告及财务会计报告公开存在的问题

慈善组织年度工作报告、财务会计报告是其信息公开的核心内容之一，《慈善法》明确规定：慈善组织应当每年向社会公开其年度工作报告和财务会计报告。公募慈善组织的财务会计报告须经审计，审计报告当然需要公开。也就是说，我国慈善组织公开年度工作报告和财务会计报告是其法定义务，

① 参见许雯：《一元画公布1500万善款使用计划 其中行政管理费127万》，载新浪科技，http://tech.sina.com.cn/i/2017-09-04/doc-ifykqmrv9262397.shtml。

是慈善组织每年持续性、常规化公开的信息。实践中存在的主要问题是年度工作报告和财务会计报告信息披露不准确、不全面、不及时，或者年度工作报告和财务会计报告过于简单，或者只公开一些无关紧要的信息，或者财务会计报告信息公开不认真负责。例如，2011 年中华少年儿童慈善救助基金会财务审计报告的现金流量表中，有高达 47.66 亿元现金流入，同时，又有高达 48.40 多亿元现金流出。针对这笔高达 48 亿元的神秘现金，广州市民周某某 2013 年 3 月 5 日向民政部进行了实名举报。2014 年 5 月 16 日民政部民间组织管理局工作人员仅是电话答复，后民政部组成调查组，经过一年多的调查，调查结论是小数点点错了。这看似小数点点错的乌龙事件，能够折射出慈善组织在重要信息公开方面不认真、不负责、不重视的工作态度。

5. 慈善组织重大财产变动信息公开存在的问题

为了保障慈善组织持续发展，慈善组织除了接受捐赠之外，还可以让自身财产保值增值，为此，慈善组织从事适当的投资为法律所允许，这在英、美、德等国家慈善组织中是非常普遍的做法。慈善组织从事投资活动就会涉及资产变动，慈善组织重大资产变动、重大投资、重要交易及资金往来信息及关联交易信息应真实、完整、及时公开。但在实践中，不公开重大资产变动信息的情况也不少见，甚至一些知名的慈善组织也不公开投资信息，如 2011 年河南宋庆龄基金会非法集资，动用基金会资金大量用于放贷，而该基金会对此信息并没有公开，引发公众对该基金会财产使用的问责。① 慈善组织重大资产变动是一个十分敏感问题。由于慈善组织财产的公益性，该部分财产必须要经过决策机构决策后向社会公开用途，不得不公开重大资产变动信息就擅自变动财产用途，使慈善组织财产处于失控状态，捐赠者和公众无法监督，导致无法保证慈善组织财产用于慈善目的。同时，慈善组织与关联方关系信息公开较少，一些慈善组织对关联方投资或与关联方交易或发生其他行为，不披露关联方信息，公众无从知晓慈善组织的财产去向及使用情况，

① 2008 ~ 2011 年，河南宋庆龄基金会采取高息揽储、放贷、投资房地产等各种方式动用基金会资金而受到广泛质疑被管理部门调查处罚。

也无法对慈善组织财产使用进行监督，这给慈善组织财产管理与使用带来极大风险。

四、慈善组织信息公开监管不力

《慈善法》与《慈善组织信息公开办法》规定，主要是县级以上人民政府民政部门对慈善组织信息公开进行监管。《慈善法》实施以来，在慈善组织监管方面民政部门完善了一些监管制度，做了大量监管工作，有一定的成效，但监管不力仍然存在。

1. 监管措施适用不充分

《慈善组织信息公开办法》规定的监管措施包括：（1）投诉举报。慈善组织不及时公开应当公开的事项或者公开的事项不真实的，任何单位或者个人都可以向民政部门投诉、举报。（2）约谈。慈善组织不公开信息的，民政部门可以要求慈善组织就信息不公开作出说明，必要时可以约谈慈善组织法定代表人或有关管理人员。（3）行政处罚。慈善组织未依法履行信息公开义务，情节严重的，或泄露捐赠人、志愿者、受益人个人隐私等信息的应予以处罚。（4）通报与惩戒。慈善组织在信息公开中违反有关法律法规规定的，民政部门应当进行记录，并将相关情况通报有关部门，根据有关规定实施联合惩戒。上述监管措施只是监管措施中一部分，对慈善组织信息公开情况进行抽查、对信息不公开的慈善组织责令暂停开展活动、撤销公募资格、撤销登记等监管措施少有适用。

2. 监管途径单一

《慈善组织信息公开办法》规定主要通过民政部门统一信息平台对慈善组织信息公开实行监管。这一监管途径虽然便捷、效率高，但对不上传信息的慈善组织就无法监管，所以在监管途径方面可以采取线上与线下并行监管。

3. 监管内容不全面

政府监管部门有权对慈善组织登记情况、募捐、捐助、慈善项目运行、年度工作报告与财务会计报告、慈善信托、慈善财产变动等信息监管。《慈善组织公开募捐管理办法》主要是对募捐信息公开的监管，《关于慈善组织开展慈善活动年度支出和管理费用的规定》主要规定的是对年度支出与管理费用的监管，《慈善组织保值增值投资活动管理暂行办法》则主要是对慈善组织投资活动的监管。除上述三部特别规定外，慈善组织其他方面的信息公开主要依据《慈善组织信息公开办法》。该办法对慈善组织信息公开的内容范围规定较为广泛，但对有关信息公开的具体规定不够详细、全面。

第四节 健全和完善我国慈善组织信息公开制度

一、提升慈善组织信息公开立法层级，制定社会组织信息公开法

我国现有的法律法规中，《慈善法》以专章的形式对慈善组织信息公开进行规范，三部条例中每部条例只是简单的几个条文概括规定三类社会组织信息公开的原则要求。《慈善组织信息公开办法》是专门对慈善组织信息公开进行规定的部门规章。现有的对慈善组织信息公开的规定详略程度不同、层级不同。层级高的《慈善法》对信息公开的规定较为原则、概括，包括信息公开的原则、内容、程序、途径、措施等。《慈善组织信息公开办法》对慈善组织信息公开的规定较为详细，是在《慈善法》规定的基础上对慈善组织信息公开的目的、原则、内容、程序、途径、措施等进行了进一步的规定。但《慈善组织信息公开办法》是民政部颁行的部门规章，立法层级低，只在该部门系统内具有一定的效力，跨部门则不被人们所知悉、遵守，难以推广实施。慈善组织从事的是社会性活动，其活动领域往往跨越多个部门，作为部门规章的《慈善组织信息公开办法》实施中遇到阻碍在所难免，所以提升慈善组织信息公开立法层级是慈善组织信息公开的需要，我国有必要统一制定一部社会组织信息公开法，在该法中以专编详细规定慈善组织信息公开制度。对信息公开制定独立的法律在国外早已有之，如 1966 年制定《美国信息

自由法》、2000年制定的《英国信息自由法》，欧洲大陆的德国、波兰、冰岛等多个国家也制定了信息自由法或信息公开法，这些立法对我国社会组织信息公开法的制定具有一定的借鉴价值。

鉴于我国《慈善组织信息公开办法》立法层级低，而我国慈善组织发展处于快速发展阶段，慈善组织需要与社会的方方面面产生联系，错综复杂的关系需要有更高层级的立法调整慈善组织信息公开，因此制定一部社会组织信息公开法非常有必要。由于我国慈善组织规模有限，单独制定慈善组织信息公开法时机尚不成熟，但我国社会组织已经有庞大的队伍，制定社会组织信息公开法是有必要的。慈善组织属于社会组织的重要组成部分，社会组织信息公开法可分编对不同类型的社会组织信息公开分别进行规范，可以专编对慈善组织信息公开作出规定，全面规定慈善组织信息公开制度，包括信息公开目的、原则、内容、程序、途径、措施及法律责任等，构建慈善组织信息公开系统化、规范化的法律制度。

二、加强慈善组织公信力建设

慈善组织透明度建设是建立在慈善组织信息公开基础之上，透明度直接关系到慈善组织的公信力，慈善组织透明度提高有利于社会公众对慈善组织捐赠情况、善款使用情况、慈善项目执行情况等信息有个全面的了解，从而调动公众参与慈善活动的积极性。慈善组织做到信息公开、透明，慈善活动有序开展，捐赠者、公众及受助人的知情权得以保护，则慈善组织的公信力自然就会提高。公信力是慈善组织安身立命之本，是慈善组织持续发展的源头活水。

（一）慈善组织公信力的理解

慈善组织公信力指的是慈善组织对自己的行为负责，并赢得公众和社会信任的能力。慈善组织公信力来自慈善组织运作过程中积累的社会认可和信任程度，良好的公信力来自遵守法律约束和自律规范两个方面。一方面，慈善组织开展慈善活动，遵守法律法规的规定，依法需要公开的事项必须真实、完整、及时公开，接受管理机关、捐赠者、受益人、公众等监督主体的监督；另一方面，慈善组织开展慈善活动以公益作为追求目的，而不是追求利益，开展慈善活动以善良的品质影响人，以善意的行为引导人，以慈善的心灵感化人，慈善组织公信力的建设离不开慈善组织的自律行为。具有良好口碑的慈善组织，公众认知度就高、认同感就强，慈善组织的公信力随之就会提升，慈善组织的发展就会进入良性发展阶段，慈善活动的效率自然也就会提高。

（二）影响慈善组织公信力的因素

对于慈善组织而言，影响其公信力的因素主要包括以下几个方面：

1. 慈善组织募捐透明度

慈善组织募捐透明包括募捐行为与募捐程序两方面均要透明。募捐行为必须要有合法的程序保障，募捐周期较长的，在募捐进行一段时间后要公开募捐信息，待募捐结束之后应及时向社会公开全部募捐信息。《慈善法》第73条第2款规定："公开募捐周期超过六个月的，至少每三个月公开一次募捐情况，公开募捐活动结束后三个月内应当全面公开募捐情况。"法律的这一规定主要是为了保障募捐信息的公开、透明。近年来，一些大型公募慈善组织开展募捐活动信息及时公开，吸引了数千万公众踊跃参与慈善募捐活动，募得数亿善款，如腾讯公益慈善基金会联合数百家公益组织、知名企业、明星名人、顶级创意传播机构共同发起的一年一度全民公益活动——"9·9"公益日募捐在透明度方面是做得较好的典型实例。2015年9月9日首个"9·9"公益日，全国网友捐款1.279亿元，205万人次参与，均创下国内互联网募捐新纪录。这一活动至今没有间断过，2016年、2017年、2018年及2019年公众捐赠金额分别达3.05亿元、8.299亿元、8.3亿元、17.83亿元，参与捐赠人次分别为677万元、1268万元、2800万元及4800万元。[①] 同时，企业及腾讯公益慈善基金会对公众捐款还有配捐。整个募捐活动相关信息公开透明，公众参与热情高涨。"9·9"公益日募捐款项将用于扶贫、助学、

① 根据2015~2019年有关"9·9"公益日相关新闻报道的数据整理而成。

疾病救助、助残、妇女儿童、环境保护、动物保护、传统文化保护、公共建设、人文关怀、社会创新等多个慈善项目，每个慈善项目按照“财务披露＋独立审计＋随机抽检”的透明度要求进行管理。因“9·9”公益日活动做到及时对外传播信息，并且创新了支付方式，通过支付宝、微信支付先进电子支付方式，实现了微量资金的快速集结。由于“9·9”公益日活动全程透明，大大提高了该活动的透明度，从而迅速提升了腾讯公益慈善基金会的公信力。

2. 慈善组织的年度工作报告及财务会计报告透明度

慈善组织要依法完整公开其年度工作报告及财务会计报告。年度工作报告要符合规定的格式要求，财务会计报告公开要做到真实、完整、透明、规范，公募慈善组织还要公开其年度审计报告。

3. 慈善组织慈善项目的透明度

慈善组织的项目要与慈善组织的宗旨和目的相符合，项目资金的管理与使用应当符合捐赠人的意愿，遵循有效性、规范性和安全性的规则开展活动，要讲究项目的绩效和成果，切实给受助人带来帮助。慈善项目信息公开必须依法进行，实施周期超过6个月的，至少每3个月公开一次项目实施情况，项目结束后3个月内应当全面公开项目实施情况和募得款物使用情况。

4. 慈善组织财产管理与使用的透明度

慈善组织的财产管理与使用包括内部管理和对外活动两部分。在内部管理方面，慈善组织财产使用应当控制在法律规定的限度内，并且对使用的情况要对外公开。在对外活动方面：一是用于捐助，对受助人的捐助理由、额度、用途等信息应当及时、全面、准确公开；二是对外投资、重大交易等带有一定经营性的使用财产，对每一笔财产使用情况必须真实、完整、及时公开，全程接受慈善组织利益相关者的监管。

（三）加强我国慈善组织公信力建设

慈善事业比较发达的国家将慈善组织的公信力视为慈善组织的生命力。没有公信力，慈善组织则无以为继，注定不会走得太远。为提升和加强慈善组织公信力，各国在慈善组织公信力法律制度建设方面着重于加强政府监管、行业自律及第三方监督的做法值得我国借鉴。

1. 加强政府监管部门对慈善组织活动的规制

政府监管部门对慈善组织活动的规制包括立法与执法。立法上专门制定慈善组织信息公开的有关规定。民政部颁行的《慈善组织公开募捐管理办法》《社会组织信用信息管理办法》等为慈善组织信息公开政府监管提供法律依据，但还不完整，还需要就慈善项目、年度工作报告与财务会计报告、慈善财产管理使用等方面加强行政监管立法。执法上加强对慈善组织信息公开执法力度，对不履行信息公开义务的行为进行问责，追究慈善组织及相关人员的法律责任。

2. 加强慈善组织自律监管，提高慈善组织治理水平

健全慈善组织内部治理结构，要能保证其信息主动公开，要求慈善组织决策、执行与监督机构完整，依法履行各自职责，法定代表人、理事、监事、秘书长等人员应当尽到勤勉与忠实义务，提高慈善组织内部管理水平，增强监事会对慈善组织信息公开监管，加强具体事务执行人员信息公开的意识，对应当披露而没有及时披露信息的，应当追究相关责任人员的法律责任。

3. 引入第三方透明度评估

引入第三方透明度评估是当前许多国家完善慈善组织信息公开制度的常态化做法。第三方透明度评估是指对慈善组织透明度委托民间专业评估机构，按照事先制定的评估标准从信息公开的真实性、完整性、及时性、守法性等方面进行评估。评估标准须事先充分论证，根据慈善组织需评估的事项制定，应具有科学性、合理性和专业性，能够全面反映慈善组织信息公开的基本内容。再就是，第三方透明度评估应有法可依，需要加强慈善组织透明度评估立法，制定专门的评估办法。引入第三方对慈善组织透明度评估有利于慈善组织活动透明化、规范化，提升慈善组织公信力，敦促慈善组织尽职履行信息公开义务。

三、全面加强慈善组织信息公开建设

（一）加大慈善组织内部治理结构信息公开力度

无论是公募慈善组织还是非公募慈善组织，其内部治理结构信息主要包括内部决策、执行与监督机构基本信息及与行使职权相关的重要信息，如决策机构对慈善组织捐助、设立慈善项目、投资、交易等事项决策信息应当及时公开，使慈善组织利益相关者及时了解相关信息，知晓慈善组织动向，方便对慈善组织行使监督权。实践中，慈善组织内部治理结构信息公开程度远远不够，严重妨碍利益相关者知情权的实现，如有的慈善组织理事人员的改选不对外公开，重大投资、重大交易活动信息不公开，利益相关者无法监督，一旦投资失利，慈善组织的社会声誉就会一落千丈。因此，必须加大慈善组织治理结构信息公开力度。一是决策机构信息公开。决策机构对慈善组织重要事项应当实行民主决策，遵守组织章程规定的决策规则，对募捐、设立慈善信托、确定捐助对象、重大投资、重大交易等事项的决策，一旦表决通过就应当及时公开。二是执行机构信息公开。慈善组织执行机构负责执行决策机构的决策事项，开展慈善活动。慈善组织开展活动的信息应做到事前、事中及事后及时公开，实行全程公开。三是监督机构信息公开。慈善组织监督机构负责对慈善组织开展的重要活动事项进行监督。既有具体事项的监督，如对慈善组织财务进行检查、对理事人选的提名等；也有建议性的监督，如对慈善组织年度工作报告及财务会计报告提出修改建议、对理事怠于履行职务提出改正建议等。为保证监督机构监督职权落到实处，需要加强监事会建设，明确监事会的职权范围，监事会成员中应当有捐赠者加入。加强慈善组织内部治理结构信息公开力度，需要健全相关立法，全面规范慈善组织内部治理结构信息公开，形成慈善组织内部治理机构信息公开法治化运行机制。

（二）推动慈善组织线上线下募捐信息公开力度

在“互联网＋”快速发展的今天，慈善组织信息公开也搭上了这趟顺风车。我国大多数公募慈善组织开展募捐活动一般都是线下与线上同时进行。线下募捐是直接向公众发出募捐信息；线上募捐是通过慈善组织的门户网站或通过“慈善中国”互联网募捐信息平台开展募捐活动，捐赠者既可以捐赠现金，也可以捐赠实物，还可以捐赠时间等。无论是线下募捐还是线上募捐，每一笔募集的款物均应公开。目前我国一些成立较早、规模较大的公募基金会对每日的捐赠基本上能够做到线下与线上全程公开，每天每笔募捐信息都实时公开，捐赠人或公众登录相关慈善组织门户网站就可以查看到当天捐赠的情况。目前线下线上募捐信息公开做得好的典型代表是中华慈善总会，如在2018年9月5日“中华慈善日”当天中华慈善总会通过线下与线上接受捐赠的信息全程公开，线下募捐882,254.43元①，线上募捐4158.6元②。目前中华慈善总会基本上每天能够保持这一规模的募捐款额，近年来我国多数公募慈善组织采取了如中华慈善总会这样的做法，对线上募捐信息基本做到全程公开，而线下募捐信息实行定期公开。《慈善法》第73条第1款、第2款规定：“具有公开募捐资格的慈善组织应当定期向社会公开其募捐情况和慈善项目实施情况。公开募捐周期超过六个月的，至少每三个月公开一次募捐情况，公开募捐活动结束后三个月内应当全面公开募捐情况。”据此，慈善组织线上线下募捐的信息至少3个月公开一次，不得超过3个月。在实践中，有的慈善组织每月公开一次，信息更加透明。也有部分慈善组织不能按照法律规定执行，对不能依法履行信息公开义务的慈善组织，由行政管理机关依法对慈善组织及其相关责任人员进行问责。

公募慈善组织开展募捐是其主要活动内容之一。基于目前慈善组织募捐信息公开存在的不同做法，管理机关有必要加强募捐信息公开的管理。每一个公募慈善组织须在其门户网站公开网络募捐信息，通过其门户网站平台实

① 线下募捐额根据中华慈善总会公布的线下捐赠公示名单资料整理而成，参见中华慈善总会，http：//www. chinacharityfederation. org/NewsShowNoPart/128/2363. html，2018年9月20日访问。

② 线上募捐额根据中慈善总会网在线捐赠公示整理而成，参见中华慈善总会，http：//www. chinacharityfederation. org/PublicExchange/144/1. html？p = 1&di = 2018 - 09 - 05&da = 2018 - 09 - 05&t = 0&b = 0&k = 。

时公开捐赠信息，对慈善组织通过“慈善中国”互联网信息公开平台募捐所获得的款项，慈善组织必须保证公众能够通过平台及时查询到相关信息。加强线下与线上募捐公开力度，不断完善慈善组织募捐信息公开制度，推动慈善组织公信力建设。

（三）推进慈善组织慈善项目及捐助信息公开化

公募慈善组织与非公募慈善组织开展的慈善项目信息及慈善捐助信息应当全面、真实、完整、及时公开。慈善项目是慈善组织活动的重要内容，是慈善组织对外活动的名片。慈善项目运行水平直接关系到募捐情况，也直接影响慈善组织的知名度与声誉。公募慈善组织主要是通过慈善项目开展慈善活动，向受助人提供帮助。每一个慈善项目的信息公开不仅关系到受助人的利益保护，而且还关系到捐赠人的善心是否得到有效传递以及慈善项目的社会影响力。因此，慈善项目信息必须公开，从项目筹划到项目的进行再到项目结束，整个运行过程信息都应公开。近年来，我国慈善组织慈善项目越来越多，大多数慈善组织能够做到在其年度工作报告中披露其慈善项目，如中国青少年发展基金会对 2021 年度开展的 9 项公益慈善活动的收支、受助对象、受助领域、受助范围等信息均已公开。具体情况见表 4－3。

表 4－3　2021 年度 9 项公益慈善活动相关情况　　单位：元

序号	项目名称	项目年度收支（人民币）		资助对象	资助领域	资助范围
		收入	支出			
1	助学兴教	435, 792, 460. 33	215, 407, 365. 22	儿童	教育	全国
2	健康守护	16, 885, 711. 44	29, 664, 261. 5	儿童	医疗卫生	全国
3	素质提升	139, 612, 931. 58	160, 751, 338	儿童	教育	全国
4	紧急救助	67, 455, 796. 52	62, 294, 515. 22	儿童	应急救援	全国
5	铸魂育人	11, 699, 683. 87	23, 714, 581. 13	儿童	教育	全国
6	小平基金	10, 323, 451. 42	15, 046, 304. 29	儿童	教育	全国
7	美丽中国	795, 908. 26	321, 500	儿童	生态环境	全国

续表

序号	项目名称	项目年度收支（人民币）		资助对象	资助领域	资助范围
		收入	支出			
8	希望乡村	13, 568, 193. 87	11, 289, 559	儿童	教育	全国
9	其他合作	994, 694. 42	434, 937. 67	儿童	教育	全国

注：根据中国青少年发展基金会 2021 年度工作报告中的相关内容整理而成，参见中国青少年发展基金会官网，https：//asset. cydf. org. cn/cydf – website/qjow _ admin/aaa3ef1fd64585700ad5a133ce31f481. pdf，2022 年 7 月 30 日访问。

在表 4 –3 中，每项慈善项目的收支、资助对象、领域、范围等信息进行了公开，管理部门、捐赠者、公众、受助者都可以直接查阅。但慈善项目的资助对象、领域及范围信息过于宽泛。大部分慈善组织的慈善项目信息公开与此类似，也就是说，慈善组织慈善项目公开尚不全面，公开力度不够，对慈善项目主要捐助对象、主要领域有必要进一步公开。慈善项目信息公开不仅是对公募慈善组织的要求，对非公募慈善组织开展的慈善捐助项目信息也要公开。虽然非公募慈善组织不需要公开募捐信息，但是向特定的对象募捐，那些特定的捐赠者有权利知晓慈善组织开展的慈善项目的运行情况，有权知晓非公募慈善组织募集的财产去向。

（四）慈善组织年度工作报告及财务会计报告必须真实、完整、及时公开

慈善组织年度工作报告与财务会计报告公开是慈善组织信息公开的核心制度，是各国对慈善组织信息公开共同的要求。这部分信息是否公开直接影响到慈善组织公信力建设，关系到慈善组织能否募集到慈善财产，我国《慈善法》、三部条例、《慈善组织信息公开办法》等对慈善组织年度工作报告及财务会计报告的公开都有明确的规定。

1. 年度工作报告的公开

慈善组织年度工作报告是对慈善组织一年期间各方面工作内容的汇集和总结，涉及当年慈善组织对内和对外一系列重大事项信息，内容繁多，涉及

面广泛，但年度工作报告不得有虚假记载、误导性陈述或重大遗漏，慈善组织年度工作报告信息公开须符合规范化要求。慈善组织年度工作报告公开的信息规范化要求见表4－4。

表4－4　慈善组织年度工作报告信息公开的规范化要求

<table>
<tr><th>序号</th><th>信息公开的基本项目</th><th colspan="3">信息公开的具体项目</th></tr>
<tr><td>1</td><td>慈善组织注册的基本信息</td><td colspan="3">慈善组织名称、住所、初始基金、发起人、分支机构等</td></tr>
<tr><td rowspan="9">2</td><td rowspan="9">机构建设情况</td><td>1</td><td colspan="2">理事会召开情况</td></tr>
<tr><td>2</td><td colspan="2">理事会成员情况</td></tr>
<tr><td>3</td><td colspan="2">监事情况</td></tr>
<tr><td>4</td><td colspan="2">工作人员情况</td></tr>
<tr><td>5</td><td colspan="2">内部制度建设情况</td></tr>
<tr><td>6</td><td colspan="2">党组织建设情况</td></tr>
<tr><td>7</td><td colspan="2">年度登记、备案事项办理情况</td></tr>
<tr><td>8</td><td colspan="2">专项基金、代表机构、持有股权的实体及内设机构基本情况</td></tr>
<tr><td>9</td><td colspan="2">慈善组织开展公开募捐活动备案情况</td></tr>
<tr><td rowspan="9">3</td><td rowspan="9">公益事业（慈善活动）支出和管理费用情况</td><td>1</td><td colspan="2">接受捐赠情况、大额捐赠收入情况</td></tr>
<tr><td>2</td><td colspan="2">公开募捐情况（具有公开募捐资格的基金会填写）</td></tr>
<tr><td>3</td><td colspan="2">公益支出情况</td></tr>
<tr><td rowspan="4">4</td><td rowspan="4">业务活动情况</td><td>本年度公益慈善项目开展情况</td></tr>
<tr><td>本年度开展的援助“三区三州”等深度贫困地区和其他扶贫活动情况</td></tr>
<tr><td>下年度计划开展的援助“三区三州”等深度贫困地区和其他扶贫活动情况</td></tr>
<tr><td>涉外活动情况</td></tr>
<tr><td>5</td><td colspan="2">重大公益项目收支明细表</td></tr>
<tr><td>6</td><td colspan="2">重大公益项目大额支付对象</td></tr>
</table>

续表

序号	信息公开的基本项目	信息公开的具体项目	
3	公益事业（慈善活动）支出和管理费用情况	7	由基金会作为受托人的慈善信托情况（认定为慈善组织的基金会填写）
		8	委托理财
		9	投资收益
		10	关联方关系及其交易
		11	应收账款及客户
		12	预付账款及客户
		13	应付账款
		14	预收账款
		15	其他需要说明的情况
4	财务会计报告	1	资产负债表
		2	业务活动表
		3	现金流量表
5	接受监督、管理的情况	1	年检年报情况
		2	评估情况
		3	行政处罚情况
		4	整改情况
6	履行信息公开义务情况	1	公开基本信息
		2	在登记管理机关指定的媒体上公开上年度工作报告摘要
		3	公开上年度工作报告全文
		4	公开募捐信息（具有公开募捐资格的基金会填写）
		5	公开公益慈善项目信息
		6	公开慈善信托信息
		7	公开重大资产变动情况、重大投资活动情况
		8	公开重大交易或者资金往来情况
		9	公开关联交易情况
7	监事意见	有监事对慈善组织信息公开的意见	
8	业务主管单位意见	业务管理机关对慈善组织信息公开的意见	

表4－4是我国慈善组织年度工作报告公开内容的基本项目与具体项目要求，构成一个规范化体系。年度工作报告须按照上述内容项目制作，公开的信息包括慈善组织基本信息，机构建设情况，公益事业（慈善活动）支出和管理费用情况，财务会计报告，接受监督、管理的情况，履行信息公开义务情况，监事意见，业务主管单位意见八个方面，其中公益事业（慈善活动）支出和管理费用情况与财务会计报告是年度工作报告中需要披露的最基本信息。慈善募捐、捐助、慈善项目开展情况、财产变动、关联交易等也是必须公开的信息，这些信息公开关系到慈善组织公信力的建设，也是慈善组织能否持续发展的关键性因素。

2. 慈善组织财务会计报告的公开

慈善组织财务会计报告是必须要公开的内容，一般在年度工作报告中一并公开。其基本要求是必须公开“三表”：资产负债表、业务活动表及现金流量表。根据《慈善法》及《慈善组织信息公开办法》的规定，具有公开募捐资格的慈善组织的财务会计报告须经审计，并公开审计报告。公募慈善组织各个慈善项目都需要进行审计，审计报告必须公开，接受社会监督。例如，中国红十字基金会在财务会计报告及审计报告方面基本能够按照法律的规定及时公开，以2018年中国红十字基金会审计报告为例。中国红十字基金会在公开该年基金会审计报告基础上，还对长江公益基金、院士博爱基金、玉米爱心基金、嫣然天使基金、小天使基金、天使阳光基金、丝路博爱基金、轻松筹微基金、慢病关爱基金、六个核桃基金、健康新村基金、合生元母婴求助基金、光明天使基金、成长天使基金14个基金项目进行了专项审计，并予以公开，在信息公开方面具有示范性作用。① 实践中，公募慈善组织财务会计报告公开做得较好，但非公募慈善组织公开财务会计报告尚有提升空间。需要强化慈善组织对财务会计报告信息公开的重视，加强对非公开慈善组织财务会计报告信息公开的监督与管理，对不公开财务会计报告的应当追究慈

① 参见中国红十字基金会网，https：//new. crcf. org. cn/disclosure. html？item3. 2019年10月20日访问。

善组织及直接责任人相应的法律责任。

（五）慈善组织重大财产变动及处分信息全面、及时公开

随着慈善事业的不断发展，法律政策规定，在保证慈善组织财产不改变慈善目的前提下，允许慈善组织适当进行投资、交易等。由于投资、交易等对慈善组织财产的处分会给慈善组织慈善财产带来一定的风险，可能会导致慈善组织财产无法实现其慈善目的，故需要慎重处理慈善财产的投资、交易。对慈善组织财产投资、交易须经决策机构决策并及时公开相关信息。《慈善组织信息公开办法》明确规定，慈善组织重大资产变动及投资、重大交换交易及资金往来、关联交易行为等信息要向社会公开；《慈善组织保值增值投资活动管理暂行办法》也规定，慈善组织的重大投资情况应当依法依规向社会公开，接受社会监督。

四、加强对慈善组织信息公开的监管

公众对慈善组织信息公开的期待与呼声形成日益强大的社会压力，政府在社会管理创新的实践中也深感慈善组织信息公开的必要性，加强政府监管部门对慈善组织信息公开的监管是慈善组织规范化发展的必然要求。近年来，以民政部门为核心的政府监管部门对慈善组织信息公开加快了立法进程，连续发布了包括《基金会信息公布办法》《慈善组织公开募捐管理办法》《慈善组织信息公开办法》等部门规章，为慈善组织信息公开规范化提供了依据。不仅如此，民政部还于 2017 年 9 月 1 日开通了全国慈善信息公开平台，即“慈善中国”。该平台是全国慈善组织信息公开的官方指定平台，一些地方政府或者民政部门开发的具有公开慈善信息功能的政府平台应与“慈善中国”互联互通，形成数据的统一归集。在“慈善中国”信息平台上需要公开的信息包括慈善组织基本信息、慈善信托、募捐方案备案、慈善项目进展、慈善组织年报、募捐信息平台等，公众可以直接登录“慈善中国”查询慈善组织相关信息。民政部的这一举措大大提高了慈善组织的透明度建设，也方便了监管部门对慈善组织信息公开的统一监管。加强慈善组织信息公开监管主要

包括以下三个方面内容。

（一）监管措施落到实处

《慈善法》与《慈善组织信息公开办法》对慈善组织信息公开规定了投诉举报、约谈、行政处罚、通报与惩戒等监管措施，除此之外，还可以采取责令停止从事慈善募捐、停止慈善活动、撤销公募资格、撤销慈善组织等监管措施。目前我国慈善组织信息公开监管措施不到位是常见现象，对慈善组织信息不公开往往是发现后下发一个整改通知，至于慈善组织是否落实整改不再深究。虽然法律法规中明文规定了慈善组织信息公开的监管措施，但在实践中不能严格执行，监管不力造成慈善组织对信息公开没有足够重视。为了规范慈善组织信息公开，监管部门有责任对慈善组织信息公开监管措施落到实处，在信息公开出现问题时，不能一味迁就慈善组织，避重就轻，该约谈的约谈，该处罚的处罚，将监管措施落到实处。

（二）线上线下并行监管

目前，根据《慈善法》与《慈善组织信息公开办法》的规定，对慈善组织信息公开监管主要通过民政部门统一信息平台实施，也可以通过慈善组织门户网站对外进行信息公开，在互联网上开通统一信息公开平台或慈善组织网站开通信息公开窗口，慈善组织实时将重要信息上传网络平台，公众随时可以查阅，这样有利于提高监管效率和监管效果。虽然这种做法有许多优点，但对那些不上传信息的慈善组织就无法监管，所以，在监管途径上还需要加强线下监管。线下监管是民政部门对慈善组织信息公开的直接管理，监管部门可以不定期对慈善组织信息公开进行抽查，到慈善组织调取慈善组织开展活动的相关资料，通知慈善组织报送年检报告等，这些是线下监管的常用方法。线上与线下齐头并进，相互验证，线上与线下信息不一致的，要求慈善组织说明情况，有必要深入慈善组织进行调查，确定信息的准确性、全面性，敦促慈善组织信息公开真实、完整、及时。

（三）建立多元主体监管体系

根据我国法律法规规定，监管机关有权对慈善组织基本信息、募捐、捐助、慈善项目、年度工作报告与财务会计报告、慈善信托、慈善组织财产重大变动等信息进行监管。从“面”上来看，现有的法律法规较为全面规范了慈善组织信息公开的范围，为监管提供了依据；但从“点”上分析，慈善组织应公开的信息每一个方面都存在或多或少的问题，监管不够深入细致。实践中对每一项内容监管的做法差异较大，对慈善组织基本信息方面的监管较弱，对于慈善组织财产管理与使用方面的监管较为重视，如慈善组织募捐、慈善项目的实施、慈善财产的投资、重大交易等方面信息公开监管抓得较紧。但不可否认，我国慈善组织财产管理与使用方面的信息公开做得远远不够，需要进一步加强监管。一是加强行政管理机关对慈善组织信息公开监管。一方面，要加大对慈善组织基本信息公开的监管，对“山寨”组织一律取缔，对慈善组织募捐、慈善项目执行、慈善财产投资、慈善救助等活动定期检查，发现问题及时处理，该承担法律责任的依法追究相关责任人员的法律责任。二是强化捐赠者、受助人监督的意识。由于我国对慈善组织财产管理与使用方面的信息公开程度没有明确要求，慈善组织在公开相关信息时自然会选择对自己有利的做法，慈善组织认为一些不便公开的信息能不公开的就不公开，特别是涉及募捐数额、慈善项目资金支出、投资额、捐助额度等与慈善财产使用情况有关的敏感信息，一些慈善组织在公开信息时采取简略式的方式公开，这给慈善组织不当或违法使用慈善财产留有余地，势必对慈善组织的公信力造成极大的负面影响。对此，除了行政管理机关加强监管之外，捐赠者有权利要求慈善组织公开捐赠和募捐信息以及财产管理与使用情况的信息，受助人对慈善组织提供救助的信息有权利要求慈善组织公开。三是加强公众媒体对慈善组织信息公开的监督。公众有权利知晓慈善组织募捐信息、慈善项目活动信息、慈善组织救助信息等，公众媒体可以通过舆论曝光慈善组织信息不公开的情形，督促慈善组织信息公开。行政管理机关、捐赠者、受助人、公众与媒体等构成多元监管体系，合力对慈善组织信息公开实施监管，督促慈善组织真实、完整、全面、及时公开信息，尤其要加大对慈善组织财产管理与使用方面的信息监管，依法合理使用慈善财产，实现慈善组织财产社会公共利益最大化。

结　语

慈善组织信息公开是全世界通行的规则，慈善组织信息公开是慈善事业发展的生命线，是慈善事业持续发展的推动力，是慈善组织公信力建设的核心内容，直接反映慈善组织治理能力与治理水平，是建设透明慈善的基本要求，慈善组织信息公开必须遵守真实、完整、准确、及时原则。依据我国《慈善法》及相关规定，慈善组织信息公开必须做到以下三点基本要求：(1) 建立信息统计和发布制度。县级以上人民政府须建立健全慈善信息统计和发布制度，定期对本辖区内的慈善组织重要信息向社会发布。(2) 建设统一慈善信息公开平台。全国范围内的"慈善中国"信息平台已经搭建起来，但还需要进一步进行优化。地方慈善信息公开平台建设较慢，不能满足我国地方慈善组织信息公开的需要，需要加大建设力度。(3) 慈善组织信息公开须充分告知。开展定向募捐的慈善组织，应当及时向捐赠人告知募捐情况、募得款物的管理使用情况；慈善组织应当向受助人告知其资助标准、工作流程和工作规范等信息；慈善组织招募志愿者参与慈善服务，应当告知其与慈善服务有关的全部信息以及告知可能发生的风险。

随着我国慈善事业的不断推进，慈善组织信息公开将不断遇到新的挑战，《慈善法》《慈善组织信息公开办法》等法律法规须不断健全和完善，以应对信息公开中不断出现的新问题。实践中，因慈善组织信息不公开导致捐赠骤减，使慈善组织公信力受到重创。公信力是慈善组织的生命力，所以，为了发展慈善事业，就需要不断加强慈善组织信息公开制度的建设，畅通信息公开渠道，加大信息公开监管力度，构建符合我国慈善组织发展的信息公开新机制，不断提升我国慈善组织社会公信力。

第五章

慈善组织财产制度

引　言

财产之于营利组织和非营利组织意义差别明显：营利组织财产是其存续期间开展活动的物质基础，也是其追求的目标；而慈善组织财产只是其开展活动的物质基础，不是其追求的目标。但财产是任何性质的组织设立、存续的必备条件，正如德国法学家萨维尼就财产对法人的意义的论述那样：财产就其本质而言，是个人权利的扩张，因此它是个人自由行为能力的确保和升华。将财产能力赋予法人可以同样达到将它赋予自然人一样的目标，而事实上对于法人人格承认的整个需要就是建立在这一目标之上的。[①] 财产是任何性质的组织开展活动的物质保障和基础，也是对外债务的总担保。慈善组织财产有广义与狭义之分。广义上的慈善组织财产不仅包括狭义上由慈善组织发起人投入的创始财产（亦称所有财产），还包括慈善组织存续期间募集及接受捐赠的财产（以下统称捐赠财产）。本章研究的是广义上的慈善组织财产。我国《公益事业捐赠法》（1999 年）、《慈善法》（2016 年）、《慈善组织信息公开办法》（2018 年）、《关于慈善组织开展慈善活动年度支出和管理费用的规定》（2016 年）、《慈善组织保值增值投资活动管理暂行办法》（2018

① 转引自韦祎：《中国慈善基金会法人制度研究》，中国政法大学出版社 2010 年版，第 153 页。

年）等对慈善组织财产的管理、使用及处分都有所规定。有的是概括规定，如《公益事业捐赠法》、《慈善法》与《慈善组织信息公开办法》；有的就慈善组织财产某一方面进行规定，如《关于慈善组织开展慈善活动年度支出和管理费用的规定》只是就慈善组织开展活动的支出和管理费用进行规范，《慈善组织保值增值投资活动管理暂行办法》就慈善组织财产用于投资加以规范。我国慈善组织财产制度立法现状明显存在立法分散及不完善问题。由于立法不完善，慈善组织财产在管理和使用中问题频发，因而也引发了许多问责事件，如慈孝特困老人救助基金会原理事长韩学臣利用职务便利，将基金会2980万元非法占为己有。[①] 我国慈善组织财产不仅管理上不规范，而且使用上也是问题不断，部分慈善组织募捐财产信息不公开，对受助人具体情况不做深入调查，引发捐赠者和受助人不满。

慈善组织财产管理与使用是慈善组织治理中一个敏感话题，牵一发而动全身，财产管理和使用效果直接关系到慈善组织的公信力建设及可持续发展问题。效果好，慈善组织公信力自然就高，慈善组织持续发展有了物质保障和动力；反之，则可能对慈善组织造成严重负面影响甚至毁灭性的打击。因此，有必要对如何依法合理管理和使用慈善组织财产进行全面深入研究，以确保慈善组织正常开展慈善活动，推动我国慈善事业健康发展。

第一节　慈善组织财产概述

一、慈善组织财产的概念与特征

（一）慈善组织财产的定义

国外多将慈善组织纳入财团法人范畴，一般没有会员，以财产的集合为

① 参见《原慈孝特困老人救助基金会理事长被判无期》，载中国社会组织网，http：//www.chinanpo.gov.cn/800102/113382/newsbgtindex.html，2020年5月30日访问。

其设立和存续的基础。慈善组织内部设立理事会与监事会：理事会负责开展公益慈善活动，监事会监督理事会工作。我国的慈善组织不仅包括财团法人性质的慈善基金会，还包括社会团体、社会服务机构中从事慈善活动的组织，由此可知我国慈善组织还包括社团法人组织与非法人组织，但无论哪种性质的慈善组织都必须有财产。那么，首先要明确界定慈善组织财产的范围。目前我国《慈善法》采取“列举 + 概括”的方式界定了慈善组织财产的范围，但没有明确给出慈善组织财产的定义。理论上要界定慈善组织财产的概念，就需要明确慈善组织财产的来源与组成。《慈善法》规定慈善组织可以采取基金会、社会团体、社会服务机构等组织形式，这三类非营利组织的财产来源与组成不完全相同，由此形成不同类型的慈善组织财产体系。社会团体类的慈善组织财产包括发起人缴纳的资产、接受捐赠的财产、会员缴纳的会费等。社会服务机构类的慈善组织财产主要是发起人认缴和接受捐赠的财产。慈善基金会分为公募基金会和非公募基金会。公募基金会的财产包括发起人认缴的财产、公开募捐及社会捐赠的财产；非公募基金会的财产源于发起人认缴的财产和向特定对象募捐的财产，发起人认缴的财产构成基金会享有所有权的财产，即所有财产，基金会接受捐赠的财产，基金会有权管理和使用，这部分财产适用信托制度管理和处分，基金会不享有完全的所有权。社会团体类、社会服务机构类及慈善基金会类的慈善组织财产来源相同之处是都有认缴的财产和捐赠的财产，不同之处是社会团体类慈善组织财产包括会员会费，而社会服务机构类与慈善基金会类的慈善组织没有会员会费收入。基于我国立法对慈善组织财产的一般规定，结合我国慈善组织的现状，可将慈善组织财产定义为以发起人认缴并实际缴纳、捐赠者捐赠形成的，用于慈善组织慈善目的的集合财产，包括创始财产、捐赠财产及其他合法取得的财产。这一定义从慈善组织财产来源与组成进行界定，对不同类型的慈善组织都适用，符合我国慈善组织财产存在的状况和发展趋势。

（二）慈善组织财产的特征

1. 非营利性

慈善组织财产用于公益慈善目的，不具有营利性，也不具有可分配性。

换言之，慈善组织财产不得分配给发起人或会员或理事、监事，慈善组织结余和积累的财产只能用于慈善活动。但随着我国慈善事业的不断发展，慈善组织财产的管理与使用也在不断改革。对慈善组织财产的使用不再固守只能用于捐助和支付合理的管理费用这一传统观念，而是也可以适当投资保值增值项目，为慈善组织持续发展提供资金保障。

2. 独立性

无论是发起人缴纳、捐赠的款物，还是慈善组织募捐的款物，都属于慈善组织财产。该财产与发起人或捐赠人的财产相分离，发起人或捐赠人对捐赠的财产不再享有所有权，慈善组织有权对该财产独立行使相应的权利，如慈善组织对创始财产在法律规定的范围内有权决定如何使用，对接受的无定向捐赠的财产可以根据具体情况决定捐助对象等。

3. 公益性

公益性贯穿于慈善组织活动的始终。慈善组织是法定的公益组织，追求的目标就是社会公共利益。无论慈善组织财产如何使用，都不能脱离社会公益慈善目的。为慈善使用慈善财产，即便用于开展营利性活动，也不能像公司财产那样追逐利益最大化，必须要考虑慈善财产的安全和保值增值慈善增值部分也必须要用于公益活动，不得在发起人、捐赠人以及慈善组织成员中分配或用于其他非公益活动。

4. 财产非分配性

财产的非分配性包括两方面：一是慈善组织从事适当投资活动所得收益应当用于慈善目的，不得用于分配，发起人及管理人员不得私自分配慈善组织的财产。二是慈善组织解散清算后有剩余财产的，也不得在发起人与管理人员之间进行分配。根据《慈善法》第 18 条第 3 款规定：“慈善组织清算后的剩余财产，应当按照慈善组织章程的规定转给宗旨相同或者相近的慈善组织；章程未规定的，由民政部门主持转给宗旨相同或者相近的慈善组织，并向社会公告。”《慈善法》的这一规定理论上称为“最相近似原则”或“力求近似原则”。这一原则最早为罗马法律所确立，后为大陆法系所传承，英美慈善法律制度将最相近似原则与慈善信托联系在一起，发展了这一原则。①慈善组织解散清算后将被注销终止，经清算，慈善组织还有剩余财产的，首先是要看慈善组织章程对剩余财产的处理有无规定。章程有规定的，按照章程的规定适用最相近似原则处理；如果没有规定，由慈善组织报告民政部门，由民政部门根据最相近似原则处理。

二、慈善组织财产的性质

我国慈善组织比较复杂，既可以是社会团体、民办非企业单位（社会服务机构），也可以是慈善基金会。三部条例中只是规定设立社会团体、民办非企业单位（社会服务机构）及基金会要有相应的“活动资金”“合法财产”“原始基金”。三类慈善组织财产构成各不相同：社会团体类慈善组织的财产包括发起人缴纳的资产、接受的捐赠财产、会员会费等；社会服务机构财产包括发起人缴纳财产、接受捐赠财产等；基金会的财产包括原始基金、成立后取得的捐赠财产等。三类慈善组织的财产构成虽然不完全相同，但概括而言，慈善组织财产一般包括创始财产、捐赠财产及其他合法财产。我国《慈善法》第51条规定：“慈善组织的财产包括：（一）发起人捐赠、资助的创始财产；（二）募集的财产；（三）其他合法财产。”从这一规定可以看出，慈善组织的财产主要有三类：一是慈善组织设立时由发起人投入的创始财产，实际上就是发起人认缴并实际缴纳的财产；二是慈善组织设立后从社会募集来的捐赠财产及捐赠者捐赠的财产；三是其他合法财产，包括慈善组织会员缴纳的会费、政府购买服务的收入、投资获得的增值财产以及通过向社会提供服务或出租、出售资产获取的收入等。

（一）慈善组织财产的性质界定

我国《慈善法》直接将慈善组织财产称为“慈善财产”，条文中共10处提及慈善财产，第六章更是直接以“慈善财产”为标题，慈善财产已成为法

① 参见韦祎：《中国慈善基金会法人制度研究》，中国政法大学出版社2010年版，第163页。

律术语。慈善财产是私人财产还是公共财产，是公有财产还是社会财产，法律并无明确规定。我国《宪法》第12条第1款、第2款前段规定：“社会主义的公共财产神圣不可侵犯。国家保护社会主义的公共财产”。这是国家根本大法中提到“公共财产”这一概念，紧接着《宪法》第12条第2款后段规定：“禁止任何组织或者个人用任何手段侵占或者破坏国家的和集体的财产。”根据我国《宪法》第12条的规定，从逻辑上“公共财产”可以理解为“国家的和集体的财产”，即法律上的“公共财产”。我国《公益事业捐赠法》第7条规定：“公益性社会团体受赠的财产及其增值为社会公共财产，受国家法律保护，任何单位和个人不得侵占、挪用和损毁。”该法将我国公益性社会团体受赠财产及其增值部分纳入“公共财产”。这一界定是20世纪末我国公益慈善事业刚刚起步时对受捐财产性质的认定，进入21世纪后，我国公益慈善事业受到高度重视，迎来快速发展，一批慈善基金会及慈善类社会服务机构纷纷设立，立法上对后起的慈善组织慈善财产的性质仍没有明确界定，只有一定的导向性规定，如《民办非企业单位登记管理暂行条例》第21条第1款规定：“民办非企业单位的资产来源必须合法，任何单位和个人不得侵占、私分或者挪用民办非企业单位的资产。”《基金会管理条例》第2条规定，基金会是以从事公益事业为目的的非营利性法人，第27条第1款规定：“基金会的财产及其他收入受法律保护，任何单位和个人不得私分、侵占、挪用。”由此可以看出，我国立法上对慈善组织拥有的财产予以保护，对禁止慈善组织使用财产有了概括性规定。另外，根据我国《民法典》规定，慈善基金会属于捐助法人，社会服务机构（民办非企业单位）具备法人资格的也属于捐助法人，捐助法人对其财产享有法人财产权。但捐助法人的财产主要来自社会捐赠，捐助法人财产权不等同于捐助法人对捐助财产享有的所有权，捐助法人的财产性质上属于社会财产。

从上述我国立法对慈善组织财产的界定分析可知，不同类型的慈善组织财产性质不尽相同。社会团体类公益慈善组织财产属公共财产，即公有财产，为公益慈善目的管理和使用，任何单位和个人不得侵占、私分、挪用、损毁；

社会服务机构与慈善基金会的慈善财产属于社会财产，是来自社会的捐赠。由此可以看出，我国慈善组织财产性质从原先的“公共财产”转变为“公共财产”与“社会财产”共存，即慈善组织财产兼具“公共财产”与“社会财产”属性，这也符合我国社会治理中对慈善组织发展的定位。

（二）慈善组织财产的权属

慈善组织对其财产是否享有法律意义上的所有权，这与慈善组织性质关系密切。将慈善组织财产界定为“公共财产”，则认为慈善组织对其财产享有所有权，这是传统观念上对慈善组织属性的认识。这种观点存在于我国慈善组织发展初期，当时的慈善组织由国家出资举办，民间资金不能设立慈善组织，慈善组织财产由国家直接划拨，法律授权慈善组织对其财产享有所有权，实质上是国家对慈善组织财产享有所有权。现代观点认为，慈善组织对其财产不完全享有法律上的所有权。法律上的所有权是指权利人对其财产享有占有、使用、收益和处分的权利，而慈善组织对慈善财产不完全享有四项权能，所以，慈善组织不符合行使法律上的所有权条件。此种观点在现代慈善理念不断创新的基础上发展而来，以权利保护、组织运营、分工协作和契约精神为核心内容的现代慈善理念是现代慈善得以发展的基础。慈善组织财产兼具“公共财产”与“社会财产”属性，慈善组织应根据其财产的来源确定财产的权属。发起人认缴的财产及其收益、会员会费及其收益，慈善组织享有所有权，可以自行处分。捐赠人捐赠的财产，慈善组织受托进行管理与使用，不能任意处分。有指定受助人的，应当捐赠给受助人；没有指定受助人的，应当按照慈善组织的宗旨与目的管理与使用捐赠财产，并接受社会监督。该部分财产应属于慈善组织信托财产，慈善组织不享有法律意义上的所有权。

三、慈善组织财产的分类

（一）立法上的分类

立法上对慈善组织财产的分类主要体现在《慈善法》中。我国《慈善法》第 51 条将慈善组织的财产分为三类，这也是对慈善组织财产的法律上的分类。

1. 创始财产

该部分财产由发起人在慈善组织设立时认缴，是慈善组织成立与存续的物质基础。一般发起人认缴的财产须缴足，既可以是货币，也可以是实物、土地使用权、知识产权、有价证券等非货币财产。对认缴的非货币财产应由专业的评估机构进行评估作价。

2. 募集的财产

慈善组织公开募集的财产是捐赠人捐赠的财产，可以是货币，也可以是非货币财产，对捐赠人捐赠的非货币财产应由专业的评估机构进行评估作价，并在年度财务报告中予以公开。如果捐赠人捐赠的非货币财产评估价值低于承诺的价格，捐赠人有义务填补不足部分。

3. 其他合法财产

根据慈善组织的具体情况，其他合法财产主要包括创始财产与募集财产的收益、慈善组织会员缴纳的会费、政府购买服务的资金、投资收益、出售资产获取的收入等。不同类型慈善组织其他合法收入不完全相同：会员会费只存在于社会团体类的慈善组织中，政府购买服务的资金主要存在于评估等级为3A以上的慈善组织。其他合法财产一般只是慈善组织偶尔所得财产。

（二）理论上的分类

理论上以不同的标准对慈善组织财产可作不同的分类。

1. 公共财产与社会财产

根据慈善组织性质的不同，慈善组织财产可分为公共财产与社会财产。公共财产是指慈善组织中的国家和集体财产，我国为数不少的公募慈善组织是由国家出资设立的，这部分慈善组织的财产属于公共财产。随着慈善组织的迅速发展，民间慈善组织纷纷设立，这些慈善组织的财产来自社会公众的捐赠，这部分捐赠财产不是属于社会财产。

2. 货币财产与非货币财产

根据慈善组织财产表现形式的不同，慈善组织财产可分为货币财产与非货币财产。无论是创始财产、募集的财产还是其他合法财产，既可以是货币也可以是非货币财产，其中非货币财产需要评估作价，以方便财务处理。

3. 所有财产与信托财产

根据慈善组织财产属性的不同，可将慈善组织财产分为所有财产与信托财产。所有财产是指慈善组织享有法律意义上所有权的财产，即慈善组织享有占有、使用、收益及处分权。信托财产是指慈善组织接受的捐赠人捐赠的财产，慈善组织对该部分财产只有管理与使用的权利，不能处分，也不享有收益权。

慈善信托财产是开展慈善活动的重要保障。根据《慈善法》的规定，笔者将我国慈善信托财产分为两部分：一是慈善组织接受的捐赠的财产。该部分财产性质上属于信托财产，称为一般信托财产，是慈善组织正常开展活动中募集和接受的捐赠财产。二是专门的慈善信托项目财产。根据我国《慈善法》规定，符合条件的信托公司、慈善组织可以设立慈善信托，信托公司与慈善组织也可以共同设立慈善信托，慈善信托项目管理与处分的财产属于信托财产。根据《慈善法》的规定，这部分慈善信托财产是由委托人基于慈善目的委托给受托人，受托人按照委托人的意愿以自己的名义进行管理和处分信托财产，开展慈善活动。目前我国多数慈善信托以信托项目形式开展，慈善信托项目的财产管理与处分有其独立的制度，不同于慈善组织一般信托财产的管理与处分。

第二节　慈善组织财产的构成

一、慈善组织所有财产

每一个慈善组织在设立时都需要投入资产，这部分资产是慈善组织创始财产，是慈善组织作为一个组织体存在的物质基础，该部分财产属于慈善组织所有财产，慈善组织对其享有占有、使用、收益与处分的权利。另外，社会团体类慈善组织收取的会员会费也属于慈善组织所有。概言之，慈善组织所有财产主要是指创始财产及其收益、会员的会费等。慈善组织所有财产主要用于日常活动开支，包括工作人员工资支出、合理的活动经费支出等。慈善组织对这部分财产享有支配权，但该部分财产在慈善组织财产总量上占比较低，为保证慈善组织能够持续发展，要维持该部分财产不能被抽逃、毁损、减损，也不能被滥用。

（一）慈善组织所有财产的来源

三类慈善组织的财产来源不尽相同。社会团体类慈善组织财产主要来自发起人认缴和会员会费，如果是人民团体类的慈善组织财产还包括国家财政拨款；民办非企业单位属于社会服务机构，是民间性质的组织，一般由发起人发起设立，其所有财产源于发起人的认缴；慈善基金会所有财产也源于发起人的认缴。

（二）慈善组织所有财产范围

慈善组织所有财产主要是创始财产及其收益，包括货币财产与非货币财产。发起人以实物、土地使用权、知识产权、有价证券等非货币财产认缴的，在登记到慈善组织名下前应评估作价，一旦登记到慈善组织名下就属于慈善组织所有。慈善组织对该财产享有所有权或使用权，有权占有、使用、处分该部分财产，并对该部分财产享有收益权。

（三）慈善组织所有财产的所有权行使

慈善组织对其所有财产享有财产所有权，包括占有、使用、收益和处分权。慈善组织对该部分财产权利的行使不受其他任何组织和个人的干涉，但慈善组织使用、处分该部分财产应受到一定的限制。

1. 禁止慈善组织所有财产用于担保

我国《民法典》第399条第3项规定，“学校、幼儿园、医疗机构等为公益目的成立的非营利法人的教育设施、医疗卫生设施和其他公益设施”，不得用于抵押。依据这一规定，慈善组织作为从事公益慈善活动的组织，其公益设施不得用于抵押，即慈善组织所有财产不得为自己的债务提供抵押，也不得为他人的债务提供抵押。推而广之，慈善组织财产也不得用于质押，即慈善组织财产不得用于担保。这是因为慈善组织财产属于公共财产、社会财产，如果用于担保，则其财产存在用于清偿债务的风险，财产一旦用于清偿债务，则慈善组织将难以维系正常的费用开支和捐助活动，不利于慈善组织开展慈善活动。

2. 限制慈善组织所有财产投资

我国三部条例对慈善组织所有财产能否投资没有明确规定，但在慈善组织发展早期，慈善组织是不具有营利资格的非营利组织，因此禁止慈善组织投资。随着慈善事业的快速发展，慈善组织的存续与发展需要有一定的财产保障，来自发起人认缴的资金毕竟有限，慈善组织要发展，还需要自身具有一定的“造血”功能。因此，允许慈善组织通过适当的投资获取营利以保障慈善组织的发展，是现代慈善事业发展的趋势。但慈善组织不是营利性的组织，所以，对慈善组织投资应作适当限制，我国《慈善法》对此有明文规定。《慈善法》第 54 条规定：“慈善组织为实现财产保值、增值进行投资的，应当遵循合法、安全、有效的原则，投资取得的收益应当全部用于慈善目的……”《慈善法》的这一规定对慈善组织投资的基本要求、原则、目的以及决策等方面都进行了明确的规定。投资的基本要求是实现财产的保值、增值；投资的原则是合法、安全、有效；投资的目的是慈善；重大投资决策事项须经慈善组织决策机构人员多数表决通过。慈善组织财产投资必须审慎对待，力保财产保值增值，但《慈善法》对慈善组织财产的投资只是概括性规定，对可以开展的投资活动和不得开展的投资活动没有明确规定。《慈善组织保值增值投资活动管理暂行办法》是专门规范慈善组织保值增值投资的部门规章，对慈善组织可以投资和不得投资的活动进行了概括规定，概言之，慈善组织不得从事高风险的投资活动。

二、慈善组织信托财产

（一）慈善信托的含义

慈善信托是信托的有机组成部分，我国《信托法》第 2 条规定，“本法所称信托，是指委托人基于对受托人的信任，将其财产权委托给受托人，由受托人按委托人的意愿以自己的名义，为受益人的利益或者特定目的，进行管理或者处分的行为。”信托是一项财产管理与处分制度，广泛运用于各种财产管理与处分中，委托人、受托人及受益人构成信托基本当事人。信托基本当事人之间的关系见图5－1，图中监察人监督用实线标注，表示根据《信托法》设立的信托中监察人设立采取必设主义，相应地，监察人监督适用必设模式。

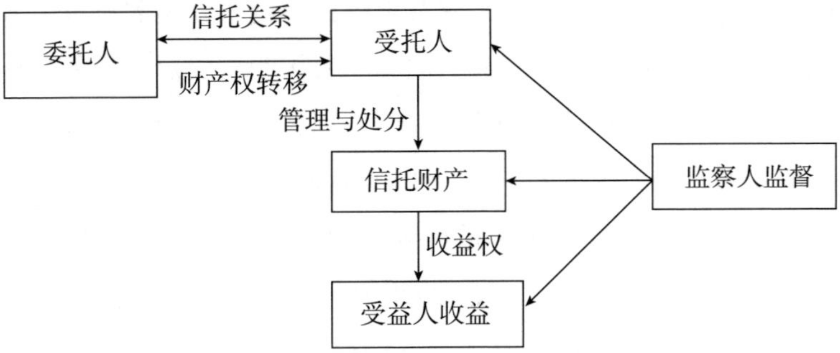

图5－1　《信托法》规定的信托基本当事人关系

根据信托受益人的不同，可将信托分为自益信托、他益信托、私益信托、公益信托。自益信托是指委托人将自己指定为受益人而设立的信托；他益信托是委托人指定第三人作为受益人而设立的信托；私益信托是指委托人为了特定的受益人的利益而设立的信托；公益信托是指为促进社会公共利益的发展而设立的信托。我国《信托法》第六章专门规定了公益信托制度，将公益信托的公共利益概括为7项，也就是公益信托适用范围，包括：救济贫困；救助灾民；扶助残疾人；发展教育、科技、文化、艺术、体育事业；发展医疗卫生事业；发展环境保护事业，维护生态环境发展其他社会公益事业。《信托法》中使用的是“公益信托”，而没有出现“慈善信托”，在《慈善法》出台前，公益信托实际上包含了慈善信托。

“慈善信托”一词首次出现在我国《慈善法》中，此前没有法律提及“慈善信托”。《慈善法》第44条规定：“本法所称慈善信托属于公益信托，是指委托人基于慈善目的，依法将其财产委托给受托人，由受托人按照委托人意愿以受托人名义进行管理和处分，开展慈善活动的行为。”该条明确规定慈善信托属于公益信托，也称他益信托，慈善信托实质上是对慈善财产进行管理和处分的法律制度，慈善信托法律关系涉及多方当事人，包括委托人、受托人（信托人）及受益人。另外，慈善信托的委托人根据需要，可以确定信托监察人，监察人是专门监督慈善信托财产管理与处分的人。根据我国《慈善法》的规定，监察人并非必设机构，而是可选择设立的机构。慈善信托各方人员的关系见图5－2，其中监察人监督用虚线标注，表示在慈善信托中监察人设立采取选设主义，相应地，监察人监督适用选设模式。

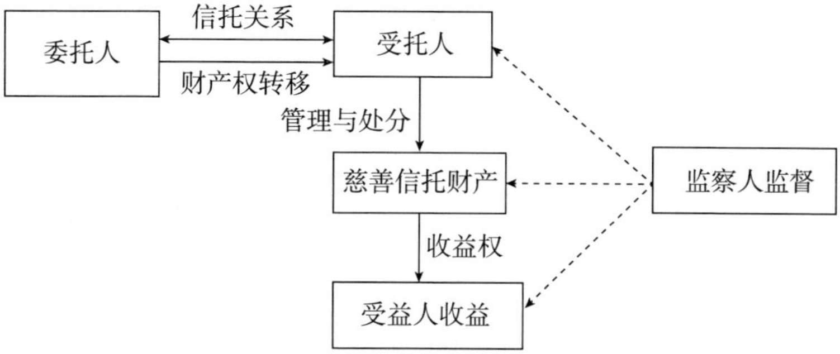

图5－2　《慈善法》规定的慈善信托当事人关系

（二）慈善组织信托财产

慈善信托财产与慈善组织信托财产不完全等同。慈善信托财产是以慈善信托项目为依托捐赠的财产，受托人包括三种类型：一是信托公司独立担任受托人；二是信托公司与慈善组织共同担任受托人；三是慈善组织独立担任受托人。慈善组织信托财产包括两部分：一是慈善组织接受捐赠的财产；二是慈善组织担任独立受托人或共同受托人管理和处分的慈善信托财产。

1. 慈善组织接受的捐赠财产应纳入慈善信托财产

在实践中，我国对慈善组织信托财产的认定更多倾向于将设立慈善信托项目的财产认定为慈善信托财产，而对慈善组织接受的捐赠财产的性质一直没有明确界定。笔者认为，慈善组织正常募集及接受的捐赠财产应当认定为信托财产，理由如下：

（1）慈善组织接受的捐赠财产的所有者缺位。慈善组织不同于营利性的公司，公司对股东的出资有独立的财产所有权，这样的制度安排方便公司开展经营活动，而慈善组织接受的捐赠财产并不是赠与慈善组织，慈善组织不是实质意义上的受赠人，只是形式上的受赠人。捐赠人的捐赠是为慈善目的，是救助或帮扶那些急需救助或帮扶的人，即受益人，受益人是慈善捐赠财产最终的所有者，慈善组织并不是慈善捐赠财产所有者，只是对慈善捐赠财产行使管理与处分权，这符合信托制度的基本特征。

（2）慈善组织对接受的捐赠财产按照捐赠者的意愿或慈善目的进行管理和处分。慈善组织在管理和处分捐赠财产时，如果捐赠者指定了捐助对象，则按照捐赠者意愿捐助；如果捐赠者没有指定捐助对象，则慈善组织必须按照慈善目的对捐赠财产进行管理与处分，不得挪作他用。慈善组织管理与处分慈善捐赠财产的这种方式契合信托制度。

综合以上两方面理由，慈善组织对募捐财产或捐赠者自愿捐赠财产不具有所有权，慈善组织只是该财产的管理者和使用者，有适当处分权。慈善组织一旦接受捐赠者捐赠，则该部分财产就有了特定的属性，即该部分财产属于慈善财产，慈善组织必须为慈善目的管理和处分该部分财产，因此，慈善组织接受的捐赠财产应纳入慈善信托财产。

2. 慈善组织信托项目财产属于慈善信托财产

自《慈善法》实施以来，我国慈善信托项目纷纷设立。截至 2019 年 10 月 31 日，在民政部社会组织管理局“慈善中国”信息平台上备案的慈善信托项目共有 236 单，信托财产总规模共 235, 731. 45 万元。在 236 单慈善信托项目中，其中慈善组织担任受托人的有 10 家，占比 4. 24%，慈善组织与专业信托公司共同担任受托人的有 22 家，占比 9. 32%，其余 204 单慈善信托项目由专业信托公司担任受托人，占比 86. 44%。[1] 慈善信托发展至今，这种状

① 数据根据社会组织公共服务平台“慈善中国”中的公布的备案慈善信托资料整理而成，参见 http：//cishan. chinanpo. gov. cn/biz/ma/csmh/e/csmheindex. html，2019 年 11 月 10 日访问。

况也没有什么改观，由此可以看出，我国慈善组织参与的慈善信托项目不多，这主要与慈善组织运营慈善信托项目能力有关。长期以来，我国慈善组织一直作为非营利性公益组织而存在，禁止从事经营活动，在慈善财产管理和处分方面尽到忠实义务即可，无须寻找慈善财产保值增值的路径，慈善组织对慈善信托更是陌生。近年来，随着慈善信托规模不断扩大，一些慈善组织积极探索并提升慈善信托项目的管理水平并付诸实践，我国需要更多的慈善组织参与慈善信托项目的管理，充分发挥其主体作用。

三、慈善组织所有财产与信托财产增值的财产

慈善组织所有财产与信托财产虽然权属性质不同，但都由慈善组织管理与使用。由于慈善组织所有财产须用于慈善目的的要求，每年慈善组织应当将一定比例的财产用于慈善活动，剩余的财产，慈善组织可以用来投资以实现剩余财产的保值增值。财产的增值仍属于慈善组织，根据慈善组织财产权属性质，增值部分的财产权属附随于原先财产的权属，属于慈善组织所有财产的增值，慈善组织享有所有权；属于信托财产的增值，是慈善组织信托财产。慈善组织两部分财产的增值权属不同，具体使用也不同，遵循原先财产的权属的性质使用和处分，对所有财产的增值部分，慈善组织可以自由支配，对信托财产增值部分，慈善组织只能用于慈善目的。

第三节　慈善组织慈善募捐

一、慈善组织公开募捐的一般规定

（一）慈善组织取得公开募捐资格的条件

慈善组织募捐包括公开募捐和非公开募捐，开展公开募捐的慈善组织必须具备公募资格。我国《慈善法》第 22 条规定：“慈善组织开展公开募捐，

应当取得公开募捐资格。依法登记满二年的慈善组织，可以向其登记的民政部门申请公开募捐资格……”这一规定既考虑到《慈善法》实施后设立的慈善组织公募资格的取得，也照顾到《慈善法》实施前已经存在的慈善组织公开募捐资格的取得。在《慈善法》生效的同时，民政部发布了《慈善组织公开募捐管理办法》（2016 年），该办法对慈善组织取得公开募捐资格的条件进行了具体规定。为了与《慈善法》规定相一致，该办法规定：《慈善法》实施前的社会组织需要开展公开募捐活动的，首先要取得慈善组织资格，在取得慈善组织资格满两年后才可以申请公开募捐资格；《慈善法》实施后成立的慈善组织只要符合公开募捐条件，随时可以申请公开募捐资格。概括而言，无论是《慈善法》实施前成立还是实施后成立的慈善组织，要取得公开募捐资格，必须要符合相应的条件，根据《慈善组织公开募捐管理办法》的相关规定，结合慈善组织运行情况，慈善组织取得公开募捐资格的条件主要包括：（1）具有健全且运行良好的内部治理结构。慈善组织内部设立理事会、监事会与秘书处，各机构能够良好地履行职责，各机构负责人能够忠实履行职责，勤勉尽职，诚实守信，各机构人员组成合理，能够保证慈善组织运行良好。（2）具有合法纳税人资格。慈善组织是我国的税收纳税人，慈善组织申请公开募捐资格时需要提交已登记的税务登记，以证明其系合法纳税人。根据我国税收法律制度的规定，对取得公开募捐资格的慈善组织给予税收优惠待遇。（3）慈善组织评估等级为 3A 级（AAA）及以上。根据我国《社会组织评估管理办法》（2011 年）的规定，为了对社会组织进行有效监管，社会组织都应当接受评估，慈善组织也不例外，慈善组织要取得公开募捐资格，其评估等级必须是 3A 级（AAA）及以上。（4）最近两年慈善组织没有违法或失信行为的发生。

我国规定的慈善组织取得公开募捐资格的条件比较严苛，特别对慈善组织理事会、秘书长及监事会组成的内部治理机构有明确的要求，对慈善组织的税务登记、评估登记及违法或失信行为也有原则要求。符合公开募捐条件的慈善组织，由民政部门直接颁发公开募捐资格证书，可以面向社会公众开展募捐，不具有公开募捐资格的组织不得向公众公开募捐。个人不得从事公开募捐活动，个人募捐仅仅是个人求助行为，我国法律没有禁止个人求助。

（二）公募慈善组织公开募捐的方式

在互联网时代，公募慈善组织可以通过多种途径公开募捐。我国公募慈善组织公开募捐一般采取线下线上同时进行的做法。我国线下募捐的许多做法已经形成常态化，如在商场、公共图书馆、剧院等公共场所设置募捐箱，大大方便了公众捐赠。随着互联网的发展，线上募捐方式也越来越多样，只要愿意捐赠随时都可以，捐多捐少自愿，而且捐赠信息反馈较快，捐赠者能够及时了解捐赠款物的使用情况。但线上募捐是一把“双刃剑”，在源源不断为慈善组织注入慈善财产的同时，也给非法募捐者提供了可乘之机，因此，对线上募捐必须严加监管。《慈善法》第 23 条第 3 款规定：“慈善组织通过互联网开展公开募捐的，应当在国务院民政部门统一或者指定的慈善信息平台发布募捐信息，并可以同时在其网站发布募捐信息。”目前线上募捐只能通过民政部指定的 30 家互联网募捐信息平台进行，这样做既方便了公众对互联网公开募捐平台真伪的识别，也方便了行政管理机关对慈善组织线上公开募捐的监管，有利于国家加强对互联网募捐乱象的治理。

二、互联网募捐的法律风险与防控

（一）互联网慈善募捐与互联网个人求助的区别

互联网慈善募捐（线上公开募捐）必须在民政部指定的慈善组织互联网募捐统一信息平台进行，其与互联网个人求助不同，互联网个人求助只是个人行为。2017 年 8 月 1 日，民政部发布的《慈善组织互联网公开募捐信息平台基本技术规范》和《慈善组织互联网公开募捐信息平台基本管理规范》两项行业标准正式实施。该两项行业标准强调，通过公开募捐平台进行募捐的主体只能是公募慈善组织，其他任何组织、个人，包括平台本身均没有互联网公开募捐主体资格，明确将互联网个人求助与互联网慈善募捐区别开来。两者的主要区别包括以下方面内容。

1. 适用法律不同

互联网慈善募捐适用《慈善法》及相关规范性文件的规定。我国《慈善法》中对“慈善募捐”进行了专章规定，互联网慈善募捐是“互联网+”背景下慈善募捐发展的一种新途径。互联网个人求助主要适用《民法典》。我国《民法典》专章规定了赠与合同。互联网个人求助属于个人筹资行为，不同于公开募捐。《慈善法》不调整个人求助行为，捐赠人与受助人之间的法律关系主要适用《民法典》中赠与合同的规定。

2. 资助的项目范围不同

互联网慈善募捐项目范围广泛，包括教育、科研、文化、卫生、体育、疾病、贫困等众多领域，只要符合慈善目的的公益慈善项目均可以纳入慈善募捐资助的范围；互联网个人求助范围比较狭窄，多数是因病无钱医治，通过互联网募集治疗费用，其他方面不多见。

3. 筹资途径不同

互联网慈善募捐必须通过民政部门指定的30家慈善募捐统一信息平台发布募捐信息，其他任何互联网平台都不能从事慈善募捐；互联网个人求助筹资平台范围广泛，既可以通过一般互联网信息平台发布筹资信息，还可以在微信、微博等自媒体上筹集资金，筹资途径呈现多样化，但个人不得在民政部指定的30家募捐信息平台发布募捐信息进行公开募捐。

（二）互联网慈善募捐的法律风险

据报道，2018年网民通过互联网募捐信息平台参与慈善超过84.6亿人次，募集善款总额超过31.7亿元，一些基金会的网络募捐已经占到捐赠总收入的80%以上，其中，2018年腾讯公益慈善基金会组织开展的“9·9公益日”活动，超过2800万人捐款8.3亿元，加上腾讯等企业的配捐，总共募款14.14亿元，支持了5498个公益慈善项目。[①] 由此可以看出，我国的互联网公开募捐信息平台在慈善事业发展中起到了较好的引领、规范作用，一定程

① 参见王勇：《2018年社会捐赠总额超过900亿元》，载《公益时报》2019年7月30日，第3版。

度上遏制了网络募捐乱象，并为慈善组织公开募捐打开了又一条通道。公募慈善组织除了通过互联网募捐信息平台募捐外，还可以在其互联网门户网站上公开募捐。由于互联网募捐的便捷性、及时性，在线捐赠方式也越来越多元化，行走捐、阅读捐、购物捐、企业配捐、虚拟游戏捐等创新方式不断出现，依托“互联网+公益慈善”的不断创新发展，“人人公益、随手公益、指尖公益”越来越为人们所接受。然而，由于互联网的隐蔽性和虚拟性，互联网上发布的慈善募捐信息有时真假难辨，慈善组织参与互联网募捐存在一定的法律风险。最典型的表现是募捐人以慈善组织之名借助互联网募捐信息平台通过虚构事实、发布虚假信息的方式向社会公开募捐，主要有两种情形：一是未征得慈善组织同意，个人募捐者以慈善组织之名募捐。这种情形的诈捐、骗捐常见的是个人大病募捐。由患者本人或其亲朋好友通过互联网募捐平台或以慈善组织之名在“慈善中国”统一信息平台发布虚构或虚假募捐信息进行募捐，慈善组织疏于审查为诈捐骗捐者留下可乘之机。二是募捐者不当联合慈善组织募捐。募捐者联合慈善组织募捐，往往是借慈善组织之名募捐，募捐者一旦发生不当募捐行为，慈善组织就被卷入诈捐、骗捐旋涡。例如，在“同一天出生的你”① 网络募捐活动中，北京零分贝科技有限公司联合深圳市爱佑未来慈善基金会退出“分贝筹”，后被查明这是一起典型的互联网骗捐案件。在此起案件中，募捐者联合慈善组织共同募捐，但没有发现同一个受助的贫困学生出现了不同的生日日期，而且名字也有所改变等情况，直到网友质疑才引起关注。此起案件中深圳市爱佑未来慈善基金会有没有骗捐的故意姑且不论，单从项目运行就可以看出深圳市爱佑未来慈善基金会对该项目没有尽到全面审查责任，如果不是细心的网友发现，及时叫停该项目，

① 2017年12月22日，北京零分贝科技有限公司联合深圳市爱佑未来慈善基金会推出“同一天出生的你”的“分贝筹”募捐活动，宣称，捐赠者输入自己的生日，能找到一个同月同日生的贫困儿童，并可捐出一元献出爱心。很快该活动被网友质疑存在受助学生照片相同、姓名和生日却不同等的情况，从而引发对这一爱心捐赠活动的质疑，两天后的12月24日“分贝筹”停止筹款，12月25日深圳市民政局约谈了爱佑未来慈善基金会秘书长，责令其立即停止该网络募捐活动，提交相关募捐材料，并对已经募捐的善款作妥当处理。

否则，会对深圳市爱佑未来慈善基金会带来更大的信用危机。

（三）互联网慈善募捐风险的防范与控制

近年来，我国互联网慈善募捐发展迅速，网络捐赠成为年轻一代参与慈善活动的主要途径。网络捐赠具有广阔的发展空间，但同时也存在诈捐、骗捐的法律风险，有必要加强对互联网慈善募捐风险的防范与控制。

1. 事前预防

在互联网公开进行慈善募捐前，募捐者必须向公开募捐平台提出申请，上传受助者身份认证、受助事项证明及收款方身份认证等相关资料、保证受助者信息真实、完整。募捐平台有义务对上传的资料真实性进行审核：一是审核募捐者信息。如果是个人为解决自己或者家庭成员一时困难需要发布求助信息，募捐平台可告知个人与公募慈善组织对接，向公募慈善组织申请开展募捐，公募慈善组织应对申请募捐事项进行审查，同意募捐的，有必要设置救助限额，强化受助人信息公开和信息反馈，接受社会监督。如果是慈善组织申请发布募捐信息，募捐平台就要审核慈善组织有无公募资格，没有公募资格不得在公开信息平台募捐。二是审核募捐内容信息。募捐者通过公开募捐平台申请募捐资助的对象、额度等需要进行审核，重点对真实性进行审核，有必要通过走访、电话等多种方式核实情况。一旦发现属于虚假信息，就立即停止募捐，并追回已经募集的款项，尽可能化解诈捐、骗捐造成的不利后果。

2. 事中监管

在网络募捐过程中，设立互联网募捐信息平台的行政管理机关应加强信息平台管理，提高使用效率，行政管理机关有权查询募捐情况以及募捐财产使用情况，接受举报，举报一经查实，募捐项目就立即下线。除了行政管理机关的监管之外，募捐信息平台自律规范也非常有必要，募捐平台必须对每一项募捐提交的信息资料进行全面认真核查，发现有问题的应立即停止募捐。在接受善款的过程中，募捐平台有责任审核募捐者信息真实性、接受善款的账户真实性及接受资助对象情况的真实性，募捐者通过募捐信息平台募集善款由参与募捐的慈善组织统一保管，善款的使用由慈善组织与受助人或其委托代理人共同决定，不能任由受助人或其委托代理人一人决定。

3. 事后监督

慈善项目通过募捐平台募捐结束后，有关管理部门有义务跟踪监管募捐款物的使用情况。一是对互联网募捐款项仍有剩余的处理。互联网募捐一般针对性比较强，对资助项目完成尚有剩余的善款，如果捐赠者与募捐者有约定，则按照约定处理；如果没有约定，则依据《慈善法》的规定处理，即将剩余款项转给目的相同或者相近的其他慈善项目，并向社会公告，监管机关督促募捐人依法处理剩余款项。二是对互联网诈捐、骗捐行为追究法律责任。不具有公开募捐资格的组织或者个人通过互联网公开募捐的，通过虚构事实等方式欺骗、诱导捐赠者捐赠的，监管机关对有关组织或者个人追究行政责任，情节严重或造成严重后果的，应当追究慈善组织或相关责任人刑事责任。

第四节 慈善组织财产的管理与使用

慈善组织为慈善目的管理与使用慈善财产，是慈善组织应尽的职责。一般情况下，慈善组织接受捐赠者的捐赠，再将捐赠的财产捐助给需要的受助人，这一过程既包括慈善财产的管理，也涉及慈善财产的使用。慈善财产如何管理与使用是个复杂的问题，需要精心规划。在现代，慈善活动一般通过慈善组织开展，慈善组织是慈善事业发展的最主要的参与者。慈善组织开展慈善活动必须要有足够的慈善财产作为保证，为此，慈善组织就不得不考虑慈善财产保值增值，而慈善组织财产保值增值的最佳出路就是允许慈善组织利用慈善财产进行适当投资。

一、慈善组织开展慈善活动的支出与管理费用的限制

慈善组织开展慈善活动的支出与管理费用一直是捐赠者、公众等关注的重点问题，多数国家对慈善组织开展慈善活动的支出与管理费用比例没有明

确规定，一般由慈善组织根据情况在其章程中规定。我国在较长时期对这一问题也没有明确规定，直至《慈善法》颁布实施才有了法律基本规定。《慈善法》只对公募慈善组织开展慈善活动的年度支出与年度管理费用进行了规定：年度支出不得低于上一年总收入的70%或者前三年收入平均数额的70%；年度管理费不得超过当年总支出的10%。另外，2016年民政部、财政部、国家税务总局联合下发的《关于慈善组织开展慈善活动年度支出和管理费用的规定》中对非公募慈善组织年度支出与年度管理费用进行了规定，为非公募慈善组织开展慈善活动的支出和管理费用提供了依据。

（一）对慈善组织财产支出和管理费用的基本要求

慈善组织应当积极开展慈善活动，充分、高效运用慈善财产，并遵循管理费用最必要原则，厉行节约，减少不必要的开支。这是《慈善法》第60条和《关于慈善组织开展慈善活动年度支出和管理费用的规定》第2条共同的规定，也是对慈善组织财产进行管理与使用的总体要求：（1）慈善组织运用慈善财产必须充分、高效。这要求慈善组织在管理与使用财产过程中，应及时将慈善财产用于急需救助、济困、帮扶的人，让慈善财产发挥其最大社会效益；（2）管理费的支出遵循最必要的原则。也就是说，慈善组织在对慈善财产进行管理与使用的过程中，支付适当的管理费是必要的，但管理费的支出必须是最必要的，不得铺张浪费，不得巧立名目使用财产，不得转移、侵占、隐匿、挪用、损毁财产。比如，志愿者参与慈善组织的捐助活动，对志愿者的生活费的支出就是最必要的费用。最必要的管理费用强调的是尽可能降低费用支出，能节约的就必须节约，做到成本最小化，效益最大化。

（二）对慈善组织开展慈善活动的支出与管理费用的限制

1. 对公募慈善组织开展慈善活动的支出与管理费用的规定

慈善基金会与社会团体类、社会服务机构类的慈善组织要求不同：根据《慈善法》第60条的规定，公募慈善组织年度支出不得低于上一年总收入的70%或者前三年收入平均数额的70%；年度管理费不得超过当年总支出的10%。在特殊情况下，公募慈善组织年度管理费用难以符合前述要求的，应当向其登记的民政部门报告并向社会公开说明情况。根据《关于慈善组织开展慈善活动年度支出和管理费用的规定》第 7 条第 2 款规定，具有公开募捐资格的社会团体和社会服务机构类慈善组织年度慈善活动支出不得低于上年总收入的 70%，年度管理费用不得高于当年总支出的 13%，可见基金会类的慈善组织与社会团体类、社会服务机构类慈善组织在年度管理费用提取方面存在不同的规定，后者要高出前者 3%。

2. 对非公募慈善组织开展慈善活动的支出与管理费用的规定

《慈善法》对非公募的基金会开展慈善活动的支出以及管理费用的标准没有规定，在《关于慈善组织开展慈善活动年度支出和管理费用的规定》中进行了规定，将不具有公开募捐资格的基金会与不具有公开募捐资格的社会团体和社会服务机构分开规定。具体见表 5 – 1：

表 5 – 1 非公募慈善组织年度慈善活动年度支出和年度管理费用

慈善组织类型	上年末净资产额/万元	年度慈善活动支出	年度管理费用
非公募的基金会	X≥6000	≥上年末净资产的 6%	≤当年总支出的 12%
	6000 > X≥800	≥上年末净资产的 6%	≤当年总支出的 13%
	800 > X≥400	≥上年末净资产的 7%	≤当年总支出的 15%
	X < 400	≥上年末净资产的 8%	≤当年总支出的 20%
非公募的社会团体与社会服务机构	X≥1000	≥上年末净资产的 6%	≤当年总支出的 13%
	1000 > X≥500	≥上年末净资产的 7%	≤当年总支出的 14%
	500 > X≥100	≥上年末净资产的 8%	≤当年总支出的 15%
	X < 100	≥上年末净资产的 8% 且 ≥上年总收入的 50%	≤当年总支出的 20%

注：根据《关于慈善组织开展慈善活动年度支出和管理费用的规定》第 8 条与第 9 条规定整理制作。表中 X 为慈善组织上年末净资产。

3. 约定开展慈善活动的支出与管理费用

捐赠者与慈善组织订立捐赠协议，可以在捐赠协议中对单项捐赠财产的慈善活动支出和管理费用进行约定。

4. 管理费用的特殊规定

根据《慈善法》的规定，公募慈善基金会的年度管理费用不得超过当年总支出的10%，但在特殊情况下，年度管理费用高出这一比例的，应当向其登记的民政部门报告并公开说明情况。这为慈善基金会在管理费用使用方面提供了灵活处理依据，在具体慈善活动中，有的慈善基金会在正常开展慈善活动中年度管理费用超出了10%，对此，慈善基金会要向登记管理部门报告并公开说明情况，只要是符合法律规定为慈善目的支出的管理费也是允许的，但不得过高。

二、慈善组织财产投资保值增值

（一）慈善组织财产投资保值增值遵循的原则

域外国家一般通过立法对慈善组织财产投资进行引导与限制，如美国慈善基金会可以投资与其宗旨相关的项目，既可以投资于建设经济适用房的机构，也可以投资于解决残疾人就业的公司，但这方面的投资不能过高。允许慈善财产投资是现代慈善组织可持续发展的重要出路，通过投资取得收益，慈善组织的财产来源有了一定保障，但慈善组织不是以营利为目的的组织，其投资不能导致慈善财产的损失，而应力求保值增值。

我国对慈善组织财产投资从全面禁止到适度放开经历了20年多年。1998年实施的《社会团体登记管理条例》（2016年修订）和《民办非企业单位登记管理暂行条例》全面禁止慈善组织财产进行投资。2004年实施的《基金会管理条例》适度放开慈善基金会财产投资，这是我国最早不禁止慈善组织财产投资的行政法规，2016年实施的《慈善法》对慈善组织财产保值增值投资有了明确规定，允许慈善组织财产从事投资经营活动。

根据《基金会管理条例》《慈善法》等的规定，慈善组织应当按照合法、安全、有效的原则实现财产的保值、增值，从而确定了慈善组织财产投资应遵循合法、安全、有效的基本原则。《慈善法》第54条规定："慈善组织为实现财产保值、增值进行投资的，应当遵循合法、安全、有效的原则，投资取得的收益应当全部用于慈善目的……”慈善组织以开展慈善活动为目的，对外投资不是慈善组织登记活动范围内的项目，但随着慈善组织多元发展，投资也逐渐成为慈善组织的重大活动事项，这一事项必须经慈善组织决策机构通过人数多数决表决同意才能实施，《慈善法》规定慈善组织的重大投资方案应当经决策机构组成人员 2/3 以上同意。禁止慈善组织将政府资助的财产和捐赠协议约定不得投资的财产用于投资，禁止慈善组织的负责人和工作人员在慈善组织投资的企业兼职或者领取报酬。

对慈善组织财产投资遵循“合法、安全、有效”这一原则的理解。首先，实现的方式应当合法。慈善组织财产投资需经过慈善组织决策机构表决通过后才能实施，慈善财产不得投资非法活动。其次，慈善财产投资要有安全保障。由于慈善组织财产的公益性，如果投资风险过高导致慈善财产受损，公益慈善目的就会落空，这不但会引起捐赠者的不满，也会给慈善组织带来募集不到善款的致命打击，所以，慈善财产投资必须要保障安全，做到零风险。最后，慈善财产投资要有效益。这要求慈善组织财产投资有一定的增值，确保获取一定的收益，实现慈善财产的增值。慈善财产投资追求的是获取一定的收益，以增加慈善组织财产的总量，为慈善组织持续开展活动提供资金保障。由于慈善组织募捐存在不确定性，如果慈善组织开展慈善一味依赖慈善募捐，而慈善组织在一定时间内又没有募集到足够的善款，则会导致慈善组织活动无法开展下去。如果慈善组织有投资收入，则可以填补慈善组织开展活动的资金的短缺，保障慈善组织的正常活动的开展。再就是，如果慈善组织存在闲置资金，用这部分资金投资，一般不会影响慈善组织正常的活动，并且还可以给慈善组织带来一定的收入。因此，慈善组织财产投资具有可行性与必要性。

（二）慈善组织财产投资的范围

1. 慈善组织财产可以投资的范围

由于慈善组织财产一般用于公益慈善目的，所以，一般情况下慈善组织财产不能用于经营活动，但考虑到慈善财产来源的不确定性，为了维持慈善组织的发展，适度允许慈善组织从事保值增值投资是有必要的。根据实际情况，慈善组织可以自己选择对象投资，也可以委托有关机构投资。慈善组织可以投资的范围包括：(1) 各类债券。慈善组织可直接购买国债和其他政府债券、信用评级机构评定的 AAA 级的公司债券及金融债券等各类债券。因债券是固定收益类产品，几乎无风险，所以可以成为投资的对象。(2) 部分证券投资基金。慈善组织财产可以购买证券市场上发行的部分证券投资基金，包括货币型、债券型等证券投资基金。(3) 金融机构理财产品。慈善组织可购买商业银行、证券公司、基金管理公司、信托公司、保险资产管理公司等金融机构发行发售的理财产品，且理财产品限于自主风险评级为风险水平最低等级。(4) 信托产品。慈善组织可以购买融资类集合资金信托计划和专门为慈善组织设计、发行的单一资金信托计划。(5) 其他保值增值的投资。慈善组织也可以将其慈善财产委托给受金融监督管理部门监管的有关机构进行投资，委托投资须与受托人签订委托投资协议，明确双方的权利与义务。慈善组织委托的受托人应是在中国境内有资质从事投资管理业务，且管理审慎、信誉较高的机构，不得选择自然人作为受托人进行委托投资。

2. 慈善组织财产禁止投资的范围

原则上慈善组织的财产不得投资金融领域的高风险产品，不得参与资本市场高风险的投资活动，不得参与互联网金融中高风险产品投资，不得投资的产品包括但不限于证券交易所股票买卖、期货、期权、人身保险产品、互联网金融产品等。此外，慈善组织不得为他人提供担保，不得投资承担无限责任的企业，不得投资与慈善组织慈善目的毫无相关的行业，等等。对慈善组织投资范围的限制，目的在于避免慈善组织财产投资带来的风险，尽可能实现慈善组织财产投资的保值增值。

3. 慈善组织财产投资风险防控

无论是直接投资还是间接投资，慈善组织财产投资必须加强风险防控，提高投资效益。风险防控是全方位的，从投资决策到投资的实施整个过程都需要加强。目前，我国一些大型慈善组织，包括公募与非公募慈善组织都有投资经历。有的是直接投资，如投资理财产品、债券等；有的是间接投资，主要委托专业金融投资机构投资，典型的是投资信托产品，打破以前只存款、不投资的局面。随着慈善组织接受捐赠额的不断积累，越来越多的慈善组织开始投资，也取得了一定正收益。比如，中国红十字基金会2018年年度工作报告和审计报告中公开的信息显示，中国红十字基金会2017年和2018年对外投资所支付的现金分别为480,000,000元及551,999,999.02元，当年收回投资所收到的现金分别为480,000,000元及551,265,528.7元，当年取得投资收益所收到的现金分别为19,178,365.43元和27,436,586.26元。[①] 又如，改革开放后成立的第一家慈善组织——中国儿童少年基金会2018年年报披露的信息显示，2017年中国儿童少年基金会无投资，无投资收益；2018年对外投资所支付的现金为1,631,970,472元，当年收回投资所收到的现金为1,006,950,000元，当年取得投资收益所收到的现金为30,912,074.78元。[②] 再如，河仁慈善基金会属于非公募慈善组织，其2018年年报披露的信息显示，当年对外投资所支付的现金为0元，当年收回投资所收到的现金为600,000,000元，当年取得投资收益所收到的现金为333,500,000元。[③] 从上述两家公募慈善组织和一家非公募慈善组织2018年年报公告的数据可以看出，一般慈善组织都有投资活动，而且投资都取得一定的正收益。投资已成为慈善组织谋求持续发展的积极措施，是慈善组织积累财产的有效途径，也是慈善组织活动的重要组成部分。

三、慈善信托财产的管理与处分

（一）慈善信托基本内容

慈善信托是我国慈善组织慈善财产管理和使用的新模式，《慈善法》中

---

① 参见《2018年中国红十字基金会年报》，载http://new.crcf.org.cn/Video/gznb/2018gznb/index.html#p=128，2019年9月20日访问。

② 参见《2018年中国儿童少年基金会年报》，载http://www.cctf.org.cn/d/file/report/year/2019-06-26/dff16bb91869f0566fac4fa35be3bace.pdf。

③ 参见《河仁慈善基金会2018年度工作报告》，载http://www.hcf.org.cn/web/uploads/1/image/public/201906/20190620165602_eexrvngu7v.pdf。

将慈善信托规定为公益信托的一部分，由民政部门进行备案管理。2016 年 9 月 1 日《慈善法》实施的当天就设立了两单慈善信托，即国投泰康信托 2016 年国投慈善 1 号慈善信托与国投泰康信托 2016 年真爱梦想 1 号教育慈善信托。两单慈善信托的委托人是国家开发投资公司和自然人，受托人为国投泰康信托有限公司，这两单信托致力于精准扶贫和素质教育。自此之后，至 2019 年 10 月 31 日，我国已设立 236 单慈善信托，其中受托人多为专业信托公司，只有 10 单是慈善组织担任受托人，22 单由专业信托公司与慈善组织共同担任受托人，信托财产总规模共 235, 731. 45 万元。2017 年 7 月 10 日，中国银行业监督管理委员会（已撤销）与民政部联合发布的《慈善信托管理办法》，从监管的角度对慈善信托进行了较为详细的规定。

1. 慈善信托设立的范围

慈善信托设立必须为慈善目的，其设立范围有限制性的规定。根据《慈善信托管理办法》的规定，能够设立慈善信托的事项包括：（1）扶贫、济困、恤病、助残、扶老、救孤、优抚；（2）救助自然灾害、事故灾难以及公共卫生事件等突发事件造成的损害；（3）促进教育、科学、文化、卫生、体育等事业的发展；（4）防治污染和其他公害，保护和改善生态环境；（5）符合《慈善法》规定的其他公益慈善活动。凡是属于公益慈善活动范围的事项一般都可以设立慈善信托。

2. 慈善信托的当事人

慈善信托当事人包括委托人、受托人及受益人。委托人即捐赠人，应当是具有完全民事行为能力的自然人、法人或其他组织；受托人是接受慈善信托财产的组织，一般由委托人确定慈善组织或者信托公司担任；受益人是慈善信托直接受益的自然人、法人或其他组织，可以由委托人指定，也可以由受托人决定。委托人指定受益人的，不得指定或者变相指定与委托人或受托人具有利害关系的人作为受益人。

3. 慈善信托的监督人

慈善信托的监督人即监察人，是对慈善信托中受托人管理与处分信托财产进行监督的自然人及组织。监察人原则上由委托人选任，委托人有权决定是否设置监察人，以及选谁来担任监察人，慈善信托监察人采取选设主义。监察人为维护委托人和受益人的权益，对受托人管理与处分信托财产进行监督，监察人发现受托人违反应尽义务或者难以履行职责的，应当向委托人报告，并有权以自己的名义向人民法院提起诉讼。

4. 慈善信托备案制度

根据《慈善法》的规定，设立慈善信托必须以书面形式签订慈善信托文件，受托人应当在慈善信托文件签订之日起 7 日内，将相关文件向受托人所在地县级以上人民政府民政部门备案。这是对慈善信托备案的基本程序要求。信托公司担任受托人的，向其登记注册地的民政部门备案；慈善组织担任受托人的，向其登记的民政部门备案。同一慈善信托有两个或两个以上的受托人时，委托人应当确定其中一个承担主要受托管理责任的受托人向民政部门备案。我国慈善信托一律在民政部门备案，民政部门应当将备案的慈善信托信息及时公开。备案后，慈善信托如发生变更，受托人应向原备案部门申请变更备案，并提交发生变更的相关书面材料。慈善信托实行备案制，大大简化了慈善信托设立的程序，方便了委托人设立慈善信托，有利于慈善信托的发展，也有利于推动慈善事业的发展。

5. 受托人管理与处分信托财产的义务

慈善信托受托人在慈善财产管理与处分上应尽到与营利性组织董事与高级管理人员相同的义务，包括勤勉义务和忠实义务。慈善信托受托人勤勉义务是指受托人在管理和处分慈善信托财产过程中应当谨慎、认真、勤勉和有效履行职责，不能以缺乏经验和知识为借口推卸职责。主要包括：（1）受托人应当按照慈善信托目的，恪尽职守，诚信、谨慎管理与处分慈善信托财产。（2）受托人自己处理慈善信托事务。受托人应自己处理慈善信托事务，在特殊情况下可以委托他人代为处理，如果受托人将慈善信托事务委托他人代理，则应当对他人处理慈善信托事务的行为后果承担连带责任。（3）受托人应根据信托文件和委托人的要求，及时向委托人报告慈善信托事务处理情况、信托财产管理与处分情况。(4) 受托人应当妥善保存管理与处分慈善信托事务的全部资料。

慈善信托受托人的忠实义务是指受托人负有忠实履行其职责，不得通过任何方式侵害慈善信托财产的义务。主要包括：(1) 受托人不得侵占、挪用、私分、截留慈善信托财产，不得利用慈善信托财产为自己谋取利益；(2) 受托人不得将慈善信托财产转为自己所有；(3) 受托人不得将其所有财产与慈善信托财产进行交易或者将不同委托人的信托财产进行相互交易；(4) 委托人、受托人及其管理人员不得利用其关联关系损害慈善信托财产；(5) 不得违背慈善信托设立的目的管理与处分慈善信托财产；(6) 不得借慈善信托名义从事非法集资、洗钱等活动。

(二) 我国慈善组织慈善信托财产的管理与处分存在的问题

1. 慈善组织作为慈善信托受托人的数量过少，慈善信托规模较小

截至2019年10月31日，我国慈善信托财产总规模为235,731.45万元。在“慈善中国”信息平台上公开备案的236单慈善信托中，慈善组织单独作为慈善信托受托人的只有10单，信托财产规模为4014.84万元，只占总规模的1.7%。由此可以看出，我国慈善组织独立作为受托人管理与处分慈善信托财产尚不成气候，其中一个重要的原因是我国绝大多数慈善组织缺乏慈善信托财产管理能力与水平。慈善组织独立作为受托人的慈善信托具体情况见表5－2。

表5－2 慈善组织独立作为受托人的慈善信托项目

序号	慈善信托名称	备案单位	受托人	财产总规模	信托期限
1	吴毅文慈善信托	南京市民政局	南京市慈善总会	904.84万元	永久存续
2	中城银信·阿拉善生态保护慈善信托	内蒙古自治区民政厅	阿拉善生态基金会	100万元	3年

续表

序号	慈善信托名称	备案单位	受托人	财产总规模	信托期限
3	浙金·露笑科技——阿拉善生态保护慈善信托	内蒙古自治区民政厅	阿拉善生态基金会	50万元	3年
4	北京联益慈善基金会2018年度益善1号——健康梦想慈善信托	北京市民政局	北京联益慈善基金会	1000万元	20年
5	深圳壹基金公益基金会——林氏家族慈善信托	深圳市民政局	深圳壹基金公益基金会	1620万元	10年
6	大鹏半岛生态文明建设慈善信托	广东省民政厅	深圳市社会公益基金会	2000万元	永久存续
7	兴辰慈善信托	广东省民政厅	深圳市社会公益基金会	11.1万元	永久存续
8	弘毅1号——社区养老公益组织扶持慈善信托	海南省民政厅	海南弘毅扶贫慈善基金会	100万元	10年
9	瑞华公益轮椅助你行慈善信托	江苏省民政厅	江苏省瑞华慈善基金会	100万元	3年
10	北京市企业家环保基金会2016年度阿拉善SEE公益金融班环保慈善信托	北京市民政局	北京市企业家环保基金会	100万元	10年
信托财产总规模		4014.84万元			

注：根据中国社会组织公共服务平台“慈善中国”网站相关资料整理而成，载http：//cishan.chinanpo.gov.cn/biz/ma/csmh/e/csmheindex.html，2019年10月25日访问。

截至2019年10月31日，在“慈善中国”信息平台上公开备案的236单慈善信托中，慈善组织与专业信托公司共同作为慈善信托受托人的有22家，信托财产规模为56,350.1万元，占慈善信托总资产比例为2.39%。从我国慈善信托项目运行的实践来看，我国一些慈善组织开始尝试与专业信托公司共同作为受托人管理慈善信托财产。这种尝试具有积极的意义，一方面，为慈善组织提高慈善信托财产管理能力与水平提供了学习的机会；另一方面，有利于推动更多的慈善组织参与慈善信托财产的管理。目前慈善组织与专业信托公司共同作为慈善信托受托人的总体数量并不多，具体情况见表5-3。

表5-3　慈善组织与专业信托公司共同作为受托人的慈善信托项目

序号	慈善信托名称	备案单位	受托人	财产总规模	信托期限
1	云南信托 扬梦助学慈善信托	云南省民政厅	云南省青少年发展基金会、云南国际信托有限公司	3.5万元	20年
2	浙金·恒大教育助学慈善信托	济南市民政局	主要受托人：济南市现代社会组织发展基金会共同受托人：浙商金汇信托股份有限公司	10万元	1年
3	天信世嘉·信德大通集团爱心助学02期慈善信托	天津市民政局	天津信托有限责任公司（受托人一）天津市慈善协会（受托人二）	20万元	1年
4	陕国投·信诚善达扶贫济困慈善信托	西安市民政局	陕西国际信托股份有限公司、西安市慈善会	20万元	5年

续表

序号	慈善信托名称	备案单位	受托人	财产总规模	信托期限
5	天信世嘉·信德大通集团爱心助学慈善信托	天津市民政局	天津信托有限责任公司（受托人一）天津市慈善协会（受托人二）	600 万元	1 年
6	陕国投·实地集团扶贫济困慈善信托	广州市民政局	广州市慈善会、陕西省国际信托股份有限公司	2000 万元	5 年
7	中航信托·创青春扶贫慈善信托	南昌市民政局	中航信托股份有限公司 中国青年创业就业基金会	50 万元	不少于 1 年
8	天信世嘉·信德精准帮扶 01 期慈善信托	天津市民政局	天津信托有限责任公司、天津市福老基金会	40 万元	1 年
9	天信世嘉·信德精准帮扶 02 期慈善信托	天津市民政局	天津信托有限责任公司、天津市福老基金会	40 万元	1 年
10	天信世嘉·信德精准帮扶 03 期慈善信托	天津市民政局	天津信托有限责任公司、天津市福老基金会	40 万元	1 年
11	中信信托·农银 2018 玉爱慈善信托	广东省民政厅	广东省一心公益基金会、中信信托有限责任公司	3000 万元	永久存续

续表

序号	慈善信托名称	备案单位	受托人	财产总规模	信托期限
12	天信世嘉·信德扶老助困01期	天津市民政局	天津信托有限责任公司天津市福老基金会	50万元	2年
13	中航信托·天顺2018 86号中扶贫临洮百合百家慈善信托	南昌市民政局	中航信托股份有限公司、中国扶贫基金会	30万元	固定期限
14	天信世嘉·信德大田集团见义勇为慈善信托	天津市民政局	天津信托有限责任公司、天津市福老基金会	20万元	5年
15	天信世嘉·信德大田集团爱心助学慈善信托	天津市民政局	天津信托有限责任公司、天津市福老基金会	30万元	5年
16	中融信托·苏州高新区女企业家协会关爱妇女儿童慈善信托	苏州高新区（虎丘区）民政局	苏州高新区（虎丘区）狮山街道社区发展基金会、中融国际信托有限公司	146.6万元	5年
17	中航信托·绿色生态慈善信托	南昌市民政局	主要受托人：中航信托股份有限公司 共同受托人：中华环境保护基金会	50万元	不设固定存续期限

续表

序号	慈善信托名称	备案单位	受托人	财产总规模	信托期限
18	中信·北京市企业家环保基金会 2016 阿拉善 SEE 华软资本环保慈善信托	北京市民政局	中信信托有限责任公司、北京市企业家环保基金会	100 万元	5 年
19	中信·上海市慈善基金会 2017 蓝天至爱 2 号慧福慈善信托	上海市民政局	上海市慈善基金会、中信信托有限责任公司	600 万元	10 年
20	华龙慈善信托	宁波市民政局	宁波市善园公益基金会、万向信托有限公司	200 万元	5 年
21	天顺〔2016〕206 号中国扶贫慈善信托	南昌市民政局	中航信托股份有限公司、中国扶贫基金会	100 万元	本信托不设固定期限
22	中信·何享健慈善基金会 2017 顺德社区慈善信托	广东省民政厅	广东省何享健慈善基金会 中信信托有限责任公司	49,200 万元	永久
信托财产总规模		56,350.1 万元			

注：根据中国社会组织公共服务平台“慈善中国”网站相关资料整理而成：http://cishan.chinanpo.gov.cn/biz/ma/csmh/e/csmheindex.html，2019 年 10 月 25 日访问。

从表 5－2 可以看出，由慈善组织单独作为受托人管理的慈善信托财产无论是项目还是额度都很少，表 5－3 中由慈善组织与专业信托公司共同作为受托人管理的 22 单慈善信托财产规模也不大，但这当中的“中信·何享健慈善基金会 2017 顺德社区慈善信托”一单慈善信托就占 49,200 万元，占比达 87.3%，其他 21 单只占 12.7%。总体上，慈善组织与专业信托公司共同作为受托人管理的慈善信托财产规模也不大，并且慈善组织与专业信托公司共同作为受托人的，多数是专业信托公司作为第一受托人。由此可以看出，我国慈善组织作为慈善信托受托人尚没有被广泛认可，这与慈善组织对慈善信托财产管理与处分能力有关。我国慈善组织起步迟，慈善组织活动还没有全面展开，慈善组织对慈善信托财产的管理与处分尚处于摸索阶段，目前将慈善信托财产完全交给慈善组织进行管理与处分显然不切实际，有必要加强慈善组织对其托管的慈善信托财产管理与处分的能力建设。

2. 慈善组织慈善信托财产管理与处分风险防控不力

慈善组织慈善信托财产既要用于慈善组织的慈善目的，还要让慈善信托财产保值增值。慈善信托财产的保值增值主要通过投资经营实现。由于慈善信托也是为慈善目的而设，投资一旦有损失，慈善信托财产就会减损，同时影响慈善组织声誉，显然不利于慈善组织开展慈善活动。目前我国对慈善组织慈善信托财产的风险防控只是原则性的规定，缺乏具体可操作的规定。

（三）完善慈善组织慈善信托财产管理与处分制度

1. 提高慈善组织慈善信托财产管理与处分能力

域外慈善组织作为慈善信托受托人已经比较普遍，我国可以借鉴国外的做法，提升慈善组织慈善信托财产管理与处分能力。为此，一要加强慈善组织慈善信托财产管理能力培养。慈善组织有必要设立慈善信托财产管理部门，由专门工作人员负责慈善信托事务。慈善组织应加强慈善信托工作人员管理慈善信托财产能力的培训，并借鉴专业信托公司信托财产管理经验，尽可能保证慈善信托财产的保值增值。二要鼓励更多的慈善组织积极参与慈善信托财产的管理。目前我国慈善组织管理慈善信托财产能力不足，必须加强慈善组织管理和处分慈善信托财产能力建设，让更多的慈善组织参与慈善信托财产的管理，有效运用慈善财产，充分发挥慈善信托财产在慈善事业发展中的积极作用。

2. 进一步完善慈善组织慈善财产管理与处分的风险防控制度

根据《慈善法》的规定，慈善组织运用慈善信托财产应当遵循合法、安全、有效的原则。设立慈善信托的目的，一方面是进行慈善资助，另一方面是让慈善财产保值增值。慈善组织对慈善信托财产保值增值的运作主要是投资，慈善组织的非营利性质决定其不得从事与慈善组织毫无关系的经营性活动，也不得将慈善信托财产用于高风险的投资。因此，慈善信托财产的管理和处分必须将安全性放在首要位置，其风险防控适用慈善组织慈善财产风险防控的一般规定，即健全的财务和资产管理制度、及时回收到期的本金和收益、建立保护性止损机制、建立专项档案、建立投资风险准备金制度。除此之外，慈善组织信托财产管理与处分还需要建立投资强制性退出制度与投资造成损失的追责制度。强制性退出是指慈善组织信托财产投资危及慈善财产目的实现，管理部门有权强制终止投资；追责制度是指对慈善信托财产投资决策或执行投资活动造成慈善信托财产损失的，由慈善信托管理部门追究慈善组织及直接责任人的法律责任。上述制度可以确保慈善组织在投资活动中将风险控制在可承受的范围之内。

四、建立健全慈善组织参与公益创投制度

公益创投又称创投公益，是一种新型的公益伙伴关系和慈善投资模式。公益创投借用商业投资理念，集营利与非营利于一体，其核心的内容是以市场为模式做公益，使公益不仅仅是无偿的捐赠，也可以是一种可营利的事业，将受助的弱势群体看作潜在的创业伙伴。① 2006 年我国公益创投开始启动，② 2009 年“上海社区公益创投大赛”是最早的地方政府主持的公益创

① 参见资中筠：《财富的责任与资本主义演变——美国百年公益发展的启示》，上海三联书店 2015 版，序言第 1 ~2 页。

② 2006 年 11 月，麦肯锡咨询公司联合 7 家知名企业与中国青少年发展基金会、中国扶贫基金会共同创建了公益事业伙伴基金（Non - Profit Partners，NPP）。这是一个定位于公益创投的新型公益基金。它并不直接执行公益项目，而是为其他公益组织提供资金和专业咨询培训，以实现公益组织的能力建设和长效发展。青海吉美坚赞福利学校是公益事业伙伴基金资助的一个典型案例。吉美坚赞福利学校是一家为贫困的适龄、超龄牧民子女及年轻僧人提供“4 年小学 +2 年初中”的免费教育的民办学校。公益事业伙伴基金帮助学校组建了理事会，在教学模式、教材开发、创新收入模式等方面提供了全方位的专业支持，使其成为一个可持续发展的公益组织。

投活动。[①] 近10余年来，我国公益创投在多方共同努力下，得到一定的发展，形成包括政府模式、企业模式、基金会模式[②]的运作局面，但目前还是以政府主持的公益创投模式为主。公益创投中政府成为主要发起人，慈善组织、社会企业、社会团体以及个人参与不多，积极性也不高，政府主导下的公益创投虽强势推进，但一些公益创投项目并没有达到预期效果，造成人力、物力、财力的浪费，公益创投是一项全民活动，发起人不限于政府，需要鼓励包括慈善组织、社会企业、个人等多主体发起公益创投。

（一）慈善组织参与公益创投存在的困境

1. 慈善组织参与公益创投缺乏法律依据

关于公益创投，只有2014年国务院出台的《关于促进慈善事业健康发展的指导意见》中提到“地方政府和社会力量可通过实施公益创投等多种方式，为初创期慈善组织提供资金支持和能力建设服务”，这是我国第一次在政策性文件中提及公益创投。我国一些地方为促进公益事业发展，陆续制定了一些地方政府规章规范公益创投，如广州市民政局、财政局先后制定了《广州市社会组织公益创投项目管理办法》《广州市社会组织公益创投活动实施方案》等规范性文件，为慈善组织公益创投活动的开展提供了一定的制度保障。总体而言，我国对公益创投立法存在明显不足，对慈善组织参与公益创投的规定更是少见，公益创投立法、地方政府立法也很少，由于地方立法层次低，不具有普遍适用性，在具体实施上冲突在所难免，有必要加强公益创投立法。

2. 慈善组织参与公益创投项目缺乏创新

目前我国公益创投主要资助扶老助老、扶残助残、救孤助孤、扶贫济困、

---

① 2009年上海市政府从福利彩票基金中拨出专款1000万元资助，由上海市民政局主办、上海浦东非营利组织发展中心承办的社区公益创投大赛，这是国内首次政府直接参与的公益创投活动。

② 政府模式是指由政府或政府联合企业作为发起人投资公益创投项目，企业模式是指有志于从事公益慈善活动的企业作为发起人投资公益创投项目，基金会模式是指基金会联合企业作为发起人投资公益创投项目。这三种模式都旨在选择发展潜力较大、领导人能力较强、项目可行性和创新性较高、预期社会效益可观、与政府目标契合的公益组织作为投资对象，通过资助最终培育出具有较为完善的治理结构、社会使命感强并具有可持续发展能力的公益慈善组织。

社区公益等项目，这些都是传统救助类项目，对和谐社会建设具有显著效果，但在创新公益慈善活动方面存在明显的欠缺。在传统的慈善理念下，公益资助更看重项目的完成情况和受助人的一时满意度，较少关注受助人能力的提升和摆脱受助人的困境。公益创投更看重的是帮助受助人摆脱消极受助的窘境，通过公益创投的支持，提升受助人的能力，使受助人能够自食其力。从公益创投本意来看，公益创投一般运用参与式合作伙伴的模式支持受助人，除了资金支持，还应引入非财务的资源，如管理和人力等专业支持，它不是短期捐赠而是长期的合作。目前固守于传统领域的公益创投不仅对公益创投的真正含义没有完全领会，还缺乏创新思维，传统公益慈善领域需要公益创投，但社会发展的多样性和复杂性需要公益创投扩展到更多的领域，包括对新兴技术、产业的创投等。慈善组织公益创投也可以扩展至与慈善组织活动内容存在一定关系的领域，慈善组织可以尝试进行经营创投，所得收益用于慈善目的，为慈善组织发展提供资金保障。

3. 公益创投资金来源单一，资金使用监督不力

目前我国公益创投活动中，除慈善基金会、企业和个人有少数资金投资外，更多的是地方政府作为发起人发起公益创投。根据我国《彩票管理条例》及《彩票管理条例实施细则》的规定，福利彩票中的公益金用于公益活动有严格的限制，需要福利彩票公益金管理部门审批。通过批准，由民政部门以福利彩票公益金发起公益创投项目，这部分资金是我国政府公益创投的主要来源，这也是我国公益创投过多依赖政府的主要原因。政府成为公益创投的主要发起人，在公益创投中占有主持人地位，政府与社会企业、慈善组织的新型公益伙伴关系难以形成。政府成为公益创投主角，社会企业、慈善组织沦为配角被动参与公益创投，这是不正常的现象。在公益创投领域，政府应扮演主导者的角色，而不是主持人的角色，政府有义务引导公益创投依法开展，不断开拓公益创投领域，对福利彩票公益金投资公益创投项目可以适用信托制度，委托给慈善组织进行公益创投。鼓励和引导慈善组织谨慎使

用接受的不定向捐赠资金参与公益创投，灵活运用这部分资金，让受助人实实在在地从公益创投中受益。

（二）建立健全慈善组织参与公益创投制度

1. 加强立法，将公益创投制度入法

在实践中，由于慈善组织参与公益创投缺乏法律的明确规范，因此，问题频发。典型的问题为假借公益慈善名义与慈善组织合作项目，实际上是借慈善之名实施诈捐、骗捐，严重阻碍了公益创投制度的推进，因此，需要加强立法规范公益创投制度。公益创投属于公益慈善领域的新模式，制定专门的法律规范公益创投还不现实，但可以对现行的公益慈善领域的法律进行修改，将公益创投作为一项重要制度在相关法律中明确规定下来。从全国性的法律层级上来讲，在将来制定的社会组织法、慈善法等法律中可以专章的形式，将公益创投主体、原则、适用条件、范围、法律责任等基本理论规定下来；另外，在相关的行政法规、地方性法规及规章中对慈善组织参与公益创投进行规范。慈善组织参与公益创投有其独有的优势，因慈善组织从事的就是公益慈善活动，对公益慈善领域中哪些需要或不需要公益创投比较清楚，便于资金投向那些最需要资助的对象，有利于公益创投资金合理流动，提高公益创投资金的利用率，充分发挥公益创投资金的效用。

2. 创新公益创投项目，拓展公益创投领域

传统的公益创投项目主要包括四类：一是养老服务类；二是助残服务类；三是青少年服务类；四是救助帮困类。这四类基本将社会弱势群体涵盖在内，也是传统慈善救助的主要领域。这四类也是公益创投项目资助的领域，但从公益创投制度设立本意来看，除了物质资助外，其更加看重的是陪伴和参与，注重对受助人各方面能力培养，提升受助人适应社会生存和发展能力，最终让受助人自食其力。所以慈善组织参与公益创投范围不限于传统的资助范围，也应包括现代慈善活动的新领域，如科学、教育、文化、卫生、扶贫等领域。由于慈善组织使命和宗旨的多样化，慈善组织公益创投项目也应呈现出多样

化的格局，传统资助类的公益创投固然要坚守，但更要关注社会发展中出现的新的急需资助的领域，如消费者权益保护、环境资源保护、科技创新、特殊群体创业、贫困人口脱贫等。对这些领域进行公益创投往往能够解决一些根本性的问题，如对特殊群体人员创业进行公益创投，发起人陪伴其创业并帮助其成功创业，授人以渔，使这类人摆脱困境，生活有着落，就解决了这类群体人员基本生存问题。

3. 拓宽公益创投资金来源，完善公益创投资金使用监督机制

（1）拓宽公益创投资金来源。应打破目前我国公益创投资金主要源于政府的局限，积极拓宽公益创投资金的来源渠道。一是鼓励社会企业资金参与公益创投。我国已有一些企业参与公益创投，但参与企业还是太少，影响力较小，需要通过各种途径鼓励更多的社会企业资金参与公益创投。二是慈善组织财产积极参与公益创投。虽然慈善组织财产大部分来自捐赠人的捐赠，但对不特定对象的捐赠资金可以适当地用于公益创投。

（2）完善公益创投资金使用监督机制。慈善组织作为公益创投发起人对公益创投资金如何使用有权进行监督，这属于慈善组织参与公益创投的内部监督；因慈善组织参与公益创投需要在民政机关进行备案，所以也要接受民政机关的监督，这是外部行政机关的监督；另外，社会公众、媒体、捐赠者等慈善组织利益相关者对慈善组织参与公益创投也有权进行监督；上述监督形成内外合力的共同监督体制。除了对资金使用过程进行监督外，对资金使用效果的监督是监督机制中重要的环节。这一环节主要是对慈善组织参与公益创投资金使用效果的评估，是专业监督，对资金使用效果的评估目的在于敦促公益创投资金的有效使用。实践中对公益创投资金使用效果的评估做法不一，有的由发起人进行评估，有的由非专业第三方评估机构进行评估，有的由有专业资质的第三方评估机构评估，笔者主张第三种做法。慈善组织参与公益创投资金使用效果如何，发起人评估注重的是取得的成绩，看不到不足，易片面化、碎片化；一般非专业机构人员难以发现问题，评估往往流于形式；只有评估机构专业人员才能进行全面的、合理的权威评估，发现问题，

有针对性提出整改意见和建议。因此，对公益创投效果的评估宜选择信誉度好、公众认可度高的第三方机构进行。专业的第三方机构主要对公益创投资金的用途是否符合当初项目申报的用途以及具体实施中资金使用效益进行评估审计，发现将项目资金挪作他用、隐瞒项目资金使用情况、滥用项目资金等情形，应及时反馈给项目管理部门，由项目管理部门根据具体情况责令整改或撤销项目并追究项目实施人的法律责任。

结　　语

慈善组织是以面向社会开展慈善活动为宗旨的非营利性组织，慈善组织的公益性特征决定慈善组织财产必须用于公益慈善目的，慈善组织的非营利性特征决定了慈善组织财产只能用于社会公益慈善事业。慈善组织财产是慈善组织所有财产与信托财产的总称，包括创始财产、募集的财产以及其他合法的财产。创始财产是慈善组织发起人认缴的财产，在慈善组织中，这部分财产一般所占比例较小，是慈善组织设立登记的财产。慈善组织财产中主要的部分是募集及捐赠的财产，慈善组织可以通过多种募捐方式募集财产，接受的捐赠人的捐赠财产也属于募集财产。这部分财产是慈善组织开展慈善活动的主要来源，也是慈善组织得以发展的基本保障，但慈善组织对这部分财产不享有法律意义上的所有权，这部分财产性质上属于信托财产，慈善组织享有管理与处分权。慈善组织的其他合法财产不是慈善组织经常性收入，该部分财产性质根据其来源的不同而定。如果是创始财产的收益，则慈善组织享有所有权；如果是募集或捐赠财产带来的收益，包括投资收益、提供服务所得等，则该部分收益属于信托财产，慈善组织不享有所有权，只有管理和使用权。在慈善组织发展中，没有慈善财产，慈善组织无以为继。慈善组织财产制度主要涉及两方面：一是财产来源，二是财产的管理与使用。无论是慈善组织所有财产还是信托财产，都必须以开展慈善活动为目的。在现代慈善事业发展中，慈善组织财产的来源除了传统的募集方式之外，形式多样的募捐方式被开发出来，通过线上线下同时进行募捐已经成为具有公开募捐资格的慈善组织财产来源的新常态，而且创新的募捐方式不断出现。与此同时，创新性的慈善财产管理与处分方式也纷纷涌现，近年来影响比较大的有慈善信托、慈善创投等创新方式，社会影响力显著，有力推动了慈善组织的发展。

第六章

慈善组织监管法律制度

引　言

随着慈善组织活动范围的不断拓展，慈善活动涉及的领域越来越多，既包括传统上的扶贫、济困、扶老、救孤、治病、助残、救灾、助医、助学等，也包括现代社会高度重视的科教文卫体、环境保护、社区发展等领域。在全面推进社会治理体系和治理能力现代化的新时代背景下，政府、企业与慈善组织协调共治，共同推动慈善事业发展，其中慈善组织是慈善活动的主要践行者，又是慈善事业发展的中坚力量。近年来我国慈善组织活动的范围在不断拓展，慈善组织开展活动不再拘泥于传统上的直接帮扶、送温暖等方式，形式多样的慈善活动不断出现，内容丰富的慈善活动吸引大量社会公众关注慈善、参与慈善。例如 2014 年的"冰桶挑战"① 就吸引了许多名人积极参与，为渐冻症人募集到大笔善款。随着慈善组织活动领域的不断扩大，慈善活动形式的推陈出新，越来越多的人通过各种渠道了解慈善、参与慈善，给慈善组织发展提供了更加广阔的空间，为慈善事业的发展注入了活力。例如，

① "冰桶挑战"源于美国，主要为对抗肌肉萎缩性侧索硬化症募集善款。2014 年 8 月 17 日，国内由瓷娃娃罕见病关爱中心创始人王奕鸥发起的"冰桶挑战"慈善爱心活动在新浪微公益平台上线，小米科技有限责任公司总裁雷军第一个参与并捐款 1 万元，自此国内一大批名人纷纷参与"冰桶挑战"并捐款，至 2014 年 8 月 30 日，"冰桶挑战"专项捐款金额总计达 814 万多元，捐赠意向为支持包括 ALS 在内的罕见病群体的捐款金额为 557 万多元。

中国红十字基金会从传统的医疗救助发展到医疗救助、健康干预、救灾赈灾、社区发展、教育促进等多个领域，并且每个领域又开展了形式多样的慈善救助项目，如下设的“红十字天使计划”。该计划将“关注和保护最易受损人群的生命与健康”作为核心宗旨，在该计划下，设立了“小天使基金”“阳光天使基金”“东方天使基金”“嫣然天使基金”“天使明心基金”等多个天使项目。该天使计划旨在救助患有大病的儿童，丰富了红十字会慈善救助内容，也是新时代慈善组织活动内容不断丰富与发展的典型。

随着国家对慈善组织发展的不断重视，慈善组织活动的范围在不断扩大，参与慈善活动的人数越来越多，人人可为的慈善渐成风气。然而，在慈善组织不断发展壮大的同时，社会上假冒合法登记的慈善组织项目名义募捐或打着“山寨”慈善组织名号进行诈捐、骗捐的事件时有发生，对慈善组织发展带来了一定的负面影响，也影响慈善事业发展进程。例如，2017 年中国云数贸（香港）国际集团发行“五行币”援建“希望小学”一案，实际上是假借中国青少年发展基金会“希望小学”项目名号进行的诈捐，是典型的欺诈行为，后被查处。① 不仅如此，一些慈善组织违法募捐、挪用、侵占捐赠款物、捐赠款物没有依法使用等不法行为时有报道。因慈善组织监管不足，慈善组织一些不当或违法行为逐渐暴露出来，给慈善组织带来了一定负面影响，降低了社会对慈善组织的评价，甚至有的公募慈善组织因负面报道导致年度慈善捐赠额遭到断崖式的减少。因此，必须对慈善组织严加监管，政府监管部门应承担慈善组织监管重任。慈善组织监管是规范慈善组织行为、推动慈善组织发展的推进器，也是打击不法慈善活动的一把利剑，对慈善组织的可持续发展至关重要。鉴于慈善组织监管的现状，我国应在借鉴域外国家有益做法基础上，加强对慈善组织监管制度的建设，建立健全多主体、多层次的监督管理机制，推动慈善组织发展。

---

① 参见章正：《中国青基会：“云数贸希望小学”为假冒希望小学》，载《中国青年报》2017 年 8 月 31 日，第 3 版。

第一节　慈善组织监管构成要素

慈善组织监管包括内部监督和外部监管。内部监督是指慈善组织内部专门监督机构对慈善组织日常运行及开展活动的监督；外部监管是指以政府部门监管为基础，联结慈善组织其他利益相关者对慈善组织活动进行监督和管理的行为。外部监管分为广义上的外部监管与狭义上的外部监管。广义上的外部监管是指政府部门、其他组织、社会公众等多元主体对慈善组织活动的监管；狭义上的外部监管是指政府部门对慈善组织活动的监督与管理。本章探讨的是广义上的外部监管。

一、慈善组织监管的特征

（一）慈善组织监管主体多元化

慈善组织外部监管主体包括行业自律监管主体和他律监管主体。行业自律监管是指慈善组织联合会对慈善组织的监管。慈善组织联合会由慈善组织、企事业单位及个人组成，其中慈善组织是慈善组织联合会的最主要力量，慈善组织联合会是慈善组织的自律组织，有权监督慈善组织活动，敦促慈善组织自我管理、自我约束。他律监管主体既包括行政管理机关、捐赠人、受助人等利益相关者，又包括社会公众、媒体、第三方机构等，呈现多元化的监管主体体系，慈善组织他律监管主体是一个开放体系，随着慈善组织活动的不断增加，外部监管主体将会越来越多。

（二）慈善组织监管的内容丰富多样

慈善组织监管的内容既包括慈善组织的设立、变更、终止，也包括慈善组织开展的募捐、慈善项目活动、重大事项决策等。对慈善组织设立、变更、终止进行监管是对其存续过程正当性、合法性的监管；对慈善组织开展的一系列慈善活动进行监管是对其业务正当性、合法性的监管；对慈善组织重大事项决策监管是对其内部机构设置、财务管理、信息公开、法定代表人或负责人和理事履职、重大投资等进行监管。慈善组织监管的内容既包括对外活动，也包括内部管理。随着慈善组织的不断发展，慈善组织承接各类服务越来越多，监管的内容也将越来越丰富。

（三）慈善组织监管方式多样化

我国慈善组织监管呈现多管齐下的格局，监管方式多样化。首先，以慈善组织登记管理机关监管为核心，兼顾其他行政机关监管。行政机关对慈善组织的监管主要是专业管理机关及登记管理机关的监管。行政机关可以采取罚款、撤销登记等刚性方式监管，也可以采取约谈、建议等柔性的方式监管，其中慈善组织登记管理机关的监管是最主要的监管，不仅监管慈善组织的设立，也对慈善组织活动以及慈善组织退出进行监管。其次，社会力量参与监督越来越活跃。对慈善组织的监督采取法律和经济等多样化手段，改变以往监管单一的行政手段，通过法律手段和经济手段促使慈善组织履行其社会服务功能。再次，慈善组织年检、评估规范化。实施慈善组织年检和评估等级动态管理，建立慈善组织年检、评估联动机制，有利于慈善组织规范化运行。最后，慈善组织公共服务平台建设初见成效。一方面，慈善组织基本信息、年度工作报告、年检结论、评估情况、活动异常名录和严重违法失信名单均可以在“中国社会组织公共服务平台”可以查阅；另一方面，慈善组织的登记信息、公开募捐资格、慈善信托、募捐方案备案、慈善项目的进展、20 家募捐信息平台、慈善组织审计报告等重要信息必须在“慈善中国”慈善组织信息公开平台公开，这样做方便了管理机关、捐赠者、受助人的监管，也有利于公众、媒体等社会舆论的监督，实行对慈善组织规范化、常态化的监管。

二、慈善组织监管机制构成要素

慈善组织监管是众多利益相关者参与的过程，政府部门、其他社会组织、企事业单位、第三方机构、公众等诸多慈善活动管理者与参与者直接或通过一定的媒介对慈善组织募捐、慈善项目进展、捐助等活动进行监管。高效的慈善组织监督管理需要监管主体和监管的对象、内容、措施等共同构成完整的监管机制。

（一）慈善组织监管主体

慈善组织监管主体是慈善组织监管的核心要素，包括政府管理机关、第三方机构、行业自律监管机构、捐赠者、受助人、公众、媒体等多方监管主体。

1. 政府管理机关的监管

根据三部条例的规定，行政机关对慈善组织实行双重监管，既包括业务主管机关的业务监管，也包括登记注册机关的资格监管。2014 年对社会组织登记制度改革之后，新设的慈善组织实行直接登记制，摒弃了业务主管机关的审核监管，改为由登记管理机关单一监管，2016 年实施的《慈善法》将这一制度确立下来。目前我国对慈善组织监管实行两条线：一是改革前成立的部分慈善组织仍保留双重监管；二是新设立的慈善组织实行单一监管。

（1）慈善组织业务主管机关的监管。慈善组织业务主管机关是对慈善组织设立行使行政上审批权的单位，由于我国社会组织登记改革的一个重点是将社会组织与行政单位脱钩，部分社会组织不再有业务主管机关，直接登记即可取得社会组织资格，慈善组织就是其中之一。随着这项改革的深入，新设的慈善组织实行直接登记制度，只接受登记管理机关的监管。改革之前依据三部条例设立的慈善组织存在双重监管，对这部分慈善组织要进行改革，逐步纳入单一监管体制中。最终，慈善组织全部实行由登记管理机关单一监管制度。

（2）慈善组织登记管理机关的监管。我国《慈善法》第 92 条规定："县级以上人民政府民政部门应当依法履行职责，对慈善活动进行监督检查，对慈善行业组织进行指导。"该条明确规定，登记管理机关有权对慈善组织行使监管权，登记管理机关是指县级以上人民政府民政部门。民政部门的监督以检查、指导为主要监管方式，督促慈善组织依法开展慈善活动。对不符合登记要求或违法从事慈善活动的，民政部门即监管机关依法有权采取相应的惩处措施。

（3）税务管理机关与审计部门的监管。税务管理机关主要通过税收征管对慈善组织进行监管。慈善组织不具有免税资格的，不享受税收优惠；慈善组织财产非用于慈善目的的，也不得享受税收优惠。通过税收监管规范慈善组织活动，提高慈善组织的活动效率。审计部门主要是通过专业的财务会计审计实现监管目的，慈善组织财产的管理与使用一般财务上能够直接反映出来，审计部门对慈善组织财务进行审计，敦促慈善组织依法活动。

2. 第三方机构的监督

第三方机构的监督是指独立的第三方评估机构通过一定的程序和途径，根据既定的评估标准，对慈善组织活动进行全面评估，以评促改、以评促建，通过评估引导慈善组织健康发展，达到监督的目的。2011 年施行的《社会组织评估管理办法》对民政部门内设的评估机构评估社会组织作出了规定，包括对社会团体类、社会服务机构类及基金会类三类慈善组织的评估，对申请参加评估的慈善组织条件进行了规定，对未参加上年度检查、上年度检查不合格或者连续两年基本合格、上年度受到有关政府部门行政处罚或者行政处罚尚未执行完毕、正在被有关政府部门或者司法机关立案调查等情形不予评估。《慈善法》第 95 条第 2 款规定：“民政部门应当建立慈善组织评估制度，鼓励和支持第三方机构对慈善组织进行评估，并向社会公布评估结果。”通过立法的形式推进慈善组织评估制度的建设。

严格意义上来说，《社会组织评估管理办法》中规范的评估还不能称为独立的第三方机构评估。第三方机构评估是对慈善组织开展活动的专业监督，具有很强的专业性，主要是对慈善组织开展的慈善活动及慈善项目进展、实施效果等进行评估，通过评估规制与引导慈善组织发展。从慈善活动合法性的角度看，第三方评估是慈善组织获取活动合法性、有效性的重要途径。第三方评估机构对慈善组织开展慈善活动进行阶段性或过程性评估，以证明慈善组织慈善活动行为的合法性、必要性，可以使慈善组织获取高度的公信力，保证其存在和发展的社会合法性。此外，第三方评估也是慈善组织杜绝内部人控制的有效路径，是避免慈善组织权力寻租的必然选择。①

3. 行业自律监管

《慈善法》第96条规定，慈善行业组织应当建立健全行业规范，加强行业自律。这是慈善组织行业自律监管的法律依据。慈善组织行业自律监管的典型表现是慈善组织设立行业协会，由行业协会对慈善组织活动进行监督。我国慈善组织的行业协会是中国慈善联合会。该协会于2013年成立，以联合慈善力量、沟通社会各方、促进行业自律、推动行业发展为宗旨，其一项重要的职能就是对慈善组织进行监督，促进行业自律，加强慈善组织诚信建设，推进行业公开透明，维护行业秩序。除此之外，不同领域的慈善组织也可以成立本领域内的行业协会，对本领域内的慈善组织实行自律监管。

4. 捐赠者与受助人的监督

（1）捐赠者的监督。捐赠者作为慈善组织主要财产的提供者，有权知晓捐赠财产的管理与处分，其当然地对慈善组织财产的管理与处分具有监督权。我国《公益事业捐赠法》第21条规定："捐赠人有权向受赠人查询捐赠财产的使用、管理情况，并提出意见和建议。对于捐赠人的查询，受赠人应当如实答复。"《基金会管理条例》第39条规定，捐赠人有权向基金会查询捐赠财产的使用、管理情况，并提出意见和建议。上述法律法规是我国较早时期为捐赠者监督捐赠财产管理使用的立法，后来在相关慈善立法中也有类似规定。由此可知，捐赠者对慈善组织的监督是其一项法定权利，捐赠者对其捐赠的财物有权知晓去向，慈善组织有义务保障捐赠者行使知情权。

（2）受助人的监督。在慈善活动中，受助人对慈善组织的监管并不常见，主要原因是受助人是无偿接受慈善组织的捐助，是纯获利益的人群，没有相应的对价，所以，作为受助人往往不愿对慈善组织活动进行评价或问责。在现代慈善理念中，受助人与慈善组织是平等的，对慈善组织的捐助，受助人监督是必不可少的。受助人作为受益人，一方面有权接受慈善组织的捐助，

① 参见潘旦、向德彩：《社会组织第三方评估机制建设研究》，载《华东理工大学学报（社会科学版）》2013年第1期。

另一方面对慈善组织捐助不满意，有权随时提出建议与意见，有权拒绝接收慈善组织捐助不合格的物资，对因捐助物资造成受助人损害的，受助人有权主张赔偿。

受助人的监督主要包括以下几个方面：（1）对慈善活动的内容进行监督。受助人是慈善活动内容的直接承接者，慈善活动内容是否适合受助人，受助人是否真正得到帮助或救济，受助人通过慈善救助生活或其他方面是否得到有效改善等问题只有受助人最清楚，需要受助人给予回应，这种回应实际上就是监督的表现。（2）对慈善活动方式的监督。慈善活动是社会公益事业，能够引起公众的共鸣和理解支持，如果慈善组织开展的慈善活动让受助人难以接受，那这种慈善活动就没必要坚持下去。（3）对慈善活动的效果的监督。慈善组织开展的慈善活动多种多样，时间有长有短，短期的慈善活动对慈善组织影响不是很大，而那些长期不间断开展的慈善活动，其效果直接关系到慈善组织公信力的建设，受助人作为亲历者，对捐助的效果最有说服力，其通过自身的受助过程与结果向公众展示积极或消极的一面。如果是积极的一面，对慈善事业的发展起到积极推动的作用；相反，则只会带来消极的影响。因此，受助人对慈善活动的监督不可小觑。

5. 公众、媒体的监督

社会公众是慈善捐赠潜在的参与者、捐赠者，是慈善活动的见证者，也可能成为受助人。慈善活动与公众须臾不可分，公众对慈善组织开展活动进行监督是慈善活动的特殊性所决定，慈善活动是社会公益活动的重要组成部分。公众一般对社会公共利益关注度较高，所以自然就会关心慈善活动，追踪慈善组织活动的影响，自觉行使监督权。由于公众是一个庞大的群体，对慈善组织活动的监督往往来得快，效果较好，公众是各国慈善组织活动监督中的重要力量。媒体对慈善组织活动的监督也越来越频繁，而且有发展成为主要社会力量监督慈善组织的态势。各种媒体包括线上线下对慈善组织进行监督，起到了重要的威慑作用。

（二）慈善组织监管的内容

围绕慈善组织的宗旨与目的，慈善组织监管的内容主要包括慈善组织募捐、慈善财产管理与使用、信息公开、投资等方面。

1. 对慈善组织募捐的监管

慈善组织募捐必须遵守《慈善法》《慈善组织公开募捐管理办法》等相关法律法规规定的条件和程序，根据慈善组织是否具有公开募捐资格分为公募慈善组织和非公募慈善组织，只有公募慈善组织才可以开展公开募捐活动，非公募慈善组织不得开展公开募捐活动。监管部门对公募慈善组织公开募捐的监管包括：（1）对慈善组织是否具有公募资格进行审查。（2）对慈善组织公开募捐方案进行审查，并向社会公开，对募捐方案内容不齐备的，应当即时告知慈善组织予以补正。（3）对慈善组织募捐财产的管理与使用进行监管。检查慈善组织是否依据法律、章程及募捐方案将募捐所得财产纳入慈善组织的账户，是否进行统一核算和管理，是否合法使用募捐的财产等。（4）对慈善组织公开募捐情况进行监督。慈善组织须依法及时公开线上及线下募捐的具体情况，接受监督。（5）对慈善组织慈善项目实施情况的检查监督。监管机关有权要求慈善组织定期公开慈善项目实施情况，如果因客观情况不能定期公开，必须向监管部门报告，否则可以对相关直接责任人员进行问责。（6）对违法公开募捐的慈善组织列入活动异常名录或严重违法失信名单或予以行政处罚。

监管部门除了对公募慈善组织募捐行使监管权之外，对非公募慈善组织的募捐活动也行使一定的监管职权。对非公募慈善组织的公开募捐、骗捐、诈捐及摊派或者变相摊派捐款等，监管部门有权制止，并视具体情况进行处罚。发生上述任何一种情形，监管部门可以采取警告、责令停止募捐活动、责令退还捐赠人、予以收缴、转给其他慈善组织用于慈善目的、罚款等任何一种处罚或多种处罚并用。

2. 对慈善组织财产的管理与使用的监管

对慈善组织接受的捐赠财产的管理与使用的监管是监管中的重中之重，

包括：（1）慈善组织私分、挪用、截留或者侵占慈善财产的，监管部门有权进行行政处罚；（2）慈善组织的发起人、主要捐赠人以及管理人员进行关联交易，损害慈善组织利益的，监管机关有权进行行政处罚。慈善组织违反慈善财产管理与使用的，行政管理机关根据《公益事业捐赠法》、《慈善法》及三部条例的规定进行相应的行政处罚。

3. 对慈善组织信息公开的监管

公募慈善组织接受捐赠的财产、募捐活动、开展活动的支出及管理费用、慈善项目执行情况、捐助财产及捐助对象、对外投资等都必须详细列明往来财务明细账目，这些活动信息及财务信息必须公开，慈善组织未依法履行相关信息公开义务，未依法报送年度工作报告、财务会计报告的，监管部门有权对慈善组织予以警告、责令限期改正；逾期不改正的，责令限期停止活动并进行整改。

4. 对慈善组织投资行为的监管

我国《慈善法》对慈善组织的投资行为没有完全禁止，一些慈善组织在开展慈善活动之外也进行一些投资，既然法律没有禁止，则慈善财产进行投资并不违法，但慈善组织财产进行投资必须接受严格的监管。慈善组织可以用于投资的财产限于非限定性资产和在投资期间暂不需要拨付的限定性资产，接受的政府资助的财产和捐赠协议约定不得用于投资的财产，不得进行投资；慈善组织财产一般只能投资低风险行业或产品，不得投资高风险行业或产品，投资中要保证慈善组织财产的保值增值；如果慈善组织决策者决策投资高风险行业给慈善组织财产造成损失，决策者要对造成的损失予以赔偿，监管部门也有权对决策者及直接责任人员进行行政处罚。

综上，慈善组织监管的内容主要由相关法律法规规章加以规定，在赋予相关行政管理机关监管权的同时，也规定了捐赠者、受助人、自律机构、第三方评估机构、公众与媒体等利益相关者对慈善组织募捐、慈善项目执行、慈善财产管理与使用、信息公开、投资等多方面行使监督权。非行政管理机关行使的监督权属于比较柔性的监督，行政管理机关的监管属于刚性监管。

非行政机关的监督以道义监督为主，监督的方式主要包括质疑、建议、通报、批评、投诉、举报等，而不能直接采取法律制裁措施；行政管理机关对慈善组织监管可以采取法定的行政制裁措施。非行政机关的监督与行政管理机关的监管共同构筑了刚柔并济的慈善组织监管体制。

第二节　域外慈善组织的监管模式

域外对慈善组织的监管从未懈怠。自从有了慈善组织，对慈善组织的监督与管理就随之而生，一部慈善组织发展史就是一部慈善组织监管史。对慈善组织的监管不只是纠正、处罚慈善组织，更重要的是引导慈善组织向其既定的目标方向发展，发挥慈善组织在慈善事业发展中的积极作用，营造共建共治共享慈善氛围和社会治理新格局。当今世界，慈善活动十分频繁，活动内容丰富多彩，形式喜闻乐见，慈善正在变为人人可为、人人能为的活动，不仅吸引着越来越多的公众积极参与，而且不断向纵深发展，受助群体不断增加，受助领域不断拓展，慈善事业稳步发展，这些成效与慈善组织有效的监管制度分不开。当今，域外慈善组织监管呈现多种模式并存，各国建立起符合本国特色的监管模式，对健全和完善我国慈善组织监管制度有一定的启示作用。

一、英国以慈善委员会为核心的监管模式

英国对慈善组织的监管采取的是以慈善委员会为核心监管模式，由慈善委员会对慈善组织、慈善活动、慈善信托等进行统一监管。1853 年英国下议院通过的《慈善信托法》规定，设立慈善委员会，由慈善委员会统一管理全国慈善事业。后来英国《慈善法》进行修改，将慈善委员会又纳入《慈善法》中进行详细规定。英国单一监管模式逐渐形成，主要体现为慈善委员会对全国慈善组织进行监管。

（一）慈善委员会行使主要监管职能

慈善委员会是不受任何内阁成员或其他政府部门指示或控制约束，直接向议会负责的慈善组织专门监管机构。慈善委员会除了负责慈善组织的登记以外，还对慈善组织具体活动制度进行监管，包括年度报表制度、审计与独立财务检查制度、公益募捐管理制度、访问制度、质询调查制度等都有权监管，慈善委员会负责对慈善组织的日常监管，并为慈善组织提供信息、咨询等方面的支持性服务。①

1. 慈善委员会监管的目标

按照英国《2011年慈善法》第14条的规定，慈善委员会监管的目标包括以下五个方面：

（1）公信力目标。公信力目标是增加公众对慈善组织的信任和信心。公信力目标在于推进公众对慈善组织的信任，使慈善组织在公众中树立起良好的信任度，公众相信慈善组织能够全面履行其职责。

（2）公共利益目标。公共利益目标是督促慈善组织对公共利益需求进行认识和理解。慈善组织必须认识到其所从事的活动是为了社会公共利益，而不是为了私人的利益，其所从事的活动是承担社会责任的具体体现，普惠于整个社会。

（3）促进依法开展活动目标。促进依法开展活动目标是促进慈善组织及其管理人员在开展慈善活动的过程中遵守法律义务。依法从事慈善活动是对慈善组织及其内部机构人员最基本的要求，慈善组织活动不得逾越法律的规定，否则要承担不利的法律后果。

（4）慈善资源有效利用目标。慈善资源有效利用目标是促进对慈善资源的有效合理利用。提高慈善资源利用的效率是慈善组织应尽的义务，资源有限，用得好则会使更多的人受益。

（5）责任目标。责后目标是提高慈善组织对捐赠者、受益人和普通公众

① 参见龙宁丽：《国外社会组织管理体制的做法和经验》，载《社团管理研究》2011年第7期。

的责任心。慈善组织的责任心重要表现就是定期向捐赠人、受益人和公众公开相关信息，让利益相关者和公众知晓慈善组织活动动态，使捐赠者放心，受益者安心，公众有信心。①

慈善委员会对慈善组织监管的目标具体、明确，监管的目的是规范慈善组织活动，促进慈善事业的发展。从实质上来看，监管只是慈善委员会的工作手段，其终极目的还是要通过监管来促进慈善事业的健康发展，实际上，慈善委员会是接受英国议会授权，代表政府对公益慈善活动进行监管，引导慈善资源的合理配置和有效使用，推动慈善组织规范发展。

2. 慈善委员会一般监管职能

根据英国《2011 年慈善法》第 15 条的规定，慈善委员会的职能包括六项：

（1）决定一个机构能否成为慈善组织。慈善组织资格的取得由慈善委员会决定，慈善委员会的决定依据的是成文法与判例法中所确立的标准，判例法是以法院的最终判决为依据作出决定。

（2）支持和促进慈善组织管理的完善。慈善委员会以监管者的身份对慈善组织依法进行监督管理，为慈善组织设立、变更、终止登记提供方便，监督慈善组织开展活动。

（3）对慈善组织不当行为的处理。对慈善组织的慈善活动存在的不当行为进行调查，对查明属实的，慈善委员会有权采取相应的措施进行救济，保护正当利益者的合法权益。

（4）对开展募捐活动进行监管。慈善组织在进行公共慈善募捐时需要具备公开募捐资格，慈善委员会有权决定是否签发公共慈善募捐证书，并决定其是否保持效力。

（5）向慈善组织公开慈善委员会履职相关信息。慈善委员会在履行监管职能中，及时向慈善组织公开其履行任何职能或实现其任何目的的信息，慈

① 参见《非营利组织法译汇（三）：英国慈善法》，金锦萍译，社会科学文献出版社 2017 年版，第 229～230 页。

善组织有义务配合慈善委员会履行其职能。

（6）与政府内阁成员共同对慈善组织进行监管。慈善委员会向政府内阁成员提供监管的信息、建议以及提议，与政府内阁成员一起共同对慈善组织有关活动进行监管。[①]

3. 慈善委员会监管的范围

慈善委员会监管的范围比较广泛，主要包括：（1）慈善组织的注册登记管理。英国设立慈善组织应向慈善委员会申请注册登记，慈善委员会对申请注册的慈善组织进行审查，原则上所有慈善组织都被要求在慈善委员会进行注册，但也有例外，例外的不需要进行注册的慈善组织包括：豁免注册的慈善组织；在符合特定条件下根据慈善委员会命令永久或暂时不需要注册，并且其总收益没有超过 10 万英镑的慈善组织；在符合特定条件下根据内阁部长制定的条例永久或暂时不需要注册，并且其总收益没有超过 10 万英镑的慈善组织；总收益没有超过 5000 英镑的慈善组织。[②]（2）对慈善组织从事违法慈善行为采取强制措施。（3）确保慈善组织运行符合法规要求。（4）每个登记注册的慈善组织信息披露真实、完整、及时、有效。（5）慈善组织应当接受慈善委员会的在线服务和指导。（6）依法对慈善组织进行调查和事务介入。慈善委员会在监管中发现慈善组织存在信誉危机、慈善资源严重滥用等情况，可以随时启动调查程序，甚至可以任命新的机构负责人或慈善信托人来接管问题慈善组织。[③]

（二）其他机构对慈善组织的监管

英国的慈善委员会、慈善法庭、首席检察官、国内税务署、地方政府等监管主体共同构成了一套完整的慈善组织监管主体体系。

---

① 参见《非营利组织法译汇（三）：英国慈善法》，金锦萍译，社会科学文献出版社 2017 年版，第 230 页。

② 参见李德健：《英国慈善法研究》，山东大学 2016 年博士学位论文。

③ 参见陆奇斌：《慈善委员会和英国慈善组织监管的特色制度》，载《学习时报》2015 年 3 月 23 日，A2 版。

1. 慈善法庭

在慈善法庭设立之前，英国高等法院对慈善组织具有监管权，当时的英国高等法院监管权力包括为了更好地实现一个慈善目的而制定方案、适用力求近似原则变更信托目的和采取措施纠正受托人违反慈善组织义务的行为。2006 年《英国慈善法》修订后，英国设立慈善法庭，专门负责审理慈善方面的诉讼案件。在慈善法庭成立之前，慈善组织如果对慈善委员会的决定等存在异议而向法院起诉，只能选择向高等法院进行起诉。这种诉讼往往成本过高、程序复杂，尤其是小型慈善组织不堪重负。为减轻慈善组织的负担，慈善法庭制度应运而生，旨在提供低成本、便捷的诉讼渠道，更好地保护慈善组织的诉讼权利。同时，慈善法庭的设立也是强化慈善委员会法律监督的一项重要方式。①

2. 首席检察官

首席检察官最初是以王室代表的身份对慈善组织活动进行干预，在保护和管理慈善组织方面为法院提供建议，首席检察官对慈善组织这一监管职能延续很长时间。后来，随着《英国慈善法》不断修改，首席检察官对慈善组织的多数监管权力赋予了慈善委员会。首席检察官的工作重心转向了司法救济，首席检察官可以与慈善委员会就以下方面行使同等权力：涉及慈善组织或者慈善组织财产或事务的法律诉讼，或为避免或终止该诉讼而对其主张进行折中处理。②

3. 遗嘱事务署

慈善信托是英国历史上早期的慈善组织雏形，英国民众自古有遗嘱信托习惯，早期的英国慈善信托主要是遗嘱信托，并且用于设立遗嘱信托的财产主要是不动产，即慈善信托财产主要是不动产，由此便需要设立专门的机构对这一类型的慈善财产进行管理，遗嘱事务署应运而生，是专门对遗嘱信托

① 参见李德健：《英国慈善法研究》，山东大学 2016 年博士学位论文。

② 参见李德健：《英国慈善法研究》，山东大学 2016 年博士学位论文。

财产进行监管的机构。后来慈善组织与慈善信托分离，财产不限于不动产，依遗嘱方式设立的慈善信托仍然由遗嘱事务署监管，慈善组织则交由慈善委员会监管。

4. 国内税务署

国内税务署对慈善组织的监管主要通过征税及诉讼实现，如果国内税务署发现慈善组织利用慈善财产从事非公益活动或将慈善信托财产的投资收益用于私益目的时，国内税务署有权对慈善组织征收税款，同时可以将案件起诉到法院，追究慈善组织的法律责任。另外，国内税务署在行使职权过程中，有权力查阅慈善组织在慈善委员会的登记记录信息。

5. 地方政府

地方政府是地方慈善组织的当然监督人，对地方慈善组织以及慈善活动负有监督职责。

6. 专门监督员

为配合《英国慈善法》的实施，英国历史上曾出现过专门监督员监督慈善信托实施。这些专门监督员通常由慈善信托的委托人任命，如果委托人没有任命，那么委托人的继承人就是该慈善信托的法定监督员。历史上由于专门监督员的地位受到争议，其权力对慈善信托的受托人没有实质的约束力，许多慈善信托的监督员都怠于行使自己权力，至 1831 年该制度就退出了历史的舞台。①

7. 主要监管者

主要监管者是指根据政府条例规定担任豁免登记慈善组织主要监管者的机构或内阁阁员。在慈善组织监管中，主要监管者的职责在于其所管辖的相关豁免登记的慈善组织必须合理行事，以满足《英国慈善法》所要求的相符性目标。该相符性目标旨在促进慈善组织内部受托人在行使其对慈善组织运

① 参见解锟：《英国慈善组织监管的法律构架及其反思》，载《东方法学》2011 年第 6 期。

行中的控制与管理时，遵守其法定义务。①

综上，《英国慈善法》规定慈善委员会为慈善组织主要监管机关，但对慈善组织的监管并非完全依赖于慈善委员会，而是形成以慈善委员会为核心，包括慈善法庭、首席检察官、遗嘱事务署、国内税务署、地方政府、主要监管者等多主体在内的监管体系。② 各监管主体相互配合、相互协作共同对慈善组织实行监管，构成了对慈善组织协同共治的多元化监管体系。

二、日本的双重监管模式

日本是对慈善组织实行双重监管模式的典型国家。从形式上看，日本对慈善组织的日常监管采取了业务主管机构和登记管理机关双重管理的模式，其中以业务主管机关的监管为主。日本对慈善组织的监管制度主要在《日本民法典》中。《日本民法典》将慈善组织纳入公益法人组织范围，公益法人应当向登记管理机关进行登记，也归属于主管官署监管，实行登记管理机关与业务主管机关监管的双重监管模式。根据《日本民法典》第 47 条规定，设立法人，应当经官署许可。这是对所有法人设立登记的一般规定。第 67 条规定法人业务监管制度，该条规定："法人的业务属主管官署监督；主管官署可以对法人发布必要的监督命令；主管官署可以随时依职权检查法人的业务及财产状况。"由此可见，日本对具有法人资格的慈善组织的监管实行以业务主管机关监管为主的模式。此外，《日本特定非营利活动促进法》第 41 条也规定了业务主管机关有权对非营利活动法人的活动进行检查；第 42 条规定了业务主管机关有权对非营利活动法人违反法律法规的行为可以命令其采取改进措施；第 43 条规定了主管机关有权对非营利活动法人无法用其他手段达到监督目的的，主管机关可以撤销对该非营利活动法人的设立认证。上述

① 参见《非营利组织法译汇（三）：英国慈善法》，金锦萍译，社会科学文献出版社 2017 年版，第 235 页。

② 参见陆奇斌：《慈善委员会和英国慈善组织监管的特色制度》，载《学习时报》2015 年 3 月 23 日，A2 版。

3 条是日本慈善组织业务主管机关对慈善组织实行监管的主要法律依据。日本双重监管模式中，登记管理机关主要是对慈善组织设立、变更、终止登记事项进行监管，慈善组织从事的活动的监管主要还是业务主管机关进行监管。归纳起来，双重监管的主要范围包括：

（1）年度工作报告。慈善组织每年必须向登记管理机关提交年度工作报告，内容包括预算报告、项目报告、财务报告、审计报告以及相关文件。

（2）现场检查。主管机关有充分的理由怀疑慈善组织活动违反法律、法规或章程，慈善组织又不做报告的，监管机关可以派工作人员进入慈善组织进行检查。现场检查作为一项法律强制措施。

（3）命令改进。主管机关有充分的理由怀疑慈善组织活动违反法律、法规或章程，或者慈善组织活动显著欠缺合理性，可以命令慈善组织在规定的期限内采取必要的改进措施。

（4）撤销设立认证。主管机关认为社会资助违反了命令，并且主管机关无法用其他手段达到监督的目的或者慈善组织连续 3 年以上没有提交事业报告书、管理人员名册或章程等，主管机关可以撤销该慈善组织的设立的认证。①

在日本，对慈善组织实行业务主管机关与登记管理机关双重监管，以业务主管机关监管为主，赋予分散在政府各个部门中的业务主管机关通过公开年度报告和财务会计报告、现场检查、行政处罚等方式对慈善组织进行常规化监管。

三、美国的税务机关监管模式

在慈善组织监管方面，美国没有设立专门行政机关对慈善组织实行监管，主要是税务机关根据税法的相关规定，在税收征管中对慈善组织进行监管。税务机关监管模式是一种典型的间接监管模式，税务机关以征税名义通过检

① 参见《国外慈善法译汇》，杨道波等译，中国政法大学出版社 2011 年版，第 335 页。

查慈善组织财务报告、信息公开、财产管理与使用等情况，如果发现被检查的慈善组织没有免税资格或慈善组织接受捐赠财产并非用于慈善活动或信息不公开等，则依据税法的规定对慈善组织追征税款、罚款、取消免税资格等。负责法人登记管理的州务卿办公室可以依据《美国非营利法人示范法》规定解散法人。此外，各州首席检察官可通过调查、审计等方式对慈善组织进行监督，有权以国家公诉人的身份对慈善组织的违法行为提起诉讼等。[①]

（一）联邦税务机关的监管

美国对慈善组织的日常监管以税收为切入点，监管的法律框架也以税法为基础而展开。在国家层面，《国内税收法典》是最基本的法律依据，联邦税务机关以《国内税收法典》第 501 条为基础，包括联邦的一些具体税收法、非营利组织法、信托法、联邦国税局行政法规、州法、司法判例等构成了美国慈善组织监督法律体系。

美国联邦税务机关在慈善组织监管中扮演着主导角色。从 20 世纪 90 年代中后期以来，美国联邦税务局推行的“990 表”[②] 大大提高了美国慈善组织运行的透明度。联邦国税局将慈善组织每年上报的“990 表”信息全文上网，供媒体和公众查阅，慈善组织上网的信息必须准确、完整、及时。慈善组织高层管理人员对慈善组织负勤勉、忠诚义务，如有不当或违法行为给慈善组织造成不利后果，高层管理人员应承担相应的法律后果。禁止将慈善组织的财产进行分配，州检察官有权对欺诈性的慈善劝募和对慈善财产管理和使用不当或违法行为进行调查和起诉。慈善组织不得支付过高报酬给高层管理人员，不得向慈善组织的管理人员或工作人员提供无偿贷款，对管理人员违反法律所取得的不当利益应全部收归慈善组织所有。另外，在美国联邦税务机关内部还专门设立了受雇者计划及免税部，专门负责所有免税待遇机构审查管理。

---

① 参见龙宁丽：《国外社会组织管理体制的做法和经验》，载《社团管理研究》2011 年第 7 期。

② 美国联邦税务局制作的免税申请表。

（二）州首席检察官的监管

在美国由首席检察官对慈善组织的财产进行监管是一种普遍做法，慈善组织必须经常向首席检察官报告业务活动及财务状况，接受首席检察官的监管。美国多个州立法规定由州首席检察官负责对慈善组织的财产进行监管，州首席检察官具有仲裁权、处罚权和诉讼权，有权解散慈善组织并指导其资产转移到其他慈善组织。①

（三）同业协会等机构自律监督

同业协会监管是典型的自律监管方式，在美国，著名的同业协会组织有美国基金会联合会、国家基金募集协会、美国慈善信息局、慈善导航等。这些机构都是慈善业全国性自律组织，主要功能是交流信息、组织会议、评估慈善组织、研究公共政策等，以增进慈善组织的信息公开性和透明度，保证整个慈善业的健康发展。② 美国慈善信息局和多家慈善协会共同建立了一套慈善组织评估指标，供慈善组织评估使用，引导企业和社会捐赠、规范慈善组织的社会行为，提高慈善组织的公信力与透明度。

（四）社会公众、媒体监督

慈善组织有义务接受社会公众、媒体的监管，公众、媒体有权要求慈善组织公布相关信息。慈善组织发生问责事件，公众、媒体有权进行调查。在调查过程中，对其有怀疑的问题，慈善组织有义务予以回应，并协助调查。如果慈善组织不予配合或拒绝调查，将会受到严厉的处罚。美国公众、媒体对慈善组织的关注度非常高，尤其是媒体对慈善组织不当或违法行为一般是全程跟踪报道。

四、域外慈善组织监管的启示

有慈善组织活动的地方就有慈善监管。从上述域外慈善组织监管制度可

① 参见俞飞：《美国慈善组织 不是“法外之地”》，载《中国经营报》2014 年 6 月 9 日，第 12 版。
② 参见张冉：《非营利组织管理》，北京大学出版社 2014 年版，第 103 页。

以看出，虽不同国家慈善组织监管制度不尽相同，但也有共同之处，即都表现出监管主体多元化、监管方式多样化、监管内容精细化，在具体监管制度建设方面越来越细化，操作性比较强，对慈善组织活动规范引导作用显著，促使慈善组织发挥其应有的作用。具体启示主要有以下内容。

（一）集中监管与分散监管相结合

集中监管是以政府专门机关集中监管为核心，兼顾其他主体的分散监管。以英国为代表的慈善委员会集中监管无论对慈善组织的治理还是对慈善组织以及公益慈善事业的发展均发挥了巨大的作用，有利于慈善组织在透明中运作，使政府放心、捐赠者安心、受助者贴心。在集中监管的基础上，充分发挥其他利益相关者监督的职责，捐赠人、受助人、同业协会、第三方机构等监管者从不同的角度对慈善组织进行全面监管，公众、媒体也积极参与监督，敦促慈善组织在透明中运行，大大提高了慈善组织的社会公信力。

（二）直接监管与间接监管相结合

直接监管是指专门监督管理机构、捐赠者、受助者等对慈善组织的不法行为直接问责，如英国慈善委员会、美国的州首席检察官就享有对慈善组织的处罚权、诉讼权等，捐赠者、受助人对慈善组织滥用捐赠款物或不按照法律规定捐赠，可以查阅慈善组织财务会计资料，或者直接诉讼，请求慈善组织停止违法行为，履行捐助的义务。间接监管是指通过一定的积极行为通过建议、评估认证等方式达到对慈善组织监管的目的，主要包括同业联合会的管理、第三方机构的评估认证及社会公众、媒体的监督。

（三）监管主体广泛性与监管方式多样化相结合

上述以英国、日本及美国为代表的三种监管模式虽各具特色，但也有相同之处，如监管主体广泛性与监管方式多样化相结合，即便是美国无专门监管机关，也还有其他诸多监管主体对慈善组织进行监管，包括行业组织、首席检察官、捐赠人、受益人、社会公众、媒体等。慈善组织的监管主体广泛，监管方式亦呈现多样化趋势，既有常规的年检，又有临时的现场检查，还有命令改进、撤销登记、行政处罚等，多管齐下对慈善组织进行监督检查，敦促慈善组织在其宗旨范围内从事慈善活动。

（四）多部门联动监管已成发展趋势

从上述慈善组织监管制度可以看出，慈善组织的监管不是由某一个部门独立进行，而是由多部门联动，形成一个监管体系。政府相关部门与社会组织联动对慈善组织进行监管是发展的趋势。各国都很重视发挥登记、税收、审计、检察、司法等国家机关以及第三方评估机构、慈善组织自律机构等部门的力量，通过多部门合作进行联合监管。① 慈善组织的发展给社会带来福利的同时，因其公益性特征容易被不法分子用以骗捐、诈捐，又因其非营利性往往被用来作为避税的“港湾”。这些不法行为的发生必将给慈善组织发展带来负面影响，因此，必须要加强对慈善组织监管。慈善组织活动监管乏力，必将导致其缺乏持久发展的动力。慈善事业越是繁荣发展，越需要加大监管力度。各国构建的慈善组织监管机制有力推动了本国慈善事业发展壮大并产生了积极的社会影响力，对我国慈善事业发展具有重要的借鉴价值。

第三节 我国慈善组织监管存在的问题

改革开放40多年来，我国慈善组织从无到有、从隶属于政府到独立于政府、从单一的慈善目的到多元化的慈善目的，慈善组织发展经历了一个不断改革与发展的过程。总体上，慈善组织无论是数量还是规模都在不断发展壮大，有力推动了我国慈善事业的发展。但我国慈善组织的发展并非一帆风顺，多起慈善问责事件给慈善组织的发展带来重挫，如“郭美美炫富”引发的对中国红十字基金会的问责，“丽江妈妈”胡某某侵占挪用丽江孤儿学校捐款被判返还美国妈妈联谊会90多万元捐款，凉山汉达社工服务中心负责人闫某

① 参见龙宁丽：《治理、问责与非政府组织发展》，中国社会出版社2015年版，第186页。

某因职务侵占、挪用善款被判刑等，无不与慈善组织监管不力相关，暴露了我国慈善组织监管中存在的典型问题。

一、慈善组织监管立法不健全

近年来，虽然我国规范慈善组织的法律法规及部门规章在不断增加，但关于慈善组织监管的规定仍主要是《慈善法》、三部条例及《社会组织评估管理办法》、《慈善组织公开募捐管理办法》等。虽然慈善组织监管立法中有法律，有行政法规，也有部门规章，但对慈善组织主要还是规定了行政机关的监管，对其他监管主体的规定过于简略，再就是对监管的范围、监管措施等方面的规定存在明显的不足。

1. 慈善组织监管立法不全面

长期以来，人们形成一种观念，即对慈善组织的监管没必要像监管公司类经营性主体那样严格规范，立法导向宜粗不宜细，由于慈善组织主要是从事慈善活动，所以应将慈善捐赠财产的管理与使用作为监管的重点工作，至于慈善组织其他活动的监管可从宽处理。这种观念在立法上表现出来的便是对慈善组织监管立法过少，慈善组织一些活动监管缺乏法律依据，也缺乏多部门联动监管的立法依据。

2. 慈善组织监管主体职责不甚明确

《慈善法》从宏观上对慈善组织监管予以规定，内容比较概括；三部条例及部门规章对慈善组织的监管主要还是从行政机关管理的视角规定了业务主管机关及登记管理机关的监管，而对其他监管主体少有规定。由此可知，我国慈善组织监管的立法偏重于行政机关的监管，对慈善组织其他利益相关者的监督规定较少。以《慈善法》为例，该法对登记管理机关的监管规定比较多，而对自律机构、第三方评估机构、公众与媒体的监督规定只是点到为止，至于这些监督主体如何开展监督并没有具体规定。立法上存在的这一问题导致实践中过多依赖行政机关监管慈善组织开展慈善活动，而无论是业务管理机关还是登记管理机关本身事务繁多，在监管中往往顾此失彼，必然导致监管不力。

3. 慈善组织监管的范围规定笼统

立法上对慈善组织监管的范围没有采取列举的方式，这意味着监管是全方位的，慈善组织开展的活动都应纳入监管范围。这种面广量大的监管是普遍撒网式的监管，监管重点不突出。比如我国《慈善法》第 92 条规定：县级以上人民政府民政部门应当依法履行职责，对慈善活动进行监督检查，对慈善行业组织进行指导。这就是笼统规定对慈善活动的监管，没有列举监管的范围。三部条例分别规定了业务主管机关和登记管理机关对社会团体类慈善组织、民办非企业单位类慈善组织及基金会类慈善组织的监管范围，但三部条例实施较早，没有将出现的新情况纳入监管范围，存在一定的滞后性。

二、慈善组织监管过多依赖行政机关

1. 行政机关监管缺乏联动机制

我国自 2014 年起对新设立的慈善组织实行直接登记制度，对这之前设立的慈善组织仍保留业务主管机关与登记管理机关双重监管。实践中，对慈善组织的监管进行更多的是登记管理机关，登记管理机关集登记、年检和评估于一身，业务管理机关的监管越来越不常见。从慈善组织发展的趋势来看，越来越多的慈善组织实行直接登记制，慈善组织将主要依赖登记管理机关监管。不可否认，登记管理机关是慈善组织当然的监管主体，有权对慈善组织设立、变更、终止、开展慈善活动及与慈善相关的活动等一系列事务进行监管。慈善组织治理离不开登记管理机关的监管，然而，登记管理机关只对慈善组织登记范围内的事务有权监管，不能监管慈善组织所有活动。业务主管机关、税务机关及志愿服务管理机关对慈善组织的监管也是各行其是，没有形成各行政机关共同监管慈善组织的制度保障机制。

2. 评估机构不独立，难以发挥监督作用

根据《社会组织评估管理办法》的规定，各级人民政府民政部门设立相应的社会组织评估委员会和社会组织评估复核委员会。根据规定，我国慈善组织评估机构依附于登记管理机关，由登记管理机关设立，而慈善组织也是由登记管理机关登记设立，登记管理机关既管理慈善组织的设立，又决定慈善组织评估机构的设立，对慈善组织的登记及对慈善组织的评估均由登记管理机关完成，显然评估机构看似独立，实际上不独立，难以保证评估客观、公正、公平，不利于慈善组织公信力的建设。再就是，我国慈善组织主动评估意识不强，往往是在具体活动中需要评估等级的情况下才会申请评估，或者是在民政部门要求下才申请评估。根据《社会组织评估管理办法》的规定，获得3A以上评估等级的社会组织，可以优先接受政府职能转移，可以优先获得政府购买服务。为此，有的慈善组织为了接受政府职能转移，获得政府购买服务才申请评估。慈善组织评估不积极、不主动，评估监督作用不明显。此外，我国慈善组织评估与年检挂钩，没有参加年检的慈善组织不得申请评估，有些慈善组织不参加年检，也就不申请评估。

3. 慈善组织自律监督泛化

慈善组织自律监督主要来自慈善组织行业联合会或协会的自我管理与监督。目前我国慈善组织的自律组织最主要的是中国慈善联合会及地方慈善联合会。慈善联合会的宗旨是联合慈善力量、沟通社会各方、促进行业自律、推动行业发展。由于慈善组织太多，慈善联合会只能抽查监督。虽然我国慈善组织类型不同，但目前在慈善组织自律监督方面没做严格区分。这种不加区分的泛化监督没有针对性，监督效果不明显。

4. 捐赠者和受助人监督意识淡薄

在慈善组织的活动中，慈善募捐是一项常态化的活动。捐赠者对非定向捐赠的财物走向关注不够，对慈善组织如何使用捐赠的财产，很少有捐赠者跟踪了解。同样，受助人由于处于受助地位，其对慈善组织没有任何对价的义务，受助人即便权益受到侵害，也不愿说出，且由于信息不畅通，受助者可能对接受的捐助财物都不知道是哪一个慈善组织所为，也不知道通过什么渠道反映问题。各种原因造成受助人对慈善组织的捐助活动很少有监督。

5. 公众、媒体舆论监督渠道不顺畅

公众、媒体往往通过向政府有关部门、社会组织举报、建议、控告等途径监管慈善组织的不法行为，但由于公众、媒体监督是柔性的监督，往往不被重视，监督权行使效果不明显。监督权行使的阻力主要来自地方保护，有地方政府与管理机关的阻力，也有行业联合会的阻力，不一而足。虽然慈善领域内一些典型的案件是经公众举报或经媒体曝光后得以查处，但公众举报的有些案件、一些媒体曝光的慈善组织案件往往没有下文。公众、媒体监督方面尚没有形成一个顺畅的监督渠道。

三、慈善组织监管内容不够全面

慈善组织最初开展的业务比较单一，主要是募捐、接受捐赠及捐助。随着慈善活动的多样化发展，慈善组织以慈善项目为抓手开展的慈善活动内容不断扩宽，慈善组织监管的范围也在不断扩展。由于立法上对慈善组织监管的规定过于笼统，在实践中，慈善组织监管内容不够全面、规范。

1. 对慈善组织募捐监管不力

慈善组织募捐包括公开募捐和定向募捐，定向募捐一般问题较少，主要是公开募捐问题较多。公开募捐存在的主要问题有：（1）不具有公开募捐资格的慈善组织开展募捐。我国《慈善法》明确规定，不具有公开募捐资格的组织不得开展募捐活动，但没有募捐资格的组织公开募捐的事件却常有发生，反映出我国对慈善组织募捐监管不力。（2）诈捐、骗捐。线上线下以某某慈善组织慈善项目的名义进行虚假募捐宣传，这种诈捐、骗捐的行为一旦发生，就会造成极其恶劣的社会影响。例如，2017 年 12 月 23 日，深圳市爱佑未来慈善基金会联合“分贝筹”平台发起的“同一天生日”募捐活动，在募捐中有网友质疑募捐内容的真实性和合法性。该活动很快被叫停。事后，深圳民政局对深圳市爱佑未来慈善基金会进行了立案调查。这一事件中“分贝筹”平台不具有公开募捐平台资格，事件是由公众曝光的，行政管理机关的监督严重滞后。（3）募捐所得款物非用于募捐方案中确定的用途。侵占、挪用募捐款物也是时有发生，这与募捐过程缺乏监管有关。我国对慈善募捐的事中监管一直比较弱，事中监管主要依赖慈善组织自律，但并不是每个慈善组织都能做好自律。

2. *对慈善组织活动支出和管理费用支出缺乏过程监管*

根据我国《慈善法》第 60 条规定，慈善组织开展慈善活动，应充分、高效运用慈善财产，在管理费用使用上应遵循最必要原则，厉行节约，减少不必要的开支。对公募慈善组织开展慈善活动年度支出和管理费用均有一定的比例要求，以保障慈善组织的财产主要用于慈善目的活动，限制慈善财产过多用于慈善组织日常管理费用的开支。在实践中，慈善组织是否按照法律的规定执行，一般只能通过慈善组织的年度工作报告和财务会计报告了解，这只是对结果的了解，至于慈善组织在开展慈善活动过程中的支出和管理费用的使用是否属实则缺乏监管。

3. *慈善组织财产活动的监管流于形式*

我国法律不禁止慈善组织进行投资活动，但投资必须与慈善组织慈善目的具有一定的相关性，不能投资与慈善组织无关的领域。由于慈善组织投资是为了慈善财产的保值增值，而不是为了追逐高额利润，为此，对慈善组织财产投资需要全程进行监督，以防慈善组织将慈善财产投资高风险行业或挪作他用。根据《慈善组织保值增值投资活动管理暂行办法》规定，慈善组织应当根据投资活动的风险水平以及所能承受的损失程度，合理建立止损机制。但在实践中，投资者的合理止损往往需要监管者提醒或强制制止，但由于缺乏法律依据，监管者往往不会主动监管；在慈善组织关联交易中，由于关联交易具有一定的隐秘性，同样监管缺乏法律依据，监管者无法深入慈善组织调查情况，对关联交易的监管流于形式。

四、慈善组织监管措施柔性有余、刚性不足

慈善组织刚性监管措施是指追究民事、行政及刑事责任的监管行为，柔性监管措施是指不承担法律责任的监管行为。实践中，多数利益相关者对慈善组织的监管往往是借助舆论的力量推进，这是典型的柔性监管措施。柔性监管虽然有一定的社会效果，但对慈善组织产生不了多大威慑力。虽然我国

立法上对慈善组织事前、事中及事后的刚性监管有所规定，但在实践中难以落实。事前、事中监管还是以柔性监管措施为主，慈善组织作出不当或违法行为时，行政管理部门往往采取建议、批评、质疑、约谈等方式处理，难以规制慈善组织的行为。对慈善组织的刚性监管主要是事后监管，以行政处罚为主，追究民事责任的情况很少。事后监管建立在慈善组织活动结果的基础之上，慈善组织的活动被认定为不当或违法，行政管理部门根据违法的具体情况依法给予行政处罚，对构成犯罪的，追究慈善组织法定代表人或负责人、直接责任人员的刑事责任。慈善组织承担行政责任与刑事责任是典型的刚性监管，这种监管对慈善组织及相关责任人员产生一定的威慑力。

第四节　完善我国慈善组织监管制度的构想

慈善组织当以公信力为生命，而一个有公信力的慈善组织，必然是在有效监管下运行的组织。无论是公募慈善组织还是非公募慈善组织，从设立、运行到终止，整个过程都应当置于监管之下，接受各利益相关者的监管。只有对慈善组织进行有效监管，才能促使慈善组织活动透明公开，提高慈善组织的公信力，推动慈善事业的健康发展。鉴于当前我国慈善组织监管存在的种种问题，需要全面健全和完善慈善组织监管制度，构建完善的监管立法、体系化的监管主体、完整的监管内容以及刚柔并济的监管措施，形成一整套符合我国国情，且运行高效的慈善组织监管机制。

一、完善慈善组织监管立法

从域外慈善组织立法可以看出，不同的国家对慈善组织监管均有相应的法律规定，如《英国慈善法》《日本特定非营利活动促进法》《美国国内税收法典》。但域外立法中没有单独的监管立法，监管制度散见于慈善组织监管的相关法律规定。基于我国国情及慈善组织自身的非营利性、非政府性特征，我国对慈善组织监管的立法可以借鉴国外的做法，从以下几方面加以完善。

（一）制定社会组织法，设专章规定慈善组织监管制度

在一个较长的时期内，我国社会组织不具有独立的地位，而是依附于政府部门。“大政府”管理的观念，使社会组织没有专门的立法，而以政府颁行的社会组织登记管理条例管理和监督社会组织。我国的三部条例即是如此。三部条例强调的是“大政府”管理思路，强化的是政府机关对社会组织的监管，慈善组织作为社会组织的一部分，当然也是依据行政法规由政府管理机关监管。随着我国社会组织改革的不断深入，社会组织与政府机关脱钩已成趋势，在社会共治理念的推定下，将社会组织与政府定位为合作伙伴关系，积极鼓励利益相关者监督，在这种创新观念下，社会组织有了独立的社会地位。但总体来说，目前我国社会组织发展水平不高，社会组织监管制度散见各层级法律法规中。分散的立法在适用中产生冲突在所难免。所以，有必要制定社会组织法，设专章规定慈善组织监管制度。

2013 年党的十八届三中全会通过的《中共中央关于全面深化改革若干重大问题的决定》中提出：“激发社会组织的活力。正确处理政府和社会关系，加快实施政社分开，推进社会组织明确权责、依法自治、发挥作用。”根据这一要求，社会组织得到快速发展，学术界对社会组织的单独立法研究已经全面展开。从社会组织应有的独立社会地位考虑，我国有必要制定社会组织法对社会组织加以调整。社会组织法是调整包括慈善组织在内的所有社会组织的设立、变更、终止、权利与义务、活动范围、监管、法律责任等一系列制度的法律规范的总称。在该法中单列章节对慈善组织监管制度做统一规定，不仅要规定政府管理机关对慈善组织的监管制度，而且还要规定其他利益相关者对慈善组织的监督制度，明确各监管主体在慈善组织监管中的地位、职责与义务。

（二）完善慈善组织监管的法律体系

目前主要有《慈善法》、三部条例、《社会组织评估管理办法》、《慈善组

织公开募捐管理办法》、《慈善组织信息公开办法》等对慈善组织进行监管。现有的规范性文件效力层级不同，在适用中存在顺位问题，《慈善法》是法律，具有优先适用效力，三部条例次之，部门规章最后适用，但上述规定对慈善组织监管均存在不足，需要进一步健全和完善。

1. 完善《慈善法》中有关慈善组织监管的制度

我国《慈善法》第十章“监督管理”专门规范慈善及慈善组织活动的监管，正如前文分析，该章重点规范的是登记管理机关对慈善组织的监管，对其他监督主体、监管的基本范围、监管可采取的措施、监管操作程序等只是原则性、概括性规定，不利于实践操作，需要法律加以详细规定。《慈善法》中应明确登记管理机关、业务主管机关、税务机关等行政机关的监管职权，赋予独立第三方评估机构应有的法律地位，明确慈善组织自律机构及其监督职责，强化捐赠者、受助人、公众、媒体等监督的权利。《慈善法》中还应明确监管的范围，进一步规范监管措施，除了现有的规定之外，还可以增加一些新措施，特别是非法律责任的监管措施，如约谈、通报、列入活动异常名录、严重违法失信名单等。

2. 完善有关慈善组织监管的行政法规与规章

由于三部条例实施时间较长，有些规定已经不能适应当下社会发展的需要，理论界和实务界都在呼吁修改三部条例。2016 年对《社会团体登记管理条例》作了修改，但只是微调。笔者认为，应对三部条例进行全面修改，将三部条例合成一部条例，制定一部社会组织登记管理条例，设专章对慈善组织设立、变更、终止及慈善活动监管制度进行规定。这种统一法律规定有利于监管者统一监管标准，提高监管效率。

部门规章更适合对慈善组织某一方面或某几个方面活动的规范，便于对口监督管理，目前我国对公募慈善组织公开募捐、慈善组织信息公开、慈善组织评估、慈善组织年度支出与管理、慈善组织财产投资、慈善信托等方面有单独的规章规定，但这些只是对慈善组织部分重要活动的规定，除了上述活动外，围绕慈善组织财产管理与使用还有一些重要活动，如慈善组织关联交易，慈善财产的担保、出租、拍卖等法律行为缺乏监管依据，需要部门规章进行具体规定。

二、构建符合我国慈善组织治理现代化要求的多元主体监管体系

（一）加强各行政机关联动监管

行政机关是对慈善组织进行监管的主要主体，各国立法均授予政府机关对慈善组织进行监管的职责。但不同的国家做法不完全相同：有的单设专门机构作为监管机关，如英国慈善委员会；有的以税务机关作为监管机关，如美国的免税管理局；有的业务主管机关作为主要监管机关，如德国与日本；有的以登记机关作为主要监管机关，如中国。虽然各个国家的规定不完全相同，但都强调政府机关对慈善组织进行监管的核心地位。随着慈善组织的活动多样化发展，需要相关行政机关形成联动监管机制。

1. 登记管理机关的监管

登记管理机关主要对慈善组织设立、变更、终止、活动范围、章程的修改等进行监管，其中设立监管是从源头对慈善组织监管，尤为重要。各国慈善组织的设立，主要有注册制、许可制与备案制三种模式。其中注册制是慈善组织登记发展的主要趋势，如《德国民法典》第21条规定，非营利性社团因登记于主管初级法院而取得权利能力，其成立无须获得许可，只要符合法律规定的形式要求，即可因注册而取得法人资格，日本也有类似的规定。近年来，我国对慈善组织设立实行了改革，改革的趋势也是以注册制为主。许可制是指慈善组织须经业务主管机关批准后再向登记管理机关申请登记注册才能成立。慈善组织的设立分两个阶段：一是向业务主管机关申请批准，如果主管机关不批准，则不能设立；二是批准后再向登记管理机关申请登记注册。备案制是指设立慈善组织只需向登记管理机关送交相关材料备案即可以慈善组织名义开展活动。三种设立模式导致三种监管模式：许可制下对慈善组织监管最严，既包括对慈善组织设立内容的监管，也包括对设立程序的监管；登记制则主要是对慈善组织设立程序的监管；备案制下监管最为宽松，

只是要求慈善组织在行政管理部门备案，登记管理机关不进行审查。从我国慈善组织改革与发展的趋势看，慈善组织采取登记设立是主要发展趋势。对慈善组织设立进行监管主要是登记管理机关的职责，不仅如此，慈善组织的变更、终止的一系列事务，登记管理部门也有权监管。慈善组织备案设立是暂时的，最终要过渡到登记制。

我国登记管理机关监管慈善组织已成为常态，在具体实施中，一些地方的创新做法值得推广。例如，2014 年深圳市民间组织管理局（2015 年 1 月更名为深圳市社会组织管理局，以下简称深圳市社管局）最先对慈善组织采取抽查式的监管，现已在全国推广。深圳市民政局于 2014 年 10 月 8 日颁布实施《深圳市社会组织抽查监督办法》，在全国率先推出社会组织抽查工作。抽查分为例行抽查与分类抽查，抽查过程与结果在其信息化平台向社会公开，抽查中若发现社会组织存在违法违规行为，将依法严处，并纳入诚信征信系统，同时向社会公开查处结果。该办法规定社会组织有以下情形的，经登记机关或相关部门依法处理后一年内，应当列入抽查对象："（一）被新闻媒体曝光的；（二）其他部门移交的；（三）未提交年度报告或未按时参加年检的；（四）有被上访记录或被投诉、举报的；（五）年度报告抽查不合格或年检不合格的。"① 深圳市社管局实施抽检监督制度，目的是对社会组织实行常态化监管，将被动的监管转变为主动的检查监管，让包括慈善组织在内的所有社会组织不想违法、不能违法、不敢违法，促进社会组织依法健康发展。②

2. 业务主管机关的监管

慈善组织登记制度改革之后，设立慈善组织不再需要业务主管机关的审批，直接到登记管理机关登记即可，打破了原来的双重管理模式，由此带来的是业务主管机关对慈善组织监管职能"弱化"，监管动力缺乏，监管职责不明确。虽然慈善组织设立不需要业务管理机关的批准，但是业务管理机关

① 《深圳市社会组织抽查监督办法》（2014 年）第 10 条。

② 参见郑小红：《深圳社会组织面临史上最严监管》，载 http：//finance. chinanews. com/sh/2014/11－03/6747427. shtml，2019 年 10 月 20 日访问。

对慈善组织仍然具有监管职能，业务主管机关的监管职能非但不能“弱化”，反而需强化。充分发挥业务主管机关的监管职能，一是发挥业务主管机关的专业优势，强化服务职能，将监管与服务相结合，着重在业务能力建设、资源支持等方面发挥作用；二是通过慈善组织管理信息系统建设，促进登记管理机关与业务主管机关之间实现信息互联与共享,[①] 实行联动监管。

3. 税务机关与审计部门的监管

税务机关对慈善组织的监管主要是通过税收优惠进行引导和管理。从各国实践来看，税务机关的监管在行政机关监管中作用日益重要，并且是不可忽视的有机组成部分。税收优惠制度一方面给予捐赠者激励，另一方面也可以有效监督慈善组织的运作。慈善组织募捐财物非用于慈善目的则不得享受税收优惠，这样可以有效地敦促慈善组织自觉从事慈善活动。税务机关通过税收优惠制度对慈善组织进行监督往往效果明显，因为税务机关通过税收优惠监督慈善组织，实际上是对慈善组织财务会计进行审核，从而达到监督的目的，专业性强，监督有力。审计部门主要通过对慈善组织财务审计达到监管目的。

税务机关与审计部门主要监督慈善组织的财务会计处理，另外，税务机关与审计部门还有权监督慈善组织开展的各种活动，检查慈善组织的账簿，审查慈善组织的年度工作报告。税务机关发现有违反法律规定不符合免税资格的应当取消免税资格，已经免税的有权追征，并视具体情况决定给予处罚。审计部门发现慈善组织财务存在问题的，有权责令改正，并依法予以处罚。

总之，在我国对慈善组织监管的行政机关主要包括登记管理机关、业务主管机关、税务机关及审计部门。这些行政机关从不同的角度各自履行其监管职责，分工明确，职责清楚，但在实践中，行政机关对慈善组织监管还需要相互配合，相互协作，形成联动监管机制。任何一个行政机关发现慈善组织有问题应及时启动监管，需要其他机关配合的，应联合共同监管，敦促慈

① 参见胡小军：《〈慈善法〉实施后慈善组织监管机制构建的挑战与因应》，载《学术探索》2018 年第 2 期。

善组织依法开展活动。

（二）充分发挥慈善组织捐赠者、受助人、公众及媒体监督作用

1. 加强捐赠者监督

慈善组织财产主要来自捐赠者捐赠的财产，捐赠者对其捐赠的财产的使用具有知情权，捐赠者随时可以要求慈善组织公开相关信息。在慈善发达的国家和地区，捐赠者对慈善组织监督意识较强，捐赠者可以要求慈善组织向自己报告所捐赠款项的使用情况，每个捐赠者都拥有对捐款使用情况绝对的知情权和监督权。随着我国慈善事业的推进，社会对保障捐赠者监督权的呼声越来越高，同时捐赠者的监督意识在不断加强，捐赠者逐渐意识到主动行使监督权的重要性，如2010年慈善家曹德旺通过中国扶贫基金会向西南五省旱区捐款2亿元，为了保证善款真正发放到每一位受助人手中，曹德旺专门组建了独立的监督委员会，对善款的使用情况进行直接监督，并请新闻媒体全程监督，中国扶贫基金会每10日就要向他递交一份有关项目进展的详细报告。[①] 自曹德旺这一监督方式推出之后，许多捐赠者纷纷参照曹德旺的做法，对捐赠财物进行跟踪监督，以确保其发挥最大的效用。提高捐赠者的监督意识，强化捐赠者监督权的行使，是现代慈善事业发展应有之义。捐赠者对慈善组织的监督有利于推动慈善透明建设，提高慈善组织的公信力。另外，慈善组织应建立监督反馈机制，不定期向捐赠者反馈捐赠财物的使用情况，让捐赠者了解财产情况，这也是保障捐赠者行使监督权的需要。

2. 鼓励受助人监督

相较于捐赠者，受助人处于被救助的地位，是不需要付出对价的纯获利益的受益人。从传统的道德观念来看，受助人应感谢捐赠者及慈善组织的救助之恩，不仅不能对捐赠的财物说三道四，更不能质疑、问责慈善组织的活动，也就是说，受助人不应监督慈善组织活动。然而，随着慈善是给予而不是索取、捐赠者与受助人人格和地位平等等现代慈善观念的传播，受助人在

---

① 参见杨团主编：《中国慈善发展报告（2011）》，社会科学文献出版社2011年版，第46页。

接受救助时具有了自主选择权，对慈善组织捐助行为不仅有知情权，而且还有监督权。慈善组织应将捐助善款数额、财物的信息进行公示，受助人有权知道自己受助的善款金额，是财物捐助的，受助人有权知道财物的价格、质量等信息。如果受助人接受的善款或财物与公示的不一致，或捐助财物有质量问题，则可以向慈善组织登记管理部门或市场监督管理部门反映情况，或向媒体曝光，督促慈善组织及时解决问题。造成受助人人身财产损害的，受助人可以通过协商、调解或诉讼加以解决。

3. 畅通公众监督渠道

慈善是一项社会公益事业，涉及面广，需要公众监督。专门机构对慈善组织的监督是有限的，最为广泛的监督就是让慈善组织置于公众的视野之下，由公众监督。公众对慈善组织的监督主要是通过投诉、举报等方式。在我国，公众对慈善组织监督的意识不是很强，实践中，即使知道慈善组织有问题，多数人也不知如何投诉、举报，公众监督渠道不顺畅。畅通公众监督渠道，一是慈善组织行政监管机关向社会公开投诉、举报的联系方式，包括电话、网站投诉地址等；二是慈善组织联合会设立专门接受公众投诉、举报的信箱和微信公众号；三是慈善组织公开接受投诉、举报联系方式。慈善组织在开展慈善活动中有违法违规行为的，公众可以向政府监管机关或慈善联合会或慈善组织投诉、举报，为公众监督提供方便，为公益事业创造良好外部环境。

4. 加强媒体监督

媒体监督是社会舆论监督的典型形式，媒体监督主要是通过报纸、杂志、广播电视等传统媒体以及新型的互联网媒体等途径进行的监督。媒体监督往往是通过对慈善组织违法违规行为的曝光达到监督目的，无论是传统的媒体还是新型的媒体，因其受众广泛、信息传播快速、社会影响面大，具有导向作用和威慑作用，能够对慈善组织的管理者形成强有力的约束。随着互联网的快速发展，积极开发和有效利用网络自媒体对慈善组织活动进行监督已经成为慈善事业发展的新动力，网络自媒体的发展为监督慈善组织活动提供了更为快捷、方便的通道，吸引更多的人参与监督。

（三）完善独立第三方机构评估制度

我国《慈善法》第95条第2款规定："民政部门应当建立慈善组织评估制度，鼓励和支持第三方机构对慈善组织进行评估，并向社会公布评估结果。"目前我国对慈善组织的评估主要还是由登记管理机关内设的评估机构进行。由于内设评估机构不独立，评估结果难以做到客观、公正。目前，我国对慈善组织还没有普遍实行第三方机构评估。国外的具体做法一般都是将慈善组织交由独立第三方机构进行评估。评估结果为政府监管提供相关依据，对政府监管科学化、规范化具有重要的促进作用，对慈善组织开展各项慈善活动具有重要的指引作用，为公众、媒体对慈善组织进行监督提供了方便。在慈善事业发达国家，独立第三方机构对慈善组织的评估几乎实现全覆盖。独立的第三方机构不隶属于任何行政机关，其根据多方共同制定并经过反复论证的评估标准对慈善组织进行评估，如在美国具有较高影响力的独立第三方评估机构有成立于1912年的"更好事务局委员会"和"福音教会财务责任委员会"及成立于1918年的"全国慈善信息局"。2001年"更好事务局委员会"与"全国慈善信息局"进行了合并，合并后的评估机构名为"BBB明智捐赠联盟"。[①] 此外，2001年在美国由约翰·P. 杜根（John P. Dugan）和玛丽恩·杜根（Marion Dugan）两位创办人成立的"慈善导航"也是一家具有很强公信力的第三方评估机构。该机构秉承客观、公正、全面的原则，对美国慈善组织进行评价。为了保持"慈善导航"的独立性，它从不接受任何待评估的慈善组织以及相关捐赠者的捐款。"慈善导航"主要评估慈善组织的财产状况，具体分为7大类指标，即项目支出、行政支出、筹款支出、筹款效率、筹款增长、项目支出增长和营运资金比例。评估结果为美国联邦税务局对慈善组织监管提供依据。在德国，慈善组织善款的使用情况也需要经过第三方机构评估。成立于1893年的德国社会事务中央研究所属于典型的

① 参见吴珊：《国外慈善业：信息透明运作模式成熟》，载《中华工商时报》2010年8月6日。

第三方评估机构。德国社会事务中央研究所对慈善组织进行评估时一般是以财务管理、行政成本、内部控制、治理结构等12项内容作为评估指标。从各国的具体做法来看，设立独立的第三方机构进行评估是慈善组织评估发展的趋势。

慈善组织第三方机构评估就是根据慈善组织的特征，由第三方机构以统一的指标体系为评议标准，遵循规范的科学方法和操作程序，通过定性和定量的对比分析，对慈善组织在一定时间段的组织管理情况、业务活动情况和通过活动所产生的社会效益及影响等作出客观、公正和准确的判断。从法律的视角，完善我国慈善组织评估制度具体包括以下内容。

1. 完善相关立法

《社会组织评估管理办法》是第三方监督的主要依据。该办法对评估的对象与内容、评估机构及职责、评估程序与方法、回避与复核、评估等级管理等进行了规定。该办法是民政部制定的部门规章，主要从管理的角度对包括慈善组织在内的社会组织评估加以规定，该办法中规定的民政部门设立的评估委员会与评估复审委员会尚不能完全独立于行政机关，这两个评估机构可以保留，但只作为慈善组织等级评估机构，慈善组织的其他评估交由独立的第三方完成。再就是，在评估等级管理方面需要完善以下相关制度：(1) 将评估等级有效期由原来的5年缩短至3年。评估等级有效期过长，等级高的慈善组织长期占有慈善活动资源，对其他慈善组织开展慈善活动不利，不利于慈善组织整体发展。(2) 实行公募慈善组织评估全覆盖。目前由于我国慈善组织申请评估的自愿性，慈善组织更多从自身发展的角度考虑是否申请评估，对自己有用才申请，用处不大或没用就不申请，这种实用主义的做法不利于慈善组织持续发展，所以，需要规范慈善组织评估，尤其应要求所有的公募慈善组织必须申请评估。(3) 将慈善组织评估等级与其活动内容相挂钩。慈善组织等级越高，其慈善活动内容越丰富；等级越低，限制越多。通过等级评估规范慈善组织行为，引导慈善组织不断提升慈善活动的能力和水平，推动慈善组织高质量发展。

2. 独立第三方机构参与评估

我国《慈善法》第95条第2款规定了民政部门鼓励和支持第三方机构对慈善组织进行评估，这是第三方机构评估的主要法律依据。笔者认为，独立的第三方评估机构不同于民政部门内部设立的第三方评估机构，应是民间设立的独立第三方机构。这类第三方机构评估须明确以下几方面问题：(1) 第三方机构独立。第三方机构完全独立于行政机关，行政机关对其具有管理权，但不能直接干预第三方机构评估，慈善组织对第三方机构评估有异议，可以向行政机关评估机构申请复评，第三方评估机构并非完全脱离行政机关。(2) 担任第三方评估机构的条件。担任慈善组织评估第三方机构须符合一定的条件，即取得独立的评估机构主体资格，有专业从业人员，评估人员不得与评估的慈善组织存在任何利害关系。(3) 评估的内容。第三方评估机构是对慈善组织的运行效率和能力进行评估的专业评估机构，它主要是通过一套统一的评价标准，追踪和评估捐款的管理及使用情况，客观评估慈善项目的社会影响和社会经济效益，以促进对慈善资源进行有效的利用。① 第三方评估机构主要是对慈善组织活动范围内的重要事项进行评估，根据既定的评估标准对慈善组织接受的捐赠财产的支出及管理费用、慈善财产捐助、慈善项目执行、慈善信托财产管理与使用、慈善组织投资、关联交易等事项进行评估，第三方机构是专业评估机构，评估的重点是慈善财产管理与使用情况，可以借鉴国外有益做法，对慈善组织慈善财产管理与使用进行全面评估，通过第三方机构评估达到规范、监督慈善组织活动的目的，提高慈善组织的社会公信力。

3. 分类制定慈善组织评估标准

当前民政部门对慈善组织主要从基础条件、内部治理、工作绩效和社会评价四个方面开展评估活动。我国慈善组织类型不完全相同，适用统一评估标准显然不符合实际情况，有必要对不同类型的慈善组织适用不同的评估标

---

① 参见王君主编：《公共危机管理典型案例（2012）》，人民出版社2014年版，第308页。

准。为此，需要针对社会团体类、社会服务机构类及基金会类不同类型的慈善组织制定不同评估标准，这样做才能够最真实反映慈善组织的状况，方便对慈善组织进行全面深入的监督管理。

（四）加强自律机构的监督

《慈善法》第96条规定："慈善行业组织应当建立健全行业规范，加强行业自律。"根据我国慈善业自律性组织存在的实际情况，将慈善行业组织划分为四种类型：政府部门指导成立的慈善联合型组织、民间自主发起的慈善联合型网络、政府部门指导成立的同领域行业性组织以及民间自主发起的同领域行业性网络。[①] 其中第一种政府部门指导成立的慈善联合型组织是我国慈善组织自律机构的典型代表，主要是全国及地方慈善联合会，这类自律机构是国家大力推行的一类组织，同时，国家也积极鼓励其他三类自律机构的发展，以促进慈善专业化和慈善服务精细化发展。

我国慈善联合会是一个枢纽型的社会组织机构，有全国的慈善联合会，即中国慈善联合会，也有地方慈善联合会。慈善联合会是慈善组织的自律机构，主要对慈善组织进行自我监督管理。慈善联合会主要工作是通过各种方法促进行业自律、推动行业发展。其主要活动范围包括弘扬慈善文化、参与政策制订、开展行业研究、维护会员权益、推动跨界合作、开展评估表彰、开展专业培训、促进国际交流、推动行业自律及承办政府部门、会员和其他机构委托办理的其他事项。我国慈善联合会尚处于发展初期，还没有对不同类型的慈善组织自律性机构的设立作出要求。从慈善组织的发展要求来看，针对不同类型慈善组织设立自律监督机构是发展的趋势。

综上所述，多元主体从慈善组织外部对其实施监管，形成一个监管体系，各主体之间相互合作、相互配合。多元主体的监管可用图6－1表示：

---

① 参见胡小军：《〈慈善法〉实施后慈善组织监管机制构建的挑战与因应》，载《学术探索》2018年第2期。

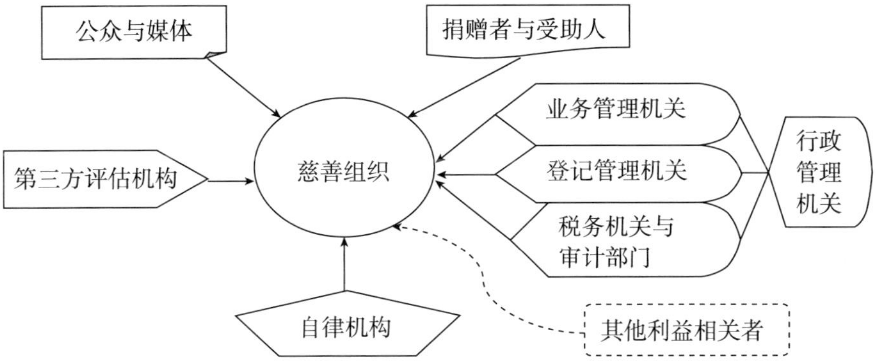

图6-1　慈善组织多元监管主体

三、明确慈善组织监管的范围

（一）完善慈善组织公开募捐监管制度

1. 加强行政管理机关对慈善组织募捐过程的监管

慈善组织开展的公开募捐活动一般以慈善项目的名义居多，公开募捐必须接受全程监管。监管机关应对慈善组织资格及公开募捐资格、项目的可行性、必要性、合法性等进行审查，慈善组织应当予以配合。发现有问题的慈善项目，监管机关应一律责令停止活动，并退还已经募捐款物，并对募捐的组织及直接责任人员予以行政处罚。再就是，慈善组织开展募捐活动应依据《慈善法》及《慈善组织募捐管理办法》等规定制定募捐方案，并向登记管理机关备案，以方便登记管理机关监督管理。

2. 建立诈捐、骗捐预防机制，严惩诈捐、骗捐行为

公募慈善组织开展募捐活动应当遵守取得公开募捐资格证书、提交募捐方案、募捐情况备案这一基本程序要求。线下公开募捐的，应在募捐活动现场或者募捐活动载体的显著位置公布募捐的详细信息，包括公募慈善组织名称、公开募捐资格证书、募捐方案、联系方式、募捐信息查询方法等；通过互联网线上募捐的，应当在民政部指定的慈善组织信息公开平台上发布募捐信息，并向社会公开，慈善组织还可以在其门户网站、官方微博、官方微信、

移动客户端等网络平台上发布公开募捐信息。在慈善组织募捐活动中，行政管理机关有必要全程跟踪，并不断对慈善组织加强诚信募捐管理与教育，不定期对慈善募捐情况进行检查，在事前和事中建立诈捐、骗捐预防机制，尽可能阻断诈捐、骗捐行为的发生。在募捐活动中，一旦发生诈捐、骗捐，就应当及时严加惩处，以儆效尤。事后也要追踪了解情况，发现募捐财产的使用有问题的，应当及时加以解决，并追究相关人员的法律责任。

3. 加强对募捐所得财产使用的监管

慈善组织应按照募捐方案既定的用途使用募捐财产，并将使用情况向社会公开，接受社会监督，行政管理机关有义务定期检查募捐慈善财产使用情况。慈善项目财产的使用也应定期公开，接受政府机关和社会监督，并向捐赠者反馈使用信息，接受捐赠者的监督。

（二）加强捐赠支出与管理费用支出监管

我国《慈善法》对公募慈善组织接受捐赠年度支出要求不得低于上一年总收入的70%或者前三年收入平均数额的70%，年度管理费用不得超过当年总支出的10%。民政部颁行的《关于慈善组织开展慈善活动年度支出和管理费用的规定》对公募与非公募慈善组织年度支出及管理费用进行了细化，其中公募慈善基金会年度支出与管理费用的规定与《慈善法》的规定一致，公募社会团体类与社会服务类慈善组织年度支出与《慈善法》规定一致，但年度管理费用不同于公募慈善基金会，最高可以达到当年总支出的13%。该规定对非公募慈善组织的年度支出与管理费用进行了细化（见第五章表5-1），从组织形式、是否具备公开募捐资格和资产规模三个维度设定了慈善组织的慈善活动支出和年度管理费用标准，根据基金会、社会团体、社会服务机构（民办非企业单位）三种不同类型慈善组织的实际情况作出规定，能够为慈善组织所接受。但在慈善组织捐赠支出与管理费用支出监管上，行政管理机关往往是根据法律规章规定的比例，对慈善组织年度工作报告（包含年度财务报告与审计报告）进行核查，这实际上是对结果的监管，即事后监督。多数慈善组织年报上公开的内容能够真实反映慈善组织的活动情况，但不可否认，部分慈善组织年报公开的内容并不能真实反映慈善组织活动的状况，可以说对慈善组织年度工作报告的检查只是监管的一部分，还需要加强对慈善组织活动的事中监管。

1. 慈善活动中捐赠支出的监管

在慈善组织捐助活动中，慈善组织需列明每一笔捐赠支出的明细，包括接受捐助的对象、数额、用途等，行政管理机关采取定期与不定期相结合的方式检查慈善组织的捐赠支出。如果是公募慈善组织，须将捐助相关信息向社会公开，接受捐赠者、公众、媒体等的监督。在对慈善组织的监管中，行政管理机关发现问题应立即责令改正，造成一定不利后果的，可以进行行政处罚，造成严重后果的，应移交有关机关追究刑事责任。其他监督主体发现问题也应立即提出纠正，慈善组织拒不纠正的，其他监督主体可以向有关管理机关投诉、举报。

2. 对慈善项目支出进行监管

慈善组织开展的慈善项目应定期向管理机关送交项目开展情况的报告，管理机关定期检查慈善项目开展情况。如果是6个月以上的项目，至少每6个月检查一次项目执行情况，慈善组织项目执行情况应定期向社会公开，接受捐赠者、公众、媒体的监督。管理机关在检查中发现存在慈善项目超支、挪用及其他不符合项目开展要求的支出的，应立即予以制止，并责令改正，造成一定不利后果的可以进行行政处罚，造成严重后果的，移交有关机关追究刑事责任，其他监督主体发现慈善项目执行出现问题的也应立即提出纠正，慈善组织拒不纠正的，其他监督主体可以向有关管理机关投诉、举报。

3. 对管理费用的监管

慈善组织开展活动，允许有适当的管理费用支出，但管理费用不得过高。《关于慈善组织开展慈善活动年度支出和管理费用的规定》列明慈善费用包括三大类二十多项。① 管理费主要用于慈善组织内部机构日常工作经费开支、

① 参见《关于慈善组织开展慈善活动年度支出和管理费用的规定》第5条。

管理人员的工资薪金支出以及慈善组织运行中诸如办公费、水电费、修理费等各种费用支出。这些费用不包括慈善组织一般工作人员工资薪金及志愿者的补助支出。对慈善组织来讲，管理费用的支出一直是个敏感的话题。由于慈善组织管理人员是慈善组织日常事务的决策者与执行者，如果监督不严，容易滋生利用身份的便利以权谋私、挪用、侵占等违法行为，因此，必须对管理费用严加监管。每一次捐助活动、每一个慈善项目管理费用要有预算，并报行政管理机关备案。在活动或项目结束后，最后核算的管理费用与预算的管理费用不同的，慈善组织必须给出情况说明。公募慈善组织的管理费用还应当向社会公开，接受捐赠者、公众、媒体等利益相关者监督。

（三）加大慈善组织财产活动监管力度

慈善组织开展慈善活动实际上就是围绕慈善财产开展活动的过程，其最终是为了实现慈善目的。此处的财产活动是指除慈善募捐及慈善组织捐赠支出与管理费用支出外的其他与慈善财产有关的活动。根据我国《慈善法》及相关的法规规章的规定，慈善组织的财产活动主要包括慈善信托、慈善组织投资、慈善组织重大关联交易等，这些慈善财产活动必须在监管下开展，对慈善组织财产活动监管是慈善组织所有活动监管的重中之重。

1. 加强对慈善信托财产管理与处分的监管

根据我国《慈善法》的规定，慈善信托采取备案制，由受托人向受托人所在地县级以上人民政府民政部门备案。由此可知，我国慈善信托准入较为宽松。由于我国慈善组织慈善信托业务专业能力不高，慈善组织担任慈善信托受托人的不多，但这不影响对慈善组织管理的慈善信托严加监管。一般慈善信托设立监察人，由监察人专门监督慈善信托。此外，银行业与保险业监督管理委员会、民政部门、捐赠者、公众、媒体均有权对慈善信托财产的管理与处分加以监管。我国 2017 年施行的《慈善信托管理办法》对慈善组织担任受托人的慈善信托监管制度进行了规定。根据该办法，慈善组织设立的慈善信托应向县级以上人民政府民政部门办理备案，并接受其监督管理。专业信托公司与慈善组织共同设立的慈善信托，接受民政部门与银保监会共同监管，两家机构共同建立经常性的监管协作机制，在事前、事中、事后对慈善信托进行监管，提高监管有效性。监管机构有权现场检查，也可以联合或委托第三方机构对慈善信托的规范管理、慈善目的的实现和慈善信托财产的运用效益等进行评估。监管机构还可以与受托人的主要负责人和相关人员进行谈话，要求就受托人开展的慈善信托活动和风险管理的重大事项作出说明。[①] 慈善信托的受托人将信托财产及其收益用于非慈善目的以及未按照规定将信托事务处理情况、财务状况向民政部门报告或者向社会公开的，由民政部门予以行政处罚。

2. 加强慈善组织财产投资监管

慈善组织财产遵循合法、安全、有效的原则进行投资，投资取得的收益应当全部用于慈善目的。对慈善组织财产投资的监管应当是全方位展开：（1）对用于投资的财产的监管。根据《慈善组织保值增值投资活动管理暂行办法》第5条第1款规定："慈善组织可以用于投资的财产限于非限定性资产和在投资期间暂不需要拨付的限定性资产。"慈善组织接受的政府拨付的财产以及与捐赠者订立捐赠协议约定不得投资的财产，不得用于投资。在慈善组织投资活动中，对不得用于投资的财产的管理和使用是监管的重点。监管部门可以采取查账、检查等方式对慈善组织财产投资实行监管，其他利益相关者发现慈善组织将不得用于投资的财产用于投资的，可以投诉、举报，由民政部门予以行政处罚。（2）对投资领域的监管。由于慈善组织财产的公益性，慈善财产的投资应尽可能保值增值，为实现这一目标，慈善财产不得投资高风险行业，只能投资低风险或零风险行业，为此，慈善组织投资领域限定在金融机构的资产管理产品、低风险的公司股权投资等，不得投资《慈善组织保值增值投资活动管理暂行办法》第7条列举的八个方面。监管机构对慈善组织投资的领域应实行跟踪监管，发现慈善组织投资高风险行业应立即叫停，因此而给慈善组织造成损失的，决策人员及主要管理人员应当承担

① 参见《两部门：受托人不得借慈善信托名义非法集资洗钱》，载中国新闻网，http://www.chinanews.com/cj/2017/07-26/8288281.shtml。

赔偿责任。（3）对投资风险防控的监管。有投资就有风险，风险与投资相伴而生，即便慈善组织投资低风险行业，也会存在风险，所以慈善组织应当根据投资活动的风险水平以及所能承受的损失程度，合理建立止损机制，达到止损的目的。另外，慈善组织可以建立风险准备金制度。每年从其接受的捐赠财产中提取一定比例的财产设立为风险准备金，用于填补投资发生的风险损失。提取的风险准备金应纳入管理费中，不应纳入慈善组织开展慈善活动的正常支出，但风险准备金提取的比例不宜过高。

3. 完善慈善组织重大关联交易监管制度

《慈善法》第14条第1款规定，“慈善组织的发起人、主要捐赠人以及管理人员，不得利用其关联关系损害慈善组织、受益人的利益和社会公共利益。”法律禁止的是慈善组织的不正当的关联交易，并不禁止正当的关联交易。慈善组织的发起人、捐赠人、负责人、理事、理事来源单位以及其他与慈善组织之间存在控制、共同控制或者重大影响关系的个人或者组织都是慈善组织的关联方。关联交易的关联方主要是发起人、主要捐赠人以及管理人员，这些关联方往往存在一定的关联关系。正当的关联交易对慈善财产的安全保障和交易的效率具有促进作用；不正当的关联交易违背公平原则，使慈善组织、受助人遭受损害。所以，慈善组织重大关联交易必须纳入监管范围，对慈善组织关联交易的监管包括：（1）对慈善组织关联交易决策的监管。慈善组织的发起人、主要捐赠人以及管理人员与慈善组织发生交易行为的，应当回避表决，监管机关有权对其是否回避进行调查，发现没有回避的，可以通过诉讼撤销有关决策决议。（2）对慈善组织关联交易信息公开的监管。慈善组织的发起人、主要捐赠人以及管理人员与慈善组织发生交易行为的，有关交易的情况应当向社会公开。如果关联交易信息不公开，行政管理机关有权监管；公众发现慈善组织关联交易有不当或违法情形的，可以向民政部门、其他有关部门或者慈善行业组织投诉、举报。信息公开制度保证了慈善组织关联交易的透明，预防与制止存在利益输送等侵犯慈善组织、受助人利益情况的发生。（3）追究不正当关联交易相关人员的法律责任。一是行政责任。

慈善组织违反关联交易规定，造成慈善组织财产损失的，由民政部门依法对法定代表人或负责人及直接责任人员予以行政处罚。二是民事责任。关联交易给慈善组织造成财产损失的，慈善组织有权向相关责任人主张相应的民事赔偿责任。三是刑事责任。关联交易给慈善组织造成重大财产损失，或者发生严重后果，构成犯罪的，应追究相关关联交易方的刑事责任。

综上，慈善组织监管的范围以慈善组织财产的管理与使用为主线，慈善组织财产监管体系见图6－2。

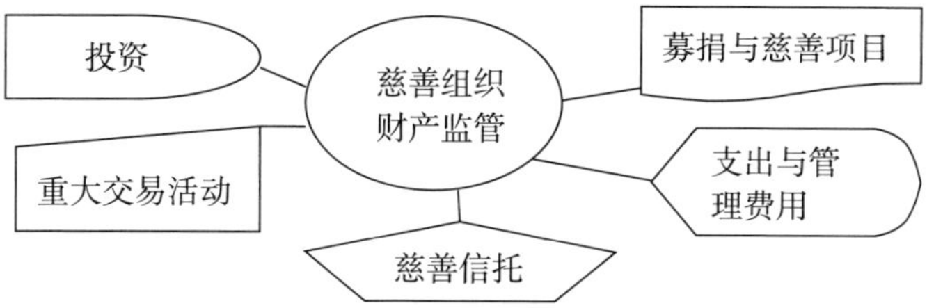

图6－2　慈善组织财产管理与使用监管体系

四、健全刚柔并济的慈善组织监管措施

（一）健全法律监管措施

慈善组织监管包括行政、民事与刑事监管措施，以行政监管措施为主，兼顾民事和刑事监管措施。(1) 非行政处罚监管措施与行政处罚监管措施相结合，完善行政监管措施。我国慈善组织的监管主要还是依靠行政管理机关，法律授权行政管理机关可以采取一系列监管措施。其中，非行政处罚监管措施有对慈善组织的检查，作出说明，查阅、复制慈善组织相关资料，调查，查询，约谈，通报批评，报送专门报告，披露有关信息，提出建议，禁止慈善财产投资，禁止交易函等。在慈善组织活动事前、事中及事后，根据具体情况选择适用非行政处罚监管措施，可以多个措施并用。行政处罚监管措施包括警告、责令限期改正、返还财产、责令限期停止活动并进行整改、吊销登记证书并予以公告、没收违法所得、罚款等。另外，还应当包括对慈善组织财产实施强制扣留，强制搜查，现场管制，查封、扣押和冻结等行政强制

执行措施。(2) 完善民事责任制度。慈善组织的财产来源于捐赠者的捐赠，慈善组织或慈善组织管理人员挪用、侵占捐赠财产的，捐赠者有权请求返还，对慈善财产造成损失的，捐赠者有权请求直接责任人员赔偿损失。再就是，在慈善服务过程中，因慈善组织或者志愿者过错给受益人、第三人造成损害的，慈善组织应依法承担赔偿责任，志愿者在参与慈善服务过程中受到人身或财产损害的，慈善组织应对志愿者承担赔偿责任。(3) 依法追究刑事责任。慈善组织在募捐、财产管理与使用、财务信息公开、慈善财产投资、关联交易等方面发生严重危害慈善组织的行为，或给慈善组织造成重大财产损失的，或滥用职权、徇私舞弊、弄虚作假造成严重后果的，根据我国刑法的相关规定，追究法定代表人或负责人、直接责任人员的刑事责任。

(二) 健全非法律监管措施

慈善组织的非法律监管措施主要包括管理、经济及道义上的措施。(1) 在管理监督方面，行政管理机关、第三方机构、行业自律机构均可以采取相关措施监督慈善组织活动。慈善组织法定代表人或负责人及其主要责任人员在慈善组织活动中没有尽到审慎管理职责，如公开募捐涉嫌虚假宣传、挪用慈善财产、滥用职权等尚未造成严重后果的，行政管理机关可以建议慈善组织罢免法定代表人或负责人，对相关直接责任人员给予警告、记过、记大过、降级、撤职、留用察看、开除等处分，第三方机构可以作出不合格的评估结果，自律机构有权责令慈善组织改正，并对直接责任人员予以批评等。这些管理上的监督措施宜在问题刚出现时适用，可以有效抑制和消除慈善组织活动出现的不好苗头。(2) 在经济监督方面，实行经济奖励与限制相结合的措施。一方面，对开展活动成效显著的慈善组织给予经济奖励，如我国每两年一次的“中华慈善奖”。另一方面，对在开展慈善活动中出现问题或者不积极开展慈善活动的慈善组织，在经济补助上予以限制，如本该拨付的扶持资金不予拨付，可以享有的捐赠配比资金不予配比等。这样监管奖惩分明，有利于推动慈善组织积极创新慈善活动内容和方式。(3) 在道义监督方面，尽可能唤起人们监督的自觉意识。社会公众、媒体等往往是道义监督的最主要主体，我国社会公众、媒体对慈善组织的监督从未间断过。但由于慈善组织信息不公开以及监督渠道不通畅，社会公众、媒体难以了解慈善组织的具体情况，道义上的监督流于形式。为此，一要大力宣传社会公众与媒体对慈善组织监督的重要性，明确社会公众与媒体可以采取提醒、告诫、敦促、曝光等方式监督慈善组织；二是畅通监管渠道，线上线下设立投诉、举报热线或平台，包括电话、微信、微博、App、邮件、小程序等多种渠道，实现随时随地进行监督。道义上的监督是整个监管措施中不可缺少的组成部分，具有明显的监督效果。

结　语

慈善组织是借助捐赠财产实现公共利益的非营利组织，其开展慈善活动理应接受行政管理机关、捐赠者、社会公众、媒体、第三方机构、自律机构等多方面的监督管理，慈善组织监管是慈善事业健康发展的保障。从世界各国来看，慈善组织发展的历史就是一部监管的历史，从慈善事业的兴起到初步发展再到常态化发展，慈善组织的监管始终伴随左右，并在不断加强。各国的慈善组织监管制度是其慈善组织长期发展中不断改革突破的结果，符合社会发展的需要。

现代意义上的慈善是人人可为的公益行为，我国现代慈善事业发展较迟，慈善组织出现也较晚，但对慈善组织的监管一直都在进行，从最初的行政机关独家监管发展到当今的慈善组织利益相关者共同监管的新体系，不断完善慈善组织监管制度，监管力度也在不断加强。但是，我国慈善组织监管制度还存在诸多亟待解决的问题。为保障慈善事业的发展，我国需要建立一套系统、完整的慈善组织监管机制，对慈善组织实行全面监管：一是完善慈善组织监管立法。完善与制定《慈善法》、社会组织法，从立法上保证慈善组织监管有法可依。二是构建慈善组织多元监管主体体系。建立以行政管理机关监管为主，兼顾捐赠者、受助人、第三方评估机构、自律机构、社会公众、媒体等多元主体共同参与监管体系。三是完善对慈善组织监管的内容。慈善组织监管的内容主要围绕慈善组织财产管理与使用展开，不仅包括对慈善募捐、慈善财产支出与管理费用的监管，还包括慈善组织慈善信托、财产投资、财产关联交易、财产变动等重大财产活动的监管。四是加强慈善组织监管措施的建设。对慈善组织监管既包括承担行政、民事及刑事责任的监管措施，也包括管理、经济及道义上的非法律责任的监管措施。由于我国慈善组织发展需要大力扶持，如果过严追究慈善组织的责任或不加规制任由慈善组织发展，则都不利于尚处于起步阶段的慈善组织发展，采取刚柔并济的监管措施则有利于规范、引导慈善组织持续发展。

近年来，我国慈善组织监管的重点是强化慈善组织年度工作报告公开，将以前的年度检查制度升级到公开年度工作报告制度，无论是公募慈善组织还是非公募慈善组织，每年在规定的时间内必须向登记管理机关指定的统一信息平台上传上年度工作报告，接受监管主体的查阅、质询。监管制度的这一改革表明，我国慈善组织监管制度处于不断完善之中，随着社会的不断发展，慈善组织监管的新模式、新方法还将不断出现，不断丰富我国慈善组织监管制度，也将不断推动我国慈善事业向纵深方向发展。

第七章

慈善组织问责制度

引　言

慈善组织运行中最受人们的关注莫过于慈善财产的管理与使用，慈善组织有义务依据法律法规规章及其章程的规定管理与使用慈善财产，开展慈善活动。然而，在慈善组织开展慈善活动中，围绕慈善财产管理和使用而引发的不当或违法行为常有发生，一旦发生往往成为社会热点问题，继而引发各种猜测，如果不及时解决，则会严重影响慈善组织正常活动的开展。慈善组织是从事社会公共利益活动的主体，公益性、非营利性的特征决定了其开展活动必须置于利益相关者的监督之下，一旦发生不当或违法行为就应当及时启动问责程序，尽快妥善解决问题。

如何对慈善组织问责一直是我国慈善组织治理中的重、难点问题。实践中，由于我国慈善组织处于弱势地位，也由于慈善组织是国家扶持发展的组织，所以，即便慈善组织发生不当或违法行为，问责也是柔性的。例如，2014 年 5 月，雅安地震一周年之际，深圳壹基金公益基金会（以下简称壹基金）主动向外界披露赈灾筹款和善款使用情况。结果显示，在过去一年时间内，壹基金仅使用了 12.7% 左右的善款，公众质疑这一拨付善款比例是“筹资多、花钱慢”。对此，捐赠人请求壹基金给出一个说法。这就是捐赠者对慈善组织的问责，显然是一种柔性的问责方式。只要慈善组织给出令人信服的正当、合理的说法，一般就会息事宁人。但对慈善组织仅有柔性问责远远不够，还需要刚性的问责，刚柔并济的问责才能彰显问责的震慑效果。刚性问责主要是追究法律责任，慈善组织活动存在不当或违法行为，就应当追究法定代表人或负责人及直接责任人的法律责任，例如，2016 年四川凉山汉达社工服务中心法定代表人闫某某被判刑一案就是一起刚性问责案例。2013 年 11 月，四川凉山汉达社工服务中心在凉山州民政局注册成立，系一家慈善组织，2014 年 10 月在腾讯公益平台注册上线，通过腾讯公益平台进行网上募捐。由于四川凉山汉达社工服务中心属于非公募慈善组织，不能公开募捐，所以，其在腾讯公益平台上线的慈善项目分别联合了中国扶贫基金会、中华社会救助基金会、成都慈善总会、上海仁德基金会共四家公募慈善组织开展筹款。在 2014 年至 2016 年年初，四川凉山汉达社工服务中心法定代表人闫某某将一部分募捐的善款据为己有，并用于购买个人理财产品等，涉嫌职务侵占、挪用资金被判处有期徒刑一年，缓刑一年。[①] 这种问责是通过法律的审判追究相关负责人的法律责任，属于刚性问责，社会效果十分明显。本章所研究的慈善组织问责制度，对“问责”做广义理解，不仅包括质疑、批评、建议等柔性问责，还包括追究法律责任的刚性问责。无论是什么类型的问责都需要依法依规依章程进行，对慈善组织活动中发生的不正当或违法行为，该启动问责的就应当问责，有责必问，问责必严，问责的目的不只是对慈善组织追究相应责任，更为重要的是规范慈善组织发展，实现慈善组织目的，推进慈善组织治理能力和治理水平，让慈善组织在我国慈善事业发展中充分发挥其应有的作用。

① 参见何勤华：《以公益之名挪用侵占捐款凉山汉达法定代表人获刑一年》，载新华网，http：//www. xinhuanet. com/politics/2016 - 11/24/c_129376582. htm。

第一节　慈善组织问责基本理论

一、问责的含义及特征

（一）问责的含义

“问责”一词英文为 accountability，从字面上可理解为“诚信、负责任、公信力”。问责制源于西方国家民主治理理论与权责一致理论，最早产生于行政领域，伴随着现代责任政府的产生，政府问责制得以确立，并推广运用到众多领域，问责制已经成为当今民主国家社会治理中一项重要法律制度。

虽然“问责”一词使用频次非常高，但还没有一个统一定义。在国外，学者对问责的定义见仁见智。有学者从行政问责角度，认为问责的内涵包含两个方面的基本内容，即回应性和制裁性。前者是指政府官员所负有的对其行政决策、行政行为及其行政后果进行公开并解释的义务，后者是指政府官员因其失职行为所受到的制裁。① 有学者从功能主义的视角，认为问责是一种需要回应人民所需的问责，作为政权合法性的基础，问责本质上构成一种能够促进团结和政治共同体，并承担破坏和批评功能的控权机制。② 还有学者从问责的运行过程出发，认为问责涵盖了透明度、后果责任、可控性、职责以及回应性等五个方面的内容，其中透明度和后果责任构成问责的基础，而其他三个方面内容并非在每一种问责机制中都会发挥效用。③ 以上列举的

① See Andreas Schedler et al. , *the Self - restraining State*: *Power and Accountability in New Democracies*, Lynne Rienner Publishers, 1999, p. 14. 转引自曹鎏：《美国问责的探源与解析》，载《比较法研究》2017 年第 5 期。

② See Borowiak, supra note 3, at 13. 转引自曹鎏：《美国问责的探源与解析》，载《比较法研究》2017 年第 5 期。

③ See Jonathan GS Koppell, *World Rule*: *Accountability*, *Legitimacy*, *and the Design of Global Governance*, The University of Chicago Press, 2010, p. 33. 转引自曹鎏：《美国问责的探源与解析》，载《比较法研究》2017 年第 5 期。

关于问责概念的界定比较抽象，由此可以看出，不同的学者从不同的视角对问责含义的界定侧重点不同，问责含义不完全相同。

在我国，“问责”一词出现较迟。早期“问责”多出现在报纸杂志、网络上，基本上是对行政机关行政行为监督的体现。正式使用“问责”一词是在2003年“非典”时期，在2005年修订的《现代汉语词典》中加入“问责”一词，解释为“追究政府官员的责任，意即权责对等。”这一解释仍将问责限定在比较狭窄的行政行为范围内，有一定片面性。从广义上来讲，“问责”一词有“说清楚”“负责任”“追究责任”的意思，问责包含有问有责，形成特定的法律关系。在问责法律关系中，构成问责关系的因素包括问责主体、问责对象、问责范围、问责措施及问责程序。问责主体即由谁来追责责任，问责对象是指追究谁的责任，问责范围是指在哪些情形下追责，问责措施是指可采取哪些方式问责，问责程序则是指问责主体进行问责应遵守的程序要求。

起源于西方国家的问责制度被我国借鉴后最初适用于行政管理和行政执法，主要针对行政机关及其工作人员在行政管理及行政执法中的不当或违法行为进行行政问责。行政问责是指行政机关及其工作人员有义务及时回应社会公众对其权力行使过程和结果的怀疑，作出解释、说明，并根据政府或上级行政机关决定，及时纠正错误，承担有关责任。[①] 随着行政问责力度不断加强，制度不断完善，行政问责的有效经验为其他领域问责提供了参考。近年来，我国问责制度从行政领域逐渐推及企业、事业单位、社会组织等多个领域的管理与治理中，慈善组织也不例外。在新时代背景下，问责有了新的含义。

问责可以理解为被追责的主体对其实施的行为予以回应并对相应的结果承担责任。问责有广义和狭义之分，广义上的问责作为一种普遍的社会关系

① 参见余凌云：《对我国行政问责制度之省思》，载《法商研究》2013年第3期。

形式，存在于许多社会环境和社会关系之中。[①] 在社会发生重大事件或重大事故时，有权主体可以向相关责任人发出要求，请求给予回应，以及主张其承担相应的责任。狭义上的问责常常与公共行政联系在一起，被视为一种行政结构和治理方式。[②] 狭义上的问责往往是指行政问责。不同学科对问责的解读不完全相同：政治学上的问责倾向于对执政党及执政者问责，是宏观上的问责；管理学上的问责是从管理各项事务的要求出发，对管理者及其相关人员的问责；社会学上的问责则着重强调对社会活动主办方或承办方问责，如美国学者易卜拉欣（Ebrahim）认为，在其最简单的意义上，问责是指一个程序，通过这个程序，个人或者组织对他们的行为以及由此产生的结果负责；[③] 法学上的问责更多的是从法律责任承担的角度界定问责构成要件、问责的途径及问责的结果，余凌云教授认为，问责是要求就其行为的某种权限承担责任的过程，涉及回应和承担责任两个方面。[④]

综合上述分析，本章从法学兼顾管理学与社会学的视角对慈善组织问责制度展开研究，将问责界定为：在各种法律关系中，对发生的不正当或违法行为，有权主体请求相关责任主体给予回应处理，或追究责任主体及相关责任人员法律责任。问责是个抽象的概念，但又是可以落到实处的制度。

目前，我国对行政机关、行政机关负责人及相关责任人员问责制度的基本架构已经形成，在适用中取得了一定的成效。行政问责是严格行政执法的必然结果，作为民主制度的组成部分，行政问责制是通过各种方式让掌握公共权力的政府机关及其工作人员切实为其行为承担后果，其实质在于防止和阻止政府机关及其工作人员滥用行政权力。我国改革开放之后，首次实行行政问责的是 1979 年“渤海二号”钻井船翻沉事件。该起事件发生后，对相

① 参见石书伟：《论我国行政问责的理论逻辑与制度建构》，载《华南理工大学学报（社会科学版）》2010 年第 5 期。

② See Jay M. Shafritz, *International Encyclopedia of Public Policy and Administration*, West view Press, 1998, p. 6. 转引自石书伟：《论我国行政问责的理论逻辑与制度建构》，载《华南理工大学学报（社会科学版）》2010 年第 5 期。

③ 参见郑华卿：《中国突发事件行政问责功能异化研究》，华中科技大学 2011 年博士学位论文。

④ 参见余凌云：《对我国行政问责制度之省思》，载《法商研究》2013 年第 3 期。

关行政机关人员作出的是撤职、记大过处分。[①] 这就是对行政机关负责人及直接责任人员的问责。但这一事件之后，在一个较长的时间内，我国行政问责并没有相应的立法与制度支撑，行政问责的力度不大，其他领域的问责几乎是空白。在我国真正掀起问责风暴始于2003年“非典”事件，此事件引发大范围对行政官员的问责。“问责”一词伴随“非典”事件出现在公众的视野中，2003年非典时期的危机问责逐渐发展为从“不问责”到“问责”，从“弹性问责”到“刚性问责”，从“行政一把手问责”到“党政一把手问责”，问责力度逐渐加强，并逐步将问责推及多个社会治理领域。

自21世纪初以来，“问责”成为国家、社会和政府治理的一个热词，频频出现在各大报刊媒体网络、公众舆论中。问责的不断加强，推动了相关制度的建立和执法文明，也推动了我国法治建设进程。问责逐步向制度化、常态化方向发展，有效地提高了国家、社会和政府治理能力和治理水平。

（二）问责的特征

1. 问责主体的广泛性

随着我国社会主义民主建设的不断推进，问责推及社会多个领域，既有执政党内部问责，也有国家治理中的立法问责、行政问责、司法问责，还有企事业单位包括慈善组织在内的非营利组织的问责等，只要发生不利于社会发展或阻碍社会进步的不当或违法行为，往往就会启动问责。随着问责领域不断拓展，问责主体表现出广泛性。问责主体既包括国家机关、企事业单位、社会组织，也包括社会公众、媒体等各类社会活动的参与者，问责主体的广泛性，不断推动问责制度的健全和完善。

2. 问责对象的开放性

我国的问责最先是行政问责，而且行政问责制度也比较成熟。随着国家治理体系和治理能力现代化建设的推进，问责从行政问责发展到司法问责、

---

① “渤海二号”钻井船翻沉事件发生后，当时石油部部长宋振明被免去部长职务，主管石油工作的国务院副总理康世恩被记大过，这也是中国行政问责处理的最高级别的官员。

企事业单位问责、社会组织问责等多个领域问责领域的不断扩展使问责对象也不断扩展。问责对象呈现出开放性，只要涉及问责的领域，相关组织及其法定代表人或负责人、直接责任人员都有可能成为问责的对象。

3. 问责方式的多样性

问责方式没有统一的范式。从问责制度实行以来，行政、司法、非营利组织、企事业单位等领域的问责就没有停止过。问责类型从最初的道义问责、职务问责逐渐发展到道义问责、职务问责及法律问责并行的态势，相应地，形成了多样化的问责方式。问责类型不同，问责方式有所不同。道义问责主要包括质疑、通报、批评、公开处理、召开新闻发布会等方式；职务问责包括记大过、引咎辞职、责令辞职、撤职或免职、作出检查、道歉、检讨、罢免等方式；法律问责则包括民事责任、行政责任及刑事责任的追究。通过多种多样的问责方式，对问责对象不正当、不合法的行为予以纠正或追究问责对象责任，规范问责的适用，达到问责的目的。

4. 问责目的的明确性

问责目的分为长期目的与短期目的。长期目的主要指问责制度设立的目的，问责是本着化解矛盾、解决纷争、建设和谐美好社会秩序而建立的制度；短期目的是让问责对象承担不利后果。在具体问责中，常见的问责是问责主体对问责事件在调查核实基础上，回应社会公众的疑问、诉求，并采取相应的措施加以解决。问责目的不仅仅是对问责对象的追责，更重要的是化解矛盾、解决纷争，给问责主体及社会一个合理的交代，达到人们期盼的社会效果，引导问责对象依法从事相应活动，回应社会各方面的异议、不解、揣测等，给出明确的处理结果。

5. 问责程序的法定性

从问责主体启动问责到审查问责事件再到追究问责对象的责任，问责必须遵守一定的程序。一般国家都明确规定问责程序。问责程序包括：首先，由问责主体启动问责程序。可以直接质疑问责对象，要求给予回应，也可以通过政府、司法机关及第三方机构提出异议、诉求等。其次，对问责的审查。如果是直接向问责对象提起问责，问责对象应尽快给予回应；如果是通过政府、司法机关及第三方机构问责，相关单位接到问责材料后应进行审查，必要时可以调查相关资料，在审查中可以组织听证会，听证会上让问责主体充分陈述问责的事实与理由及依据，给予问责对象充分陈述、申辩的机会。最后，公开问责审查决定。问责审查机构在充分了解问责事件的基础上，本着实事求是、重证据、重调查研究的原则，在查明事实的基础上作出审查决定。问责决定是问责的后果，必须公开，如果问责对象对问责决定不服，可以通过申诉或诉讼的途径解决。

二、慈善组织问责的含义及特征

随着社会的发展，问责领域不断扩展，进入 21 世纪以来，对慈善组织问责多次被提起。2008 年汶川地震之后，我国慈善组织得到快速发展，一些公募慈善组织采取多种多样的募捐、劝捐方式开展募捐活动。伴随着慈善组织善款的增加，一些慈善组织滥用善款的事件时有报道，带来了极其恶劣的社会影响。2011 年“郭美美事件”① 发生之后，全社会掀起了对慈善组织问责的风暴，不断有慈善组织或其法定代表人、负责人被问责。比如，2012 年 4 月中国红十字基金会下属的“仁爱基金”捐劣质自行车被网友在网络上曝光，对此，中国红十字基金会作出回应称：中国红十字基金会已关注到媒体关于仁爱基金捐赠自行车的有关报道，对此非常重视，已就反映的有关情况展开调查，如报道情况属实，我会将严肃认真进行查处，并将通报查处结果。② 后来通过协调，该批自行车被退回厂家。又如，2012 年天使妈妈基金

① 2011 年 6 月因郭美美曾在微博上以“中国红十字会商业总经理”的身份炫富而受到广泛关注，引起舆论的一片质疑，从而引起对中国红十字基金会的善款使用质疑，直接导致当年中国红十字基金会接受的捐款锐减。

② 参见祝娟：《红基会回应向陕西捐万辆劣质自行车　称属实将严肃查处》，载 http：//news.ifeng.com/mainland/detail_2012_04/26/14170540_0.shtml。

会为身体受到严重伤害的小传旺发起募捐，后续对救助小传旺的善款去向引发问责。公众请求天使妈妈基金会公开捐赠的款项使用情况，后来天使妈妈基金召开新闻发布会，公开了救助小传旺的善款去向，回应了公众，并宣称，小传旺治疗善款剩余的部分将用于小传旺生活与学习。[①] 上述几例均是公众引发的问责。在“郭美美事件”中，由于问责对象回应存在一定的滞后性、不确定性，导致当年的中国红十字基金会捐赠收入锐减，而在“仁爱基金”捐劣质自行车事件中，中国红十字基金会给予及时回应，很快平息了风波，“小传旺事件”也是如此。由此可以看出，在问责事件中，问责对象能够及时给予回应的，一般能够快速化解矛盾，解决纠纷；反之，则会对慈善组织产生极为不利的负面影响。

近年来，我国慈善组织的问责正朝着规范化方向发展，如2018年民政部对包括永恒慈善基金会在内的多家慈善组织进行行政处罚，表明了行政管理机关对慈善组织问责的执行力度。针对问责，一般慈善组织都会积极回应，但部分慈善组织的回应往往停留在情况说明上，而没有具体的整改措施，对慈善组织及直接责任人员处罚不力，法律责任承担力度不够。长期以来，我国对慈善组织问责以柔性问责为主，多数情况下适用的是道义问责，而职务问责及法律问责不多。柔性问责往往只起警示作用，不能从根本上解决问题，不利于慈善组织的健康发展，也不利于我国慈善事业的发展。慈善组织作为社会治理的重要一员，是专门管理和使用慈善财产的组织，其所作所为备受利益相关者关注，慈善组织慈善活动做得好与坏直接关系到慈善组织筹集善款的多与少，也直接影响慈善组织公信力建设，所以，慈善组织的慈善活动必须接受社会的监督，对慈善财产必须依法管理与使用。如果慈善组织在履行职责过程中有不当或违法行为，就应当接受问责，承担相应的问责后果。

---

① 参见李秋萌：《天使妈妈基金称剩余捐款或将用于小传旺生活》，载新浪公益，http：//gongyi.sina.com.cn/gyzx/2012-07-26/095036116.html。

（一）慈善组织问责的含义

关于慈善组织问责的定义，学术界存在不同的观点。有学者认为，慈善组织问责是指慈善组织就其组织行动通过公开的途径向问责主体进行说明、解释和辩护，理清行动结果应由谁负责和责任的归属，并据此接受奖惩，以达成提升慈善组织的绩效与价值的目的。[①] 还有学者认为，社会组织问责是指组织内部和外部的多重利益相关者通过开放式对话要求社会组织说明、解释或证明其行为的正当性，并承担相应后果的行为或过程。[②] 上述定义对界定慈善组织问责具有参考价值。笔者认为，对慈善组织问责含义的界定应厘清以下几方面问题：一是谁来问责慈善组织；二是慈善组织问责的对象；三是慈善组织问责的方式与途径。这几方面的问题构成对慈善组织问责的核心内容。综合慈善组织问责的理论与实践，慈善组织问责可定义为慈善组织利益相关者对慈善组织的不当或违法行为，通过致函、对话等方式，要求慈善组织给予回应，并说明其行为的正当性、合法性，否则将承担相应不利后果的制度安排。这一定义是从广义上界定慈善组织问责。

慈善组织问责有广义和狭义之分。广义上的慈善组织问责是指慈善组织开展慈善活动存在不当或违法行为，对慈善组织造成一定的不利后果，要求及时给予回应，并对慈善组织及其法定代理人或负责人、直接责任人员追究道义责任、职务责任乃至法律责任。狭义上的慈善组织问责是指慈善组织在慈善活动中存在不当或违法行为，对慈善组织造成一定的不利后果，对慈善组织及其法定代表人或负责人、直接责任人员追究法律责任。广义上的慈善组织问责主要从问责范围、问责类型、问责方式等方面进行界定，狭义上慈善组织问责仅从法律角度对相关责任主体追责。广义上的问责包括狭义上问责，本章所研究的是广义上的慈善组织问责。

① 参见于常有：《非营利组织问责：概念、体系及其限度》，载《中国行政管理》2011年第4期。

② 参见傅金鹏：《我国公益性社会组织提供公共服务的问责逻辑》，复旦大学2012年博士学位论文。

（二）慈善组织问责的特征

进入21世纪以来，我国慈善事业发展迅速，同时对慈善组织的问责一直没有停止过。截至2019年12月31日，在相关搜索引擎和专业数据库，输入“慈善组织问责案例”，在“百度学术”中找到相关结果4900个，其中关联度较高的案例很少，在“360搜索”找到相关结果约1070个，其中多数为一般问责案例，且重复率较高，单纯对慈善组织问责的案例并不多；在“中国知网”搜到7926条结果，以硕博论文为主，案例的重复率也较高。慈善组织问责案件多是慈善组织活动不当或违法而引发的具有重大影响案件，经由公众、媒体等问责主体公之于众，慈善组织一般会及时给予回应，并积极寻求解决的方式，但也存在慈善组织面对问责主体的问责消极不作为的情况，问责得不到有效的回应。概而言之，我国慈善组织问责具有以下特征。

1. 问责柔性化明显

就我国为数不多的慈善组织问责案例分析，大部分问责是要求慈善组织给出声明或解释，如对问责主体质疑的慈善组织滥用善款问题，往往慈善组织会保证改正，声明会积极兑现募捐目的。这就是柔性问责。这样的柔性问责对慈善组织不能产生强有力的约束，慈善组织回应的声明是否属实难以查证。我国慈善组织问责中柔性问责普遍存在，不仅道义问责存在柔性的一面，职务问责也存在柔性的做法，如以警告、训诫主要方式，辞退、撤职、降职等则很少适用，更谈不上对慈善组织及其主要责任人追究法律责任。近年来慈善组织问责虽有加强的趋势，但发生重大事件或事故需要问责处理时，问责仍然刚性不足，偏于柔性化。

2. 异体问责发展较快

问责分为同体问责与异体问责。同体问责是指同一领域内的问责，如行政机关对其工作人员的问责、慈善组织对其工作人员的问责、慈善联合会对慈善组织问责等。同体问责往往表现出来的是内部处分或处理，属于内部问责。异体问责是指来自外部的利害关系人问责，有利于对失职、失责行为的经常性监管，属于外部问责。因为外部问责的利害关系人较多，问责不到位，使问责流于形式，问责效果不明显。近年来，我国慈善组织的利害关系人对慈善组织的问责越来越多，这种异体问责主要表现为行政机关问责、公众媒体问责、捐赠者问责、受助人问责等，但没有形成一个核心部门为主的问责机制。慈善组织的异体问责启动虽然较多，但回应较少，效果不甚理想，表现出松散性。理论上异体问责是从外部对慈善组织施加影响，能够更好地推进慈善事业的发展，更有利于慈善组织活动公开透明，但在具体实践中，慈善组织异体问责阻力较大，问责效果没有真正发挥出来。从慈善组织长远发展看，异体问责是对慈善组织问责的主导类型，在不断完善同体问责基础上，需要加强慈善组织异体问责，这不仅有利于对慈善组织活动全面加以监督管理，而且还有利于慈善组织健康持续发展。

3. 应急型问责向长效型问责转变

在较长时期内，只有慈善组织发生重大事件或事故时才有问责，如前文提到的天使妈妈基金事件的问责，是捐赠者质疑后，有关部门才启动问责，这属于典型的应急型问责。在过去的10多年中，这种问责方式较为常见，是典型的“头痛医头、脚痛医脚”的做法。应急型问责的做法，没有将问责纳入慈善组织治理机制中，不能从根本上遏制不当或违法行为。所以，建立规范化、常态化的问责制度关系到慈善组织活动的公信力和透明度，也关系到慈善组织治理能力和治理水平。强化慈善组织问责意识，提高慈善组织问责水平，培养慈善组织长效问责机制，这是慈善组织治理中应有的内容。

4. 问责方式多样性

在较长时期内，因慈善组织属于社会公益组织，公众对这类组织的活动总是给以足够的宽容，在慈善活动中如果发生重大事件，只要不涉及慈善组织慈善财产，一般都会大事化小处理，如公众质疑慈善组织管理费用偏高，一般慈善组织作出说明也就可以解决，问责方式以柔性问责为主并且较为单调。随着慈善组织主体地位的确立。慈善组织活动的不断拓展，对慈善组织的问责方式也越来越多，并且呈现出开放性的发展趋势。慈善组织问责类型不仅包括道义问责，还包括职务问责和法律问责，每一类问责又包括多种问责方式。问责方式的多样化带来了对慈善组织问责的便利，并且慈善组织问责方式不是固定不变的，只要是有助于社会公益，有利于慈善组织发展，有利于维护捐赠人、受助人合法权益的问责方式都可以纳入问责方式中。

5. 从权力问责逐步向制度问责转变

权力问责就是当权者利用手中权力对问责对象直接予以问责，带有强制性、专断性。权力问责往往是强制推行，易于滥用，导致问责对象承担了不应承担的责任。权力问责解决的是一时的问题，但不能从根本上解决问题，对其他个人和组织起不到引导和威慑的效果。只有将问责制度化、规范化，建立完善的问责制度，才能发挥问责制的警示效应与威慑力，使问责制度真正发挥其规范慈善组织发展的作用。对慈善组织实施制度问责就要健全和完善道义问责、职务问责与法律问责相关制度，严格适用问责制度。

三、慈善组织问责构成要件

慈善组织问责实质上是对慈善组织不正当或违法行为给出解释、说明，否则就需要承担相应的责任。所以，慈善组织问责不仅是相关责任的承担，启动问责还需要符合以下几方面的条件。

（一）问责主体

慈善组织问责主要是对慈善组织发生的不正当或违法的行为，由利害关系人直接向慈善组织质疑或向慈善组织管理监督部门提出建议，慈善组织应及时予以回应并承担相应的后果。由于问责事由牵涉面广，涉及人员众多，具有一定利害关系的单位与人员都是问责的主体，问责主体范围具有广泛性。在慈善组织问责中，问责的主体包括同体问责主体，也包括异体问责主体。在我国，同体问责的主体一般是慈善组织内的问责，包括慈善组织对其负责人、直接责任人员问责，也包括慈善组织联合会的问责，异体问责的主体则包括行政管理机关、企业、公众、媒体等，异体问责主体具有广泛性，呈现开放式的体系。

（二）问责对象

问责对象，又称为问责的客体，即向谁问责，一般是指最终承担问责结果的组织和个人，是问责结果的承担者。理论与实务中对慈善组织问责对象一直存有争议，主要分歧在于慈善组织问责的对象是仅限于慈善组织法定代表人或主要负责人，还是包括具体工作人员。有人认为，可以借鉴行政问责的做法，问责对象应限于慈善组织法定代表人或主要负责人，不应包括具体工作人员；有人认为，问责对象不仅包括慈善组织法定代表人或主要负责人，还应当包括具体工作人员，这样有利于强化慈善组织所有人员的责任心，规范慈善组织活动。但这两种观点都没有考虑慈善组织是否是问责对象的问题。

在我国慈善组织发展过程中，慈善组织一直处相对比较弱的状态，而社会的发展又需要大力扶持慈善组织，因此，对慈善组织保护偏多。如果对慈善组织问责，则可能对刚刚有起色的慈善事业不利。因此，大多数人对慈善组织是否可以作为问责对象避而不谈。然而，慈善组织作为社会慈善活动参与者之一，在慈善活动中应当遵守活动规则，遵守法律法规，如果有不当或违法行为就应当予以问责。所以，慈善组织应该是问责对象。

在慈善组织开展的活动中，慈善组织的法定代表人或主要负责人、具体工作人员是根据慈善组织的委托具体从事慈善活动的人，这部分人从事慈善活动有不当或违法行为的，都应当成为问责对象。法定代表人或主要负责人没有尽到管理职责，应接受问责，具体工作人员在活动中有不当或违法行为的，也应接受问责，因为具体工作人员是直接责任人员，对因直接责任发生的后果当然要承当责任。

（三）问责范围

慈善组织问责的范围，即问责的内容存在一定的不确定性、不可预测性。对慈善组织而言，慈善组织设立、运行、解散、清算及终止涉及的问题都可以成为问责的内容。在实践中，一般情况下，慈善组织因活动导致的社会负面影响较大或是迫于外界压力不得不启动问责，所以问责具有即时性、随意性，对问责内容没有统一界定。

理论上，慈善组织问责应界定在一定的范围之内，对应当问责的事项采取列举加概括的方式规定下来，对免于问责的事项采取列举的方式规定下来，厘清问责与免于问责的边界。在慈善组织活动中，应当列入问责范围的事项包括但不限于以下几方面：(1) 违反《慈善法》规定的内容；(2) 违反《志愿服务条例》等行政法规对慈善组织规定的内容；(3) 违反《慈善组织信息公开办法》等部门规章规定的内容；(4) 违反国务院《关于促进慈善事业健康发展的指导意见》等政策规定的内容。

（四）问责方式

有学者将行政问责承担的责任分为：道义上的责任；政治上的责任；民主的责任；法律的责任，包括行政责任、刑事责任。[①] 以上四种责任适用于行政问责类型，这一观点对慈善组织问责制度的构建具有参考价值。根据慈善组织性质及其应有的社会地位，笔者将慈善组织问责的类型分为道义问责、职务问责及法律问责，不同类型的问责有不同的问责方式，呈现出多样性、开放性的格局。道义问责主要以批评、质疑、谴责、诫勉、召开新闻发布会等为主，是比较轻微的问责，一般由受害者或公众、媒体直接向慈善组织提起；职务问责是针对被问责的法定代表人或负责人、直接责任人员的不当或违法行为而启动的问责，包括警告、记过、记大过、停职检查、劝退、撤职、降级、引咎辞职、责令辞职、免职等，这是慈善组织问责的常见方式；法律问责是依据法律的规定对问责对象的不当或违法行为追究法律责任，赔偿损失、赔礼道歉、罚款、没收财产、撤销、追究刑事责任等都是法律问责。无论哪种类型的问责，一旦启动，被问责的慈善组织及其法定代表人或负责人、直接责任人员均有义务及时给予回应，并积极寻求化解矛盾解决问题的方法，回应问责者的所需。

（五）问责程序

问责程序是指问责的启动、运行及结果的安排。问责需要严格按照程序

---

① 参见毛寿龙：《引咎辞职、问责制与治道变革》，载《浙江学刊》2005 年第 1 期。

进行，违反程序的问责不具有法律效力，问责对象有权以程序违法申请撤销问责。

（1）问责启动。启动问责需符合的条件包括但不限于：一是问责由具有问责资格的主体提起；二是问责对象是实施了不当或违法行为的慈善组织及其法定代表人或主要负责人、直接责任人员；三是存在问责的事由；四是有问责的必要性及实效性。

（2）问责运行过程。问责启动后正式进入问责程序，在问责程序进行中要遵循的做法：一是审议问责事项。建立相对中立的调查委员会，负责审议和提出初步处理意见；二是引入公众评议、听证并说明理由，允许问责对象陈述，辩解；三是作出问责决定。

（3）公开问责结果。问责结果是指问责的直接效果。问责的力度不同，问责的结果不同，能够及时解决问题的问责，效果立竿见影。对涉及道义责任的问责，一般问责对象保证改正、当场给以说明等，效果十分明显；对涉及职务的问责和法律的问责，往往比较慎重，当场不便作出结果的，要告知问责主体在一定的期限内给予答复。无论哪一种类型的问责，问责结果都应当公开。只有公开问责的原因、过程及结果，才能够方便公众监督，保证问责的公平、公正。

第二节　慈善组织问责理论及其结构体系

一、慈善组织问责理论

关于慈善组织问责的理论，学术界有不同的观点，主要是四理论说，即资源依赖理论、利益相关者理论、委托代理理论和管家理论。[①] 这是从宏观

① 参见傅金鹏：《西方非营利组织问责理论评介》，载《国外社会科学》2012 年第 1 期。

的视角对慈善组织问责理论的界定。笔者主张根据慈善组织的宗旨使命、法律地位、社会功能、活动领域等因素分析慈善组织问责理论，据此，慈善组织问责理论主要包括利益相关者理论、委托代理理论及权责一致理论。

（一）利益相关者理论

利益相关者理论的最早提出者一般认为是美国著名管理学家弗里曼，他将利益相关者界定为“那些能影响企业目标的实现或被企业目标的实现所影响的个人或群体”①。这也是利益相关者的经典定义。弗里曼主要将企业作为对象，对企业利益相关者开展研究，企业经营过程中影响企业经营的股东、员工、债权人、政府、社区、行业协会、公众、媒体等个人或群体都是企业利益相关者。根据利益相关者理论，企业既要关注对其目标和绩效有益或有害的任何组织或个体，也要考虑受企业行为影响的任何组织或个体的利益。同理，在慈善组织中，那些影响慈善组织或者被慈善组织目标所影响的个人或群体就是慈善组织的利益相关者，包括发起人、员工、志愿者、捐赠者、受助人、政府、社区、行业协会、公众、媒体等，与企业相比，慈善组织的利益相关者更为复杂，尽管不以营利为目的的慈善组织与以营利为目的的企业在性质和功能等多方面区别明显，但两类组织的利益相关者有一个共同的权利即监督权，因可以行使监督，所以对监督中产生或发现的问题就有权问责。

慈善组织的利益相关者是慈善组织治理的参加者，呈现多元化发展趋势。各利益相关者与慈善组织形成不同的法律关系，从不同的视角对慈善组织治理产生影响。一旦慈善组织治理失灵，给慈善组织造成损失，则各利益相关者可以问责。慈善组织利益相关者因慈善组织开展活动与其紧密相连，慈善组织的发起人、员工、志愿者是慈善组织活动的直接参加者，对慈善组织运行中的不当行为或违规违法的行为往往了解早、感受深，这部分利益相关者

① 参见［美］R. 爱德华·弗里曼：《战略管理：利益相关者方法》，王彦华、梁豪译，上海译文出版社2006年版，第30页。

是慈善组织活动的直接参加者，一旦慈善组织有不当或违法行为，则可以及时启动问责，及时控制不利的局面，阻止损失的扩大，化解风险。慈善组织的捐赠者、受助人、政府、社区、行业协会、公众、媒体等利益相关者与慈善组织存在外部联系，是外部问责主体，是慈善组织活动的监督者。这部分利益相关者对慈善组织存在不当行为或违规违法行为可以通过质疑、异议、处罚、约谈、投诉、申诉、控告、报道等方式启动问责，敦促慈善组织及时更正不当行为，纠正违规违法行为。

（二）委托代理理论

委托代理理论是实践中广泛存在的各种委托代理关系的依据、基础与溯源，关于委托代理关系含义的界定参见第一章“委托代理理论”的论述，这里不再赘述。对慈善组织问责，运用委托代理理论分析，广义上的委托人包括所有的问责主体，狭义上的委托人主要是向慈善组织出资及捐赠的人，即发起人与捐赠者。本章从广义上界定委托人。

由于慈善组织是以慈善为目的的社会公益组织，对慈善组织监督的主体广泛，有内部监督主体和外部监督主体，这些监督主体也是问责主体，从直接存在委托代理关系考虑，问责主体中的发起人、捐赠者、政府也是直接委托人，其他问责主体则可以纳入间接委托人。发起人、捐赠者将其财产捐赠给慈善组织，委托慈善组织管理和处分捐赠财产，作为受托人的慈善组织有责任管理和使用好慈善财产。慈善组织管理慈善财产的人员应当履行勤勉、忠实义务，本着负责任的态度用好慈善财产，否则，委托人就可以对其问责；同样，政府将慈善活动委托于慈善组织，慈善组织就应全面履行其职责，否则，政府也可以对慈善组织问责。在慈善组织开展活动中，根据委托代理理论，代理人在委托代理权限范围内所从事行为的结果由委托人承担。也就是说，委托人需要承担更高的风险，由此倒逼委托人委托代理人从事代理行为时，必须考虑到代理人应具有必要的知识和技能，代理人须具有胜任代理事务的能力，并与代理人约定，在没有达到代理预期结果时，代理人需承受一定的后果，从而降低委托人的风险。委托代理适用于问责，可将问责界定为委托人要求代理人作出交代的权利，如果代理人的交代或解释的行为并不充分，委托人有施加制裁措施的权利，[①] 使其承担物质或精神方面的责任，因此，问责变成了控制委托人与代理人关系的机制。在这个机制中，委托人必须建立一种制度，使他们能够获取监督绩效的信息，能够创造激励与制裁措施，以确保代理人满足在接受委托时约定的义务。[②] 在慈善组织问责中，由于慈善组织从事的是公益慈善活动，其在某些活动中担任委托人的角色，如慈善组织委托志愿者开展志愿服务，这时慈善组织是委托人的身份；在另外一些活动中慈善组织又是受托人角色，如接受捐赠者的捐赠，慈善组织就是受托人。因此，在慈善组织问责中，委托代理理论广泛适用于各类型问责关系中。

（三）权责一致理论

权责一致原则是指在一个组织或组织中的管理者所拥有的权力与权利应当与其所承担的责任与义务相适应的准则。权责一致原则包含两方面的内容：一是组织的权利与其义务相一致，没有无权利的义务，也没有无义务的权利；二是组织管理者的权力与其责任相一致。根据权责一致的理论，对慈善组织及慈善组织的管理者（包括法定代表人或负责人、直接责任人员）在慈善组织活动中的不当或违法行为应当问责。（1）对慈善组织的问责。慈善组织从事慈善活动享有一系列权利，同时也应当履行相应的义务，如果慈善组织滥用权利，不履行义务或履行义务不当，则问责主体有权启动问责，如慈善组织诈捐骗捐、不公开捐助信息、不具有公开募捐资格的慈善组织公开募捐、不具有免税资格的慈善组织弄虚作假骗取免税等都可以问责，并追究慈善组织相应的责任。（2）对慈善组织管理者进行追责。慈善组织授权管理者具体

---

① See Alnoor Ebrahim, *Making Sense of Accountability: Conceptual Perspectives for Northern and Southern Nonprofits*, 2 Nonprofit Management and Leadership 191（2003）. 转引自傅金鹏：《西方非营利组织问责理论评介》，载《国外社会科学》2012 年第 1 期。

② See E. A. Brett, *Voluntary Agencies as Development Organizations: Theorizing the Problem of Efficiency and Accountability*, 2 Development and Change 269（1993）. 转引自傅金鹏：《西方非营利组织问责理论评介》，载《国外社会科学》2012 年第 1 期。

开展活动，管理者拥有一定的权利，如决策权、执行权等，同时，管理者也应履行职责。管理者在履行职责过程中滥用职权给慈善组织带来不利影响或造成损失的，问责主体可以问责；管理者不履行其应尽的职责，给慈善组织造成不利影响或损失的，问责主体也有权问责。根据权责一致理论，问责主体应在掌握充分证据的基础上启动问责，有责必问，问责必严。

二、我国慈善组织问责结构体系

无论是慈善组织内部治理中涉及的慈善组织准入、内部治理结构、财产管理与使用及信息公开等制度，还是外部治理中涉及的外部监管、税收及志愿服务等制度，在具体运行中都有可能出现这样或那样的问题，引发对慈善组织的问责。近年来，对慈善组织的问责从早期单一的道义问责逐步发展到道义问责、职务问责及法律问责并举，并不断完善相应的问责制度。我国已形成一个慈善组织问责结构体系，见图 7－1。

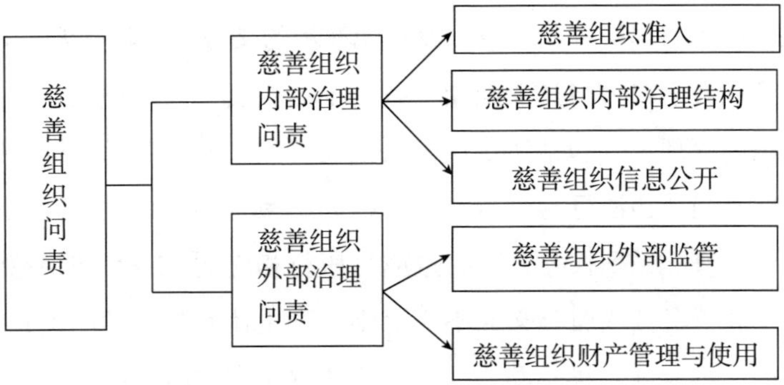

图 7－1　慈善组织问责结构

图 7－1 显示的是对慈善组织问责的主要领域，这些领域是慈善组织治理的重点。从图 7－1 可以看出，对慈善组织的问责从内外治理两方面展开。我国慈善组织起步虽然较迟，但发展迅速，尤其是进入 21 世纪以来，慈善组织的数量与规模都得到快速发展，在发展的同时，慈善组织也暴露出种种问题，有慈善组织内部治理的问题，也有慈善组织外部治理的问题。无论是内部还是外部问题，均对慈善组织的正常活动产生负面影响，而且引发公众对慈善

组织活动的不满，并要求慈善组织给予回应，这就是问责，是柔性的问责。不仅如此，慈善组织活动不当或违反法律法规规章的规定，问责主体依法对慈善组织及其法定代表人或负责人、直接责任人员追究相应的法律责任，这是刚性的问责。对慈善组织问责适用刚柔并济的方式是必要的，慈善组织天然就应是透明体，其接受的捐赠财产及财产的管理与使用都必须公开，所以，慈善组织的活动应时刻都处在监督之下。

第三节　我国慈善组织问责的现状及存在的问题

一、我国慈善组织问责的现状

（一）慈善组织问责的类型

我国在一个较长的时期内，将慈善组织定位为以慈善为目的的非营利组织，其财产主要来自社会各方面的捐赠，很少有人质疑慈善组织管理和使用慈善财产的行为。多数人坚信慈善组织能够履行其职责，将捐赠的财物用于慈善目的。为扶持慈善组织，政府还多方面给慈善组织优惠待遇。由于社会慈善事业的发展，急需慈善组织，所以，谈不上对慈善组织的问责。然而，近年来，慈善组织活动的领域不断拓展，慈善组织快速增长，慈善活动呈现出多样化。某些慈善组织的不当或违法行为时有报道，引起社会广泛关注，对慈善组织及其法定代表人或负责人、直接负责人员追责的呼声增多，问责渐渐多了起来。但总体上，我国对慈善组织的问责远不及行政领域问责，还是处于弱势状态。按问责的强弱程度可将慈善组织问责分为三大类型：第一类是道义问责。道义问责是指慈善组织违反社会生活中的道德规范要求而被追究责任。违反道义责任主要通过社会舆论的谴责、公众的指责等方式进行问责。比如慈善组织开展慈善服务拖沓、慈善组织工作人员缺乏责任心等，公众可以质疑、批评、建议辞退等。第二类是职务问责。职务问责是指对慈善组织中担任特定职务的人在慈善活动中应尽但未尽职责的行为追究责任，是介于道义问责与法律问责之间的问责。对尚不构成法律责任，但也不适用道义问责的情形，可适用职务问责，如对慈善组织法定代表人或负责人、直接责任人员给以记过、降职、降级等都属于此类问责。在尚没有证据证明慈善组织应承担法律责任的情形下，对慈善组织相关人员进行职务问责，实质上是对慈善组织的问责，是对慈善组织进行监督的有效方式。第三类是法律问责。法律问责是指追究慈善组织的法律责任。慈善组织承担法律责任的规定散见于法律法规中，有《民法典》《公益事业捐赠法》《慈善法》《社会团体登记管理条例》《基金会管理条例》《志愿服务条例》《慈善组织信息公开办法》《慈善组织公开募捐办法》等。这些法律法规对慈善组织承担法律责任有一定的规定，但比较分散，不同规定存在一定冲突，需要统一立法。

（二）不同类型问责的表现

1. 道义问责

慈善组织的道义问责自有了慈善组织开始就一直延续下来，是较为常见的一种问责方式。慈善组织开展活动存在不当行为，捐赠者、受助者、公众、媒体等问责主体可以提起道义问责，这种问责主要针对不当行为比较轻微、不足以承担法律责任的情形，如在紧急情况下，慈善组织将捐赠人指定受益人的捐助物资捐给其他急需的人，捐赠者可以质疑，慈善组织应及时给予回应，及时消弭捐赠者的不理解。在实践中，道义问责体现的是一种监督的力量，所有的问责主体都可以提起道义问责，问责的方式主要有包括质疑、批评、道歉、建议、说明、解释、召开新闻发布等，道义问责没有严格的程序要求，问责主体可以直接向问责对象提出，问责对象有义务及时给予回应，回应完毕就完成了道义问责的过程。慈善组织对道义问责未做回应，不当行为继续存在并导致严重后果的，问责主体可以提起职务问责，甚至法律问责。

2. 职务问责

职务问责是对慈善组织中担任特定职务的人的问责，如慈善组织理事长未尽职责导致对慈善组织捐助财物决策失误，给慈善组织造成损失的，可以责令理事长辞职、停职、降职、记大过等。慈善组织职务问责主要是对慈善组织法定代表人或负责人、工作人员在慈善活动中怠于履行职责或履行职责不当，给慈善组织带来不利后果，问责主体可以请求行政管理机关或慈善组织对相关人员进行职务问责。职务问责的方式主要有警告、记过、记大过、降级、停职、引咎辞职、责令辞职、撤职、责令整改、通报、检查、约谈、巡检等。职务问责中可以提起问责的主体包括慈善组织的管理机关及慈善组织。行政管理机关对由其选派的慈善组织法定代表人或负责人有权问责，对慈善组织其他工作人员，慈善组织有权问责。在进行职务问责过程中，如果相关责任人员的不当行为继续存在，给慈善组织造成严重后果的，则问责主体可以启动法律问责。

3. 法律问责

慈善组织法律问责包括追究问责对象民事责任、行政责任与刑事责任。其中，民事问责主要是请求慈善组织或相关责任人承担民事赔偿、停止侵害、返还财产等责任。实践中对慈善组织民事追责不常见，所以本章不做重点讨论。本章所要探讨的慈善组织法律问责主要包括行政处罚问责、司法审判问责及信用问责等。

（1）行政处罚问责。近年来，慈善组织开展活动不符合法律法规规章的规定，行政管理机关给予行政处罚较为常见，表明我国对慈善组织的行政监管逐渐制度化、规范化。行政处罚是对慈善组织法律问责的重要途径之一，笔者通过“中国社会组织公共服务平台”对2016年1月～2018年12月社会组织开展活动受到行政处罚的案例的检索发现，被原民政部处罚的社会组织有49家，其中慈善组织类的基金会、中心有17家，见表7－1。

表7－1　2016年1月～2018年12月原民政部对17家慈善组织进行行政处罚

序号	组织名称	行政处罚决定书文号	处罚结果	处罚决定日期
1	张伯驹潘素文化发展基金会	民罚字〔2018〕23号	停止活动3个月	2018年12月28日

续表

序号	组织名称	行政处罚决定书文号	处罚结果	处罚决定日期
2	中国民族文化艺术基金会	民罚字〔2018〕25号	警告	2018年12月14日
3	刘彪慈善基金会	民罚字〔2018〕24号	停止活动6个月	2018年12月4日
4	增爱公益基金会	民罚字〔2018〕19号	警告	2018年10月26日
5	永恒慈善基金会	民罚字〔2018〕18号	警告	2018年10月26日
6	欧美同学基金会	民罚字〔2018〕4号	停止活动3个月	2018年3月13日
7	中国关心下一代健康体育基金会	民罚字〔2017〕20号	停止活动1个月	2017年11月10日
8	中华文学基金会	民罚字〔2017〕17号	警告	2017年10月11日
9	民福社会福利基金会	民罚字〔2017〕16号	警告	2017年9月19日
10	瀛公益基金会	民罚字〔2017〕18号	撤销登记	2017年7月8日
11	紫金矿业慈善基金会	民罚字〔2017〕14号	停止活动1个月	2017年7月8日
12	东方华夏文化遗产保护中心	民罚字〔2017〕4号	停止活动3个月	2017年4月25日
13	永恒慈善基金会	民罚字〔2016〕4号	警告	2016年8月26日
		民罚字〔2018〕18号	警告	2018年10月26日
14	巨人慈善基金会	民罚字〔2016〕9号	责令停止活动	2016年8月26日
15	慈孝特困老人救助基金会	民罚字〔2016〕10号	撤销登记	2016年8月26日
16	天合公益基金会	民罚字〔2016〕3号	警告	2016年8月26日
17	中慈国际交流中心	民罚字〔2016〕1号	撤销登记	2016年1月18日

资料来源：中国社会组织公共服务平台，http：//www. chinanpo. gov. cn/xzcfgg。

表7－1中行政处罚种类主要有警告、责令停止活动（1～6个月不等）及撤销登记三类，其中警告处罚7起，责令停止活动7起，撤销登记3起。三类处罚的理由不尽相同：

第一，警告处罚的理由。警告是最轻的处罚，根据相关规定，慈善组织发生下列情形之一的，给予警告：①未按规定完成年度公益事业支出额度；②未公布内部管理制度、项目资金使用情况、关联方关系及关联交易情况以及以前年度工作报告全文、摘要；③未公布公益资助项目收支明细；④对长期借款、股权投资未采取任何保值、增值的有效措施，未建立风险控制机制，导致基金会资金被长期占用，违背基金会的公益宗旨。

第二，责令停止活动处罚的理由。这类处罚一般有时间限制，要求在停止活动期间进行整改。慈善组织发生下列情形之一的，责令停止活动：①未按照章程规定的宗旨和公益活动的业务范围进行活动；②在开展募捐、接受捐赠以及使用财产等活动中，存在不符合章程规定的宗旨和公益活动的业务范围的情形；③年度公益事业支出额度过低，借款给企业，未公布年度工作报告摘要、内部管理制度、项目资金使用情况、关联方信息。

第三，撤销登记的处罚理由。这是行政处罚中最严厉的一类，发生下列情形两个或两个以上的，可以撤销慈善组织的登记：①超出章程规定的宗旨以及公益活动的业务范围开展活动；②在编制财务会计报告中弄虚作假，情节严重；③连续两年没有按照规定接受年度检查；④连续2年检查不合格。

以上行政处罚问责的方式是目前实践中对慈善组织行政问责的常用方式，除了上述方式之外，还有其他方式，如训诫或诫勉、暂扣或吊销慈善组织登记证书、取消慈善组织公募资格、取消慈善组织资格、没收违法所得、没收非法财物、罚款、行政拘留等。这些行政问责方式集中于行政处罚方面，还不够全面，立法上仍需要进一步完善对慈善组织行政问责方式的规定。

（2）司法审判问责。司法审判问责是慈善组织法律问责的又一重要途径，司法审判问责是由司法机关通过审判追究问责对象的相应法律责任。随着我国司法判决公开的不断推进，通过司法程序审理并作出判决的案例查阅比较方便，但通过司法程序调解的案件无从查阅。笔者在“中国裁判文书网”上对2015年1月1日至2019年12月31日的各种类型的裁判文书，在全文检索一栏，分别输入“社会组织”“非政府组织”“非营利组织”“慈善组织”“慈善基金会”“红十字基金会”“慈善总会”等字样检索的结果见表7－2。

表7－2　对2015年1月1日至2019年12月31日裁判文书关键词检索结果

检索字样	社会组织	非政府组织	非营利组织	慈善组织	慈善基金会	红十字基金会	慈善总会
文书篇数	18864	85	294	129	250	52	911

表7－2是从面上选取关键词进行检索，从检索的数字可以看出，“社会组织”字样检索到的文书篇数巨大，但绝大多数文书与本章研究的内容不吻合，不具有可采性；其他字样的篇数虽有一些，但真正具有研究价值的案例不多；“慈善组织”字样检索到129篇，但这当中多数是一般的民事案由纠纷案件，真正涉及慈善组织开展慈善活动发生纠纷的案件不多，因此，可供研究的案例也就非常少。笔者继续检索，同样在“中国裁判文书网”上对2015年1月1日至2019年12月31日各种类型的裁判文书，在全文检索一栏，分别输入“中国青少年发展基金会”“中国人口福利基金会”“中国扶贫基金会”“中华环境保护基金会”“中国妇女发展基金会”“中国儿童少年基金会”“中国残疾人福利基金会”“中华社会救助基金会”等字样检索的结果见表7－3。

表7－3　对2015年1月1日至2019年12月31日裁判文书中部分知名慈善基金会的检索结果

检索字样	中国青少年发展基金会	中国人口福利基金会	中国扶贫基金会	中华环境保护基金会	中国妇女发展基金会	中国儿童少年基金会	中国残疾人福利基金会	中华社会救助基金会
文书篇数	15	23	191	9	20	9	4	9

表7-3是从点上选取慈善组织进行检索，这些慈善组织均是我国著名的全国性公募慈善组织。从检索的结果来看，中国扶贫基金会涉案比较多，其他的慈善组织涉案都比较少。中国扶贫基金会检索到的191篇文书与本章研究的内容几乎不相干，检索的其他慈善组织所涉案件与本章所研究的内容相关度也较低。在为数不多的有关联的案例中，有慈善组织作为被告被追索捐助款物的，如（2016）京01民终3124号中国人口福利基金会被诉支付捐助款；还有慈善组织作为被告被诉请求确定人事关系的，如（2015）朝民初字第18282号、（2016）京民申262号梁君权与中国青少年发展基金会劳动争议一案。总体上，对慈善组织开展活动通过司法审判问责不多。近年来，对慈善组织法定代表人或负责人、直接责任人员的刑事审判追责案件逐渐多了起来，如前文提到的2016年四川凉山汉达社工服务中心法定代表人闫伟杰犯职务侵占罪、挪用资金罪案，2019年河北武安市“爱心村”原法定代表人李利娟（李艳霞）犯聚众扰乱社会秩序罪、伪造公司印章罪、敲诈勒索罪、诈骗罪案都是典型的刑事追责。

从上述分析可知，目前我国有关慈善组织司法审判问责案件总量并不多，但随着慈善组织的不断增加，有关慈善组织活动的纠纷将会越来越多，对慈善组织的司法审判问责也会不断增加。

（3）慈善组织信用问责。信用问责是社会组织对其基础信息、年报信息、行政检查信息、行政处罚信息和其他信息管理存在违法违规行为，并因此列入社会组织活动异常名录和严重违法失信名单而设立的制度。对于慈善组织，信用问责当然适用。信用问责是在行政处罚问责基础上的再次问责，属于法律问责范围之内，是法律问责的延伸与细化。主要包括以下两种：

一是列入活动异常名录。截至2020年3月31日，列入活动异常名录的社会组织共计6152家。[①] 2018年民政部公布的《社会组织信用信息管理办法》采取列举+兜底条款的方式规定了社会组织列入活动异常名录的7种情

① 参见中国社会组织公共服务平台：http：//www. chinanpo. gov. cn/xy/ycmlList. html，2020年4月5日访问。

形，这些情形对慈善组织同样适用，具体包括：①根据相关法律规定，慈善组织每年应当在3月31日之前向登记管理机关报送上一年度工作报告，而慈善组织未按照规定时限报送的；②给予警告处罚的；③给予不满5万元罚款处罚的；④无法通过登记的住所与慈善组织取得联系的；⑤登记管理机关在抽查和其他监督检查中发现问题要求限期整改，而慈善组织未按期完成整改的；⑥公募慈善组织连续6个月不开展公开募捐活动的；⑦法律、行政法规规定应当列入的其他情形。

由上可知，慈善组织被列入活动异常名录的情形是基于其活动存在不当或违法行为，慈善组织被列入活动异常名录后，如果按规定履行了相关义务或者按照要求完成整改并符合要求，即可向登记管理机关申请移出。若不存在应当整改或者履行相关义务情形的，慈善组织须在被列入活动异常名录满6个月后才可移出。

二是列入严重违法失信名单。截至2020年3月31日，列入严重违法失信名单的社会组织共计2486家。[①]《社会组织信用信息管理办法》规定，社会组织被列入严重违法失信名单共有8种适用情形，这些情形对慈善组织同样适用。被列入严重违法失信名单要比被列入活动异常名录惩戒力度大，慈善组织列入严重违法失信名单往往是在列入活动异常名录之后，慈善组织仍不整改的情况下适用，是对慈善组织较为严厉的信用问责。

慈善组织被列入严重违法失信名单的具体情形包括：①被登记管理机关吊销登记证书或撤销成（设）立登记决定；②3年内两次以上受到警告或者不满5万元罚款处罚；③受到限期停止活动行政处罚。如2018年3月欧美同学基金会因在开展募捐、接受捐赠以及使用财产等活动中存在不符合章程规定的宗旨和业务范围的情形，被民政部作出停止活动3个月的行政处罚。[②]

---

① 参见中国社会组织公共服务平台：http：//www. chinanpo. gov. cn/xy/yzwfmdList. html，2020年4月5日访问。

② 参见中国社会组织公共服务平台：http：//www. chinanpo. gov. cn/search/vieworg. html，2020年4月10日访问。

自行政处罚生效之日起，民政部将该基金会列入严重违法失信名单。④被列入活动异常名录满 2 年；⑤受到 5 万元以上罚款处罚；⑥被司法机关纳入“失信被执行人”名单；⑦弄虚作假办理变更登记，被撤销变更登记的；⑧法律、行政法规规定应当列入的其他情形。慈善组织一旦被列入严重违法失信名单就将被重点监管，与此同时，慈善组织在获取资金资助、购买服务、授予荣誉、等级评估等方面受到资格限制或影响。被列入严重违法失信名单的慈善组织要移出名单，必须自列入之日起须满 2 年，且在这 2 年期间没有再次出现应当列入异常活动名录或者严重违法失信名单的情形，才可申请移出。因被吊销登记证书、撤销成（设）立登记而被列入严重违法失信名单的，完成注销登记后，由登记管理机关直接移出。

列入活动异常名录与列入严重违法失信名单是对慈善组织的信用问责，我国启动这一制度时间不长，目前还是以部门规章为依据，但信用问责是法律问责的重要组成部分，在加强慈善组织信用问责建设中，有必要提高信用问责立法层级。

二、慈善组织问责存在的问题

我国慈善组织内部与外部问责制度的不健全给慈善组织的治理和发展带来了阻力，对内，慈善组织不思创新改革，对外，慈善组织吸引力不够，公众参与慈善组织活动的积极性不高。我国慈善组织问责存在的问题主要包括以下几个方面。

（一）慈善组织问责柔性化明显，刚性不足

与慈善事业发达国家相比，我国慈善事业处于起步阶段，发展水平不高，需要大力推进发展，其中着力发展慈善组织是一项重要任务，为此，各方面为发展慈善组织大开方便之门，对慈善组织问责就不是特别严格，柔性化问责明显，主要表现为偏好道义问责与职务问责，弱化法律问责。无论是慈善组织内部事务还是对外活动，涉及问责，柔性化表现非常明显。

慈善组织问责刚性不足主要与问责立法不健全有关。有关慈善组织问责

的立法散见于有关社会组织、慈善事业立法中，主要有《公益事业捐赠法》、三部条例、《慈善法》等法律法规。另外，一些部门规章又有一些规定，如《慈善组织信息公开办法》中对不公开信息的法律责任的规定、《社会组织信用信息管理办法》对慈善组织列入活动异常名录及严重违法失信名单的规定。由此可见，我国对慈善组织法律问责的规定是分散在多部法律法规中的，缺乏统一性。虽然《慈善法》属于较高层级的立法，但《慈善法》立法较迟，对慈善组织问责也是粗线条的规定，且偏重于行政责任的承担。再就是，法律、行政法规及规章对慈善组织法律责任的规定冲突在所避免，这给实践操作带来诸多不便，有必要统一法律问责制度。将来，在社会组织法中对慈善组织的法律责任加以详细规定，完善《慈善法》对慈善组织法律责任的规定，统一立法，规范慈善组织法律问责制度。

（二）慈善组织问责主体的问责意识不强

慈善组织是专门从事慈善活动的公益组织，具有承接政府服务功能，与社会治理中的多个主体相联系，由此慈善组织的问责主体包括行政管理机关、社会组织、企业、捐赠者、受助者、公众、媒体等，呈现出多样性。问责主体多，则易产生分歧，彼此之间还可能存在互相推诿的情况。问责主体问责意识淡薄，慈善组织失去约束，将导致违法越来越频繁。

1. 行政管理机关问责不力

慈善组织的核准登记机关是其法定的监督机关，我国慈善组织的登记机关主要对慈善组织登记进行监管，而对慈善组织开展的活动则很少监管。慈善组织的活动不当或违法，只要不是与慈善组织登记有关的问题，登记管理机关一般不会问责，如慈善组织投资决策失利导致慈善组织投资损失，登记管理机关一般不会问责；如果是与慈善组织登记有关的问题，登记管理机关一般有所问责，但力度有限，一般也就是道义问责或职务问责。比如：质疑慈善组织，要求回应；约谈法定代表人或负责人、直接责任人员；对法定代表人或负责人、直接责任人员给以处分等。登记管理机关给予慈善组织行政处罚的不多。再就是审计机关、税务机关的问责力度也比较弱。

2. 捐赠者、受助人问责渠道不通畅

捐赠者与受助人作为慈善组织重要的利益相关者，是居于慈善组织上下游的两方利益相关者，对慈善组织都具有一定的问责权利。捐赠者是向慈善组织捐赠财产的主体，处于慈善组织上游，慈善组织财产收入与其密切相关。捐赠者既可以指定捐赠财产的使用，也可以不指定，不管指定与否，慈善组织都应当将捐赠财产用于慈善目的。然而，在实践中，捐赠人对于捐赠财产的管理与使用态度往往不一。一种态度是捐赠者并不是很关注捐赠财产的去向，任由慈善组织处分；另一种态度是捐赠者要求了解捐赠财产的使用情况，但无法实际知晓财产的去向，即便慈善组织提供了捐赠财产管理与使用的财务信息，捐赠者也无从判断捐赠的社会效果。与捐赠者相比，受助人的问责更少见。究其原因是多方面的，主要是受助人处于慈善组织下游，表面上其受益直接来自慈善组织，所以不好意思对慈善组织问责。

实际上，捐赠者与受助人对慈善组织问责不力的主要原因是问责渠道不通畅。现实中没有为这两类问责主体开通特定的问责渠道，这两类问责主体对慈善组织不满，一般也是借助媒体或其他途径反映。问责权利无保障，导致问责难以提起。

3. 公众与媒体问责效果不明显

公众作为慈善组织最广泛的问责群体，有权及时、准确地了解慈善组织活动的相关信息，以方便适时参与慈善捐赠。公众有效参与慈善活动是问责的前提和基础。实践中，公众问责案例并不多见，究其原因一是公众一般无法深入了解慈善组织实际情况，他们看到的是慈善组织表面的信息，难以判断是真是假，也就不好发表看法。二是公众问责的动力不足。有利益才会有动力，慈善组织活动对公众不产生直接利益，公众主动参与慈善组织问责的意识不强。只有慈善组织发生重大事件，才可能出现附和问责，一般情况下，公众在不涉及自身利益时，不会主动问责。

媒体问责是指通过报纸、广播、电视等大众传媒或通过自媒体方式转发事件、强化公民知情权、发表意见评论，从而引起社会舆论压力，发挥监督的作用。随着现在多元媒体不断发展壮大，人们对社会事件的获知大多依赖于媒体。媒体通过追踪事件，对慈善组织活动中出现的问题进行报道是较为普遍的监督方式。但由于媒体主要是通过报道还原、披露、揭发事情的真相，对慈善组织活动之前的情况媒体不可能参与，也无法监督。再就是除非特殊情况，媒体一般也不会参与慈善组织活动，所以对慈善组织发生的问责事件存在认识上的偏差，问题深挖不够，报道有失真实，问责的效果不尽如人意。

其他问责主体也存在问责意识不强的问题，没有落到实处的监督，也就难以提起问责。虽然慈善组织问责主体多，但没有相应的制度保障问责主体行使问责权，则难以发挥各个问责主体的问责作用。

（三）慈善组织问责范围具有不确定性

慈善组织问责的范围并没有一个明确的界定。慈善组织治理事项包括内部治理事项和外部治理事项。慈善组织内部治理主要包括慈善组织准入、内部治理结构安排、财产管理与使用、信息披露等，虽然这些事项主要规范慈善组织内部治理，但也与慈善组织外部治理紧密相关。慈善组织外部治理主要包括慈善组织外部监督管理、税收、志愿服务等，同样，这些事项也与慈善组织内部治理不可分割。那么，慈善组织内外部治理涉及的事项是否都应纳入问责范围？这是毋庸置疑的，但在具体实践中往往却难以做到。从对慈善组织多起问责的实例来看，问责重点主要放在慈善组织财产管理与使用方面，对其他方面的问责显得较弱，没有有效地将慈善组织问责推及更多的活动领域。这种状况自我国慈善组织产生起就一直存在，对慈善组织财产使用与管理问责固然重要，对慈善组织其他活动的问责也不能忽视。比如慈善组织理事没有尽到忠实义务，以自己的名义与慈善组织进行交易，没有给慈善组织造成不利后果，对此，一般就不再问责。但从理论上来说，此种行为应该属于问责范围，而实践中又不会被问责。这给慈善组织发展留下了后患，给慈善组织管理带来麻烦，同时对慈善组织发展造成无法预料的不利影响。

（四）慈善组织问责方式繁多，适用较为随意

我国慈善组织问责主要包括道义问责、职务问责与法律问责，基于这三种类型上的问责方式多种多样。道义问责的方式最为灵活，主要包括质疑、批评、道歉、建议、说明、解释、召开新闻发布等，其中适用比较频繁的是质疑。针对不同的问责主体，对道义问责的回应有所不同。如果是公众提起的问责，则一般只是形式上的回应；如果是捐赠者的问责，则回应比较慎重、全面。不管是如何回应，只要是道义问责，一般不会引起慈善组织的高度重视，这种柔性的道义问责一般不能解决重大冲突问题，只能针对慈善组织轻微瑕疵行为。职务问责针对的是具有特定职务的人员的问责，包括慈善组织的法定代表人或负责人、直接责任人员。职务问责的方式包括警告、记过、记大过、降级、停职、引咎辞职、责令辞职、撤职、责令整改、通报、检查、约谈、巡检等。法律问责就是要追究慈善组织及相关人员的法律责任，是最严厉的一种问责。法律问责的方式主要包括警告、训诫或诫勉、暂扣或吊销登记证书、没收违法所得、没收非法财物、责令停止活动、撤销登记、罚款、行政拘留、列入活动异常名录或严重违法失信名单、赔礼道歉、赔偿损失、继续履行合同义务、追究刑事责任等。从上述我国既有的慈善组织问责方式可以看出，对慈善组织问责不缺问责方式，问题是如何合理、合法、谨慎适用各个问责方式，真正做到有责必问、问责必严。从目前我国慈善组织问责的实践来看，道义问责适用频繁，但效果不佳；职务问责逐渐多起来，但适用并不严谨，对慈善组织法定代表人或负责人、直接责任人员很少有职务问责，即便问责，问责对象与其应承担的后果往往不匹配，如该撤职的作降级处分、该降级的作记过处分，等等，从轻问责成为普遍的做法；法律问责属于刚性问责，但总体而言适用偏少，在不多的法律问责案例中主要以行政问责为主，而司法审判问责偏少。

（五）慈善组织问责程序不规范

在对慈善组织的问责中，道义问责属于柔性问责，一般没有严格的启动程序要求，只要发生问责事件，公众或相关主体便可以质疑、批评或请求慈

善组织给以说明、解释等，问责程序比较简单。职务问责具有较大的伸缩性，既可以与道义问责并用，也可以单独提起。如果是单独提起职务问责，须遵循一定的程序，但在实践中职务问责没有规范的程序，导致问责难以启动，问责效果不好。法律问责程序我国法律规定较为完善，无论是行政问责，还是司法审判问责，问责程序均有相应的规定，基本上能够保障问责的顺利进行。

当前，我国慈善组织问责程序不规范主要存在于职务问责中，虽然问责中应允许问责对象陈述、申辩，提供证据证明问责不成立、减轻情形，但这一程序尚不能保障问责对象的程序权利。再就是，由于职务问责弹性大，问责存在较大的不安定性，问责对象不服问责，通过什么途径申诉没有规定。实践中，申诉一般向慈善组织的管理机关提出，如果问责是慈善组织作出的，管理机关会倾向于慈善组织；如果问责是行政管理机关作出的，显然这种申诉没有实际意义。总之，对慈善组织问责的程序存在不规范问题，问责主体对问责程序意识不强，问责效果不尽如人意，问责不严，降低问责力度，甚至有责不问，没有严格的程序规则，无法建立规范的问责体系与制度，问责的震慑力难以彰显。

第四节　完善我国慈善组织问责制度

一、建立刚柔并济的慈善组织问责机制

（一）遵守有责必问、问责必严的规则

慈善组织问责的适用要视具体情况而定。由于慈善组织活动范围的多样性、复杂性，不同的不当或违法活动情形适用问责类型存在一定差异性。一般轻微情节适用诸如质疑、解释、声明、约谈、记过、检查、降职等柔性的问责，而对于违法行为造成一定严重后果的，则一般适用诸如撤职、罚款、拘留、赔偿损失甚至追究法律责任的刚性问责。有责必问、问责必严，是问

责的基本规则。对慈善组织问责的适用，应借鉴英美国家一些比较成熟的做法。

在域外，一般国家对慈善组织严格依法依规问责，具体做法不完全相同。英国从慈善组织履行义务角度开展问责，如果慈善组织不履行其应尽的义务，则政府机关、捐赠者、公众、媒体就会督促其履行义务。英国是以慈善委员会问责为主的国家，英国慈善委员会是最重要的问责主体。对违反慈善法规定的行为，英国慈善委员会可追责。除了英国慈善委员会之外，慈善组织利益相关者也有权问责，利益相关者分为三类：第一类是为慈善组织提供资金、资源的利益相关者，也可以说是慈善组织的监督者；第二类是慈善组织捐助的受益人和受益群体；第三类是政府、企业、其他组织等。[①] 利益相关者从不同的视角对慈善组织进行问责，慈善组织须向利益相关者进行反馈：第一种是政府监管机构所要求的强制性的年度报告；第二种是基于自愿性年度评估产生的年度报告、网站信息和其他出版物。另外，为了提高慈善行业的组织效率和组织效用，英国慈善委员会和英国内政部的行动社区理事会共同支持建立了“导航星”（Guide Star UK）网站。该网站于2003年建立，致力于对慈善组织活动监督，是一个及时公布慈善组织活动重要信息及对慈善组织问责信息的独立第三方机构。[②] 美国虽然没有专门成立慈善委员会这类慈善监管机构对慈善组织进行问责，但对慈善组织的问责从未懈怠过。美国是多种问责类型并用的国家，一是税务机关对慈善组织的行政问责。美国联邦税务局根据《国内税收法典》对慈善组织免税资格进行认定，并有权核查慈善组织收入是否免税，如果慈善组织收入并非用于慈善目的，则美国国税局有权对慈善组织以及相关负责人、直接责任人员追责。二是第三方评估机构问

① 参见［英］阿尔帕·德哈纳尼、孙旖旎、李芳：《英国慈善组织的问责机制》，载李昊、明辉主编：《北航法律评论》2014年第1辑（总第5辑），法律出版社2016年版，第263页。

② 参见［英］阿尔帕·德哈纳尼、孙旖旎、李芳：《英国慈善组织的问责机制》，载李昊、明辉主编：《北航法律评论》2014年第1辑（总第5辑），法律出版社2016年版，第265页。

责。在美国比较有代表性的第三方评估机构是BBB明智捐款联盟,[①] 慈善组织应向该联盟申请对其进行全面评估，并将评估结果公布，该联盟在对慈善组织评估中发现有问题，有权曝光，并要求慈善组织给予回应，慈善组织有义务给予回应，否则评估机构做出无法出具评估意见的结论，这意味着慈善组织不能再继续开展慈善活动。三是公众、媒体的问责。公众、媒体对慈善组织问责以道义问责为主，公众、媒体是慈善组织开展慈善活动的重要监督者，也是重要的问责主体。在美国，公众、媒体对慈善组织的道义问责已经常态化，只要公众、媒体发现慈善组织活动有不当或违法，就可以启动问责，请求慈善组织给予回应，否则有权建议有权机关对慈善组织进行调查追责。由于问责体系完备，慈善组织活动处于透明运行状态，有效地促进了慈善组织公信力建设。

英美国家对慈善组织的问责既有柔性的一面，也有刚性的一面。慈善组织轻微的不当行为允许合理存在，如果不当行为造成一定的不利影响，可以采取要求给出说明、约谈、警告等柔性问责方式，如果慈善组织开展活动不当或违法，造成不利后果，则根据行为的严重程度，分别情况进行追责，没有构成犯罪的，该承担民事责任的追究民事责任，或依法进行行政处罚，构成犯罪的，依法追究刑事责任。

（二）建立刚柔并济的问责机制

英美国家有关慈善组织问责的做法对我国有一定的启示，我国也应根据具体情况，建立刚柔并济的慈善组织问责机制。一是设立对慈善组织进行专门监督问责的第三方机构。我国慈善组织问责主体中缺少专门的第三方机构。在具体问责中，社会公众对行政管理机关问责总是寄予厚望，遇到问责事件，总是希望行政管理机关第一个站出来问责。然而，由于行政管理机关事务繁多，有时对慈善组织的问责不力，引起不满。为了有效解决这种矛盾，我国

---

① 美国1912年成立的更好事务局委员会与1918年成立的全国慈善信息局是两家著名的慈善评估机构，两家机构于2001年合并，合并后的机构称为BBB明智捐赠联盟。

可以设立类似于英国的导航星、美国的 BBB 明智捐款联盟这样的第三方问责机构作为对慈善组织监督问责的专门主体，赋予其对慈善组织进行调查、诘问的权力，单独或联合其他问责主体共同对慈善组织问责，这样有利于落实刚柔并济的问责方式。二是建立刚柔并济的问责机制。我国慈善组织问责柔性化明显，道义问责偏多。道义问责很少触及慈善组织或其法定代表人或负责人、直接责任人员的切身利益，对问责对象影响甚微，是典型的柔性化的做法。这种问责难以直击问题的要害，效果甚微，但笔者并不主张摒弃道义问责。道义问责对问责对象的轻微不当行为可以起到一定的警示、遏制、挽救的作用，且道义问责成本低、效率高，符合慈善组织问责是以规范行为为目的的要求，所以，道义问责是必不可少的。我国在保留道义问责基础上，需要加大职务问责力度，严格依法适用法律问责，做到有责必问，问责必严，体现出问责的威慑力与执行力，构建刚柔并济问责机制。

二、强化问责主体的问责意识

慈善组织问责主体具有广泛性，概括而言，慈善组织问责主体包括行政管理机关、企业、社会组织（如慈善组织联合会）、第三方评估机构、公众、媒体等各种主体。强化问责主体问责意识，要突出行政管理机关问责的权威性、严肃性，保证其他主体问责的独立性、有效性。

（一）加强行政监管部门对慈善组织的问责力度

我国慈善组织业务主管部门及登记管理机关是慈善组织设立、变更、终止的法定审核登记部门，国家审计机关是慈善组织法定的审计部门，税务机关有权认定慈善组织是否享受免税待遇。法律赋予这些国家机关对慈善组织活动行使监督权，从不同的权责角度对慈善组织进行监管，同时这些国家机关对慈善组织从事的不当或违法行为有权直接问责。行政监管部门的问责主要是职务问责与法律问责。

1. 业务管理机关与登记机关对慈善组织的问责

目前我国部分慈善组织有业务主管机关，对有业务主管机关的慈善组织的问责主要是对未经许可开展的活动问责。慈善组织应在业务主管机关核准的范围内开展活动，超过核准的范围，业务主管机关有权问责，并根据不同情况给予通报、检查、约谈、暂扣或吊销许可证、罚款等处罚。2014 年之后，我国慈善组织准入发展的趋势是直接登记，无须审核。慈善组织登记不仅包括准入登记，还包括变更、终止登记。登记是慈善组织信息公开的有效途径，慈善组织该登记而不登记或虚假登记的都应问责，对该登记而不登记就以慈善组织名义从事慈善活动，应予以取缔，并给予罚款等处罚，对弄虚作假获得登记的予以撤销，对慈善组织及直接责任人员予以罚款处罚，造成严重后果的，还应当追究相应刑事责任。

2. 审计机关、税务机关的专项问责

审计机关与税务机关都是慈善组织活动的法定专项监管机关。审计机关有权对需要审计的慈善组织进行审计监督，审计的内容主要是慈善组织的年度财务会计报告。审计机关在审计中如发现慈善组织存在财务造假、财务会计信息不准确等问题，有权检查，指出错误，责令慈善组织改正，也可以约谈慈善组织法定代表人或负责人，要求给予回应。如果慈善组织拒不改正或不回应，审计机关可联合慈善组织登记机关对慈善组织进行处罚。税务机关是对慈善组织税收进行监管。慈善组织开展慈善活动的收入享有免税待遇，但并不是慈善组织所有的收入都享受税收优惠，如果慈善组织有应当纳税而不纳税的收入，税务机关在查证核实基础上有权追缴，并加收延期滞纳金，同时对慈善组织、慈善组织法定代表人或负责人、直接责任人员进行行政处罚。如果慈善组织存在严重偷税情节，根据刑法的规定追究慈善组织及相关人员的刑事责任。

（二）赋予捐赠企业代位诉讼权

在我国，每年企业对慈善组织的捐赠总额超过个人捐赠总额，是我国慈善组织捐赠财产的主要来源。近年来，我国企业设立慈善组织的越来越多。企业作为捐赠人或慈善组织设立人，有权监督慈善组织活动。如果慈善组织的活动有违捐赠人的意愿或违法，企业有权要求慈善组织及时纠正。慈善组织拒不改正的，企业可以建议监管部门对慈善组织进行处罚。慈善组织或直接责任人员的不当或违法行为给捐赠财产造成损失的，如果是理事会决策失误造成，企业可以建议慈善组织的监事会出面向直接责任人员主张赔偿；如果是监事会监督失职导致慈善财产损失，企业可以建议理事会向监事会监督失职人员主张赔偿。如果企业向慈善组织理事会或监事会建议主张赔偿均没有效果，则企业可以直接向负有责任的人员主张赔偿。主张赔偿是民事追责，对慈善组织在开展活动中发生的慈善财产损失必须进行追责。慈善财产遭受损失，如系决策者决策不当所致，则决策者要承担赔偿责任；如系管理者管理不当所致，则管理者要承担赔偿责任；如系慈善活动执行人执行不当所致，则执行者需要承担赔偿责任；如系监事会监督不当所致，则监事也需要承担赔偿责任。企业对损害慈善财产的民事问责可以通过民事诉讼途径解决，这是企业行使代位诉讼权的体现。慈善财产遭受损失，理应由慈善组织向有关责任人员追责，但如果慈善组织怠于追责，则应赋予企业代位诉讼的权利，由企业以自己的名义起诉侵害慈善财产的侵权人。

（三）畅通捐赠者、受助人问责渠道

捐赠者是向慈善组织捐赠财产的人，捐赠者有权了解捐赠财产的去向、使用情况，慈善组织也有义务及时向捐赠者报告捐赠财产的使用情况。但在实践中，慈善组织对捐赠财产的使用采取公示的方式告知捐赠者和社会公众，捐赠者一般也是通过公示的方式了解自己所捐赠财产的大致去向。如果慈善组织违背捐赠者的意愿使用财产或者慈善组织在使用捐赠财产中出现了不当或违法行为，捐赠者虽有权问责，但问责渠道往往不通畅。实践中，捐赠者往往是直接向慈善组织发函，慈善组织会向捐赠者回复一份令其满意的函，这种道义问责意义不大。根据现有的法律法规规定，对慈善组织的刚性问责单凭捐赠者是做不到的。笔者认为，可以赋予捐赠者诉权，由捐赠者提起代位诉讼，直接起诉侵害慈善组织利益的侵权人或债务人，追究其法律责任。

受助人是接受慈善捐助的人，是救助的对象，虽一般被动接受救助，但不等于受助人没有问责权，且受助人是慈善救助的直接受益人，是慈善组织

的救助活动的参与者，对慈善组织救助活动比较了解，对慈善组织救助活动存在不当或违法行为，受助人有权问责。但实践中受助人很少问责，即便提起问责也是道义问责，往往不能引起重视。受助人作为慈善组织的利益相关者，对慈善组织不当或违法行为该问责的就应当问责。提高受助人问责意识，有利于加强慈善组织捐赠的透明度建设，提高慈善组织的公信力。

（四）赋予第三方机构问责权

第三方机构即第三方评估机构，实践中主要是从专业的视角对慈善组织开展活动的各方面情况依照既定的评估指标进行评估，通过评估达到对慈善组织活动进行监督的目的。也就是说，我国第三方评估机构是监督机构，通过评估行使监督权，包括对慈善组织基础条件、内部治理、工作绩效和社会评价等方面进行评估，评估的依据主要是《慈善法》《社会团体登记管理条例》《基金会管理条例》《社会组织评估管理办法》等。第三方机构根据评估对象制定评估指标，按照既定的评估指标进行评估。

目前我国慈善组织评估的第三方机构不统一，一般由慈善组织登记管理机关负责临时组成第三方机构。这种临时组成的第三方机构，一旦完成评估任务就解散，至于评估中发现的问题，则交由相关行政机关处理。所以，第三方机构监督不是直接监督，只是间接监督，通过评估进行问责的力度不够。为加强对慈善组织的监督问责，有必要设立专门的第三方机构作为常设机构对慈善组织进行评估监督，除评估之外，还应赋予第三方机构问责权。第三方评估机构通过评估往往对慈善组织存在的问题有比较全面的了解，对于比较轻微的瑕疵问题，第三方机构可以直接质疑慈善组织，要求慈善组织加以改正、补充；对于严重的问题，如会计账目虚假、违法转移财产、管理费用过高等，第三方机构则应将发现的问题报告给行政监管部门，督促行政监管部门启动职务问责和法律问责。

（五）提高公众、媒体问责效果

公众、媒体对慈善组织问责虽较为频繁，但往往效果并不明显。究其原因，一方面，公众媒体与慈善组织没有直接的利害关系，问责往往通过质疑、批评等道义问责方式进行，慈善组织回应与否对其社会公信力影响不大，所以，一些慈善组织不会太在乎公众、媒体问责；另一方面，公众、媒体往往对被问责的事件认识不够全面，问责可能存在偏差甚至错误，致使问责效果不明显。为提高公众、媒体问责的效果，有必要做到以下两点：（1）理性问责。公众、媒体不能偏听偏信，须有充分的证据，在全面了解事件事实的基础上问责。（2）依法问责。公众媒体一般是对慈善组织不当或违法行为进行道义上的劝阻、批评、建议等，在问责时不能过激，不得侵犯问责对象隐私权或个人信息，问责须合规合法。如果慈善组织对问责没有回应，则可以向行政管理机关反映情况，由行政管理机关提起职务问责或法律问责。公众、媒体问责往往是引爆慈善组织问责的导火索，对慈善组织可能产生不可预测的影响，所以，公众、媒体问责应以事实为依据，谨慎而为。

三、完善慈善组织问责内容

慈善组织问责机制由问责范围、问责类型及问责方式共同构成。慈善组织准入、内部治理结构、财产管理与使用、信息公开等内容构成内部问责体系，是内部问责的主要范围；慈善组织外部监管、税收优惠、志愿服务等内容构成外部问责体系，是外部问责的主要范围。慈善组织问责范围具有广泛性，呈现出开放性，无论是内部问责范围还是外部问责范围，道义问责、职务问责及法律问责均适用，并且每一类型问责都有多种问责方式。完善慈善组织问责机制的核心内容是构建有责必问、问责必严、刚柔并济、张弛有度的问责体系，充分发挥问责对加强慈善组织治理的积极推动作用。

（一）道义问责及时、理性

虽然道义问责是一种柔性的问责，但如果运用得好，也会起到很好的社会效果。我国慈善组织整体实力并不强，需要扶持与发展。从这一角度分析，道义问责是适宜的，但我国慈善组织道义问责存在被动、随意的情形，需要加以规范。一是对道义问责的适用情形尽可能在慈善组织内部规章中规定。加强慈善组织规范化管理，建立严格的内部规章制度，对适用道义问责做到有章可循。二是强化问责主体的问责意识。道义问责多是来自公众、媒体，对公众、媒体的道义问责，慈善组织需要及时回应，慎重对待。有时公众问责带有一定的情绪化或非理性，慈善组织要积极应对，弄清事情原委，不偏听偏信，在掌握充分证据的基础上解决问题。除了公众、媒体提起道义问责，慈善组织的其他利益相关者也有权提起道义问责，如捐赠者、受助人、第三方评估机构等。要强化道义问责主体的问责意识，采取措施激励问责主体对慈善组织问责。三是完善道义问责方式。实践中，道义问责常见的方式主要有质疑、批评、道歉、建议、说明、解释等，但这些问责方式还不够，有必要增加道义问责的方式，如要求召开新闻发布会就是一种比较好的问责方式，有必要在慈善组织问责中推行，特别是在慈善组织发生与财产管理与使用相关的问责事件时，问责主体可以请求慈善组织召开新闻发布会进行回应。这样做有利于慈善组织及时作出有影响力的回应，化解面临的风险，增强慈善组织的透明度。

对于慈善组织而言，道义问责适用广泛，无论是慈善组织内部治理事项，还是外部治理事项，一般均可以适用，具有普遍适用性，如慈善组织信息公开制度存在瑕疵的可要求其及时改正、慈善组织内部治理不合理可责令其解释、慈善组织管理费用提取存在疑问的可以质疑等。在实践中，道义问责适用还需要注意两方面：一是不能因道义问责的柔性化而不重视；二是不能因道义问责的普遍性而滥用。道义问责需要规范适用，并且与职务问责、法律问责精准对接，充分发挥道义问责在推进慈善组织治理中的积极效用。

（二）职务问责合理、适度

职务问责主要是追究慈善组织法定代表人或负责人、直接责任人员失职责任，包括慈善组织对其内部相关责任人员的问责和行政管理机关向慈善组织法定代表人或负责人、直接责任人员问责。既有内部问责，也有外部问责。内部问责一般由慈善组织依据慈善组织章程、内部规章制度以及行业相关规定，直接对相关责任人员问责。这类问责的方式多种多样，包括记过、记大过、检查、通报、诫勉、停职、调整岗位、责令辞职、降职、免职、撤职、整改、约谈等，这些方式根据问责行为的具体情况既可以单独适用，也可以多个同时适用。外部问责主要是慈善组织业务管理部门和登记管理机关的问责，捐赠者、受助人、公众媒体不能提起职务问责。只要慈善组织开展活动存在不当或违法行为，法定代表人或负责人就应当接受问责，并及时给予回应；直接负责人员存在过错应当接受问责。外部问责的方式与内部问责方式基本相同。

慈善组织职务问责必须遵守合理、适度规则，一是问责须有充分合理的理由，不得随意适用；二是根据章程或其他相关制度提起的职务问责须适度，问责方式应与其不当或违法行为相适应，不得轻行重责或重行轻责。比如慈善组织直接责任人员因一般过失导致分发捐赠物资有误这种应记过问责的行为不能免职问责；再如慈善组织法定代表人挪用慈善组织财产给慈善组织造成损失的行为，该撤职的就不能以记过问责取代。慈善组织无论是内部问责还是外部问责，都必须有理有度。内部问责目的在于敦促工作人员认真履行职责，尽职尽责，不得怠于工作；而外部问责则是动用国家公权力对慈善组织相关责任人员履职的监督，敦促其履行应尽的职责和义务。

（三）法律问责规范、适当

法律问责是指慈善组织及其法定代表人或负责人、直接责任人员在慈善活动中发生不当或违法行为，依法对其追究法律责任。法律问责遵循规范、适当规则，要求依法问责，适当问责。根据问责事件的具体情况，根据法律规定适当进行追责，包括民事、行政及刑事追责。

1. 承担民事责任

慈善组织及其工作人员在开展慈善活动中给慈善组织或第三人造成人身或财产损失，或者慈善组织违约没有履行捐赠义务，或者慈善组织违背捐赠人的意愿捐助的，相关权利人都可以向慈善组织及其责任人员主张承担民事责任。虽然在有关慈善专门立法方面对慈善组织的民事追责几乎没有规定，但不等于不追责。发生民事侵权或违约，相关权利人可以依据民商事法律的规定向慈善组织追责。

2. 承担行政责任

对慈善组织不当或违法行为，行政管理机关可以追究慈善组织或慈善组织的法定代表人或负责人、直接责任人员的行政责任。近年来，我国对慈善组织行政追责的立法不断完善，法律法规规章纷纷出台，为问责提供了依据。同时，我国也在不断加强行政追责，如2018年12月28日，因在公益事业支出、内部管理制度以及项目资金使用等方面存在不合规情形，成立不到3年的张伯驹潘素文化发展基金会被民政部作出停止活动3个月的行政处罚，根据《社会组织信用信息管理办法》的规定，自行政处罚生效之日起，民政部将该基金会列入社会组织严重违法失信名单。[①] 类似的行政追责还有多起，此类案件中对慈善组织不仅适用了一般的行政处罚，也适用了信用问责。从此类案件追责可以看出，行政追责的对象是慈善组织，而慈善组织法定代表人或直接责任人员没有被追责。总体上，我国行政管理机关对慈善组织的行政追责相对滞后。也就是说，行政管理机关对慈善组织违法行为的处罚不能及时跟进，因此，需要加大行政追责力度和效率，发挥行政管理机关对慈善组织问责的核心作用。

3. 承担刑事责任

追究刑事责任是最严厉的问责方式，在一个比较长的时期内，我国慈善组织及慈善组织相关责任人员不存在被追究刑事责任，多是承担行政责任。但自2016年对四川凉山汉达社工服务中心法定代表人闫某某追究刑事责任以来，陆续有了几起刑事问责案件，如2018年对河北爱心妈妈李某某的刑事判决、2018年对“善心汇”法定代表人张某某的刑事判决均是典型的刑事问责。目前，我国对慈善组织的刑事问责主要是追究法定代表人或负责人的刑事责任，对慈善组织一般是撤销或责令关闭，如果慈善组织存续，在对法定代表人追究刑事责任的同时，也应当追究慈善组织的刑事责任。

总之，完善的慈善组织问责机制需要明确问责的范围，完善问责的内容，

---

① 参见中国社会组织公共服务平台：http：//www. chinanpo. gov. cn/xzcf/xzcfList. html，2019年12月31日访问。

将各种问责方式落到实处，充分发挥问责制度对慈善组织发展的规范与推进作用。

四、加强问责措施建设

（一）建立慈善组织新闻发言人制度

随着我国慈善组织规模越来越壮大，慈善组织活动范围不断拓展，慈善活动多样化发展趋势十分明显，慈善组织在社会中的作用日益凸显，慈善组织活动备受关注。为了及时、高效处理慈善组织发展中出现的新情况、新问题，有必要充实我国现有的道义问责方式，建立新闻发言人制度。

新闻发言人是指国家、政党、社会组织任命或指定的专职或兼职新闻发布人员。新闻发言人制度（Press Spokesman System）是指在一定时间内就某项重大事件或政策问题，举行新闻发布会或者约见记者，发布新闻或阐述所代表国家、正当、社会组织的态度立场，并且作为其代表回答提问。慈善组织新闻发言人主要就慈善组织开展活动中涉及的重大事项、重要活动、社会关注的热点问题、海内外关注的问题、重大突发事件、公共政策、公共服务、组织决策问题等内容予以回应，接受公众公开咨询、质询和问责。在国外，新闻发言人制度在20世纪初产生，到了20世纪30年代已经全面建立，1983年我国在政府机关和人们团体中建立了新闻发言人制度，但慈善组织一直没有新闻发言人，对慈善组织活动问题的回应由慈善组织自行决定。

随着我国慈善组织不断发展壮大，对慈善组织监管的任务越来越重，问责事项越来越复杂，传统的道义问责方式不足以应对现实中出现的一些新问题，需要有新的问责方式。慈善组织新闻发言人制度作为一种新的问责制度，对慈善组织有非常重要的意义：一是有利于慈善组织及时回应社会公众提出的疑问。慈善组织遇到问责事件，通过召开新闻发布会及时向社会公开相关信息，公众媒体能够及时了解的相关信息，有利于化解矛盾，妥善解决问题。二是有利于提升慈善组织的公信力。公信力是慈善组织的生命线，通过新闻发布会回应社会对慈善组织活动的各种怀疑，给问责对象充分陈述的机会，面对问责者的质疑、批评，慈善组织需要阐述自己的想法与做法，对被问责事件要充分加以说明，有误解的要及时消除误解，有疑惑的要答疑解惑，有不了解的情况要讲清楚，慈善组织必须耐心积极回应，只有这样才能树立慈善组织良好形象，提升慈善组织的公信力。新闻发言人制度作为慈善组织道义问责方式有必要在规模较大的慈善组织尤其是大型公募慈善组织中推行，定期新闻发布会在公募慈善组织公开年度工作报告时召开，在日常活动中，慈善组织出现重大问责事件时应及时召开新闻发表会，使新闻发言人制度成为慈善组织运行中一项常规化的应对问责措施。

（二）完善慈善组织约谈制度

由于职务问责方式具有多样性，往往适用时随意性较为突出。慈善组织职务问责需要根据具体情况适用，在众多职务问责方式中尤其需要完善约谈制度。

约谈制度是指有关管理部门对未履行或未全面正确履行职责，或未按时完成重要工作任务的被管理单位所进行的问责谈话制度。约谈制度适用于社会各个方面，如安全生产、医药生产、食品安全、消费者维权、税务稽查、国土资源等领域约谈制度已常态化。在慈善组织活动中有必要加强约谈制度的适用，这也是对慈善组织及其责任人员问责的一种重要方式。

近年来，我国有关法规规章对包括慈善组织在内的非营利组织约谈问责有所规定，第一次出现对非营利组织适用约谈问责的规定是2017年我国实施的《境外非政府组织境内活动管理法》。该法第41条第2款第1项规定，公安机关履行监督管理职责，发现涉嫌违反本法规定行为的，可以约谈。约谈是公安机关可以依法采取的措施之一，可以约谈境外非政府组织代表机构的首席代表以及其他负责人。由于该法调整的对象特殊，本章不做研究。目前，对国内慈善组织适用约谈问责的依据主要是部门规章。2018年施行的《慈善组织信息公开办法》第21条规定："民政部门可以要求慈善组织就信息公开的相关事项作出说明，必要时可以进行约谈，并向社会公开。"这是立法上对国内慈善组织活动事项适用约谈问责的首次规定，尽管该办法立法层级不高，但这一规定，使我国慈善组织约谈问责有了依据。2019 年施行的《慈善组织保值增值投资活动管理暂行办法》第 16 条规定："民政部门可以要求慈善组织就投资活动、风险控制、内部管理等事项作出说明，必要时可以进行约谈。"以上两部部门规章是目前我国国内的慈善组织约谈问责的主要依据。另外，从我国现有的法律法规规定可以看出，对慈善组织约谈问责已经引起立法者的关注并作了尝试，虽然目前立法上对约谈制度规定还很有限，但上述规定表明对慈善组织的约谈问责已经开启。目前约谈问责总体上还比较弱，以后会不断完善约谈问责立法。

完善慈善组织约谈制度除了加强立法之外，还需要满足下列四个条件：一是约谈主体适格。约谈主体是行政管理机关，慈善组织约谈的主体主要是慈善组织的管理机关，慈善组织其他利益相关者不得约谈。因为约谈是一种职务问责，约谈主体与约谈对象之间存在管理关系，慈善组织接受行政管理机关管理，所以，只有行政管理机关才有资格约谈慈善组织相关责任人员。二是约谈对象明确。约谈的对象是慈善组织的法定代表人或负责人。慈善组织的不当或违法行为给慈善组织带来负面的影响，其代表人应当回应社会的问责，而慈善组织的法定代表人或负责人是慈善组织的代表，知晓慈善组织的所有情况，应对慈善组织活动负责，因此，法定代表人或负责人成为当然的约谈的对象。三是约谈范围确定。对慈善组织约谈的范围限于法定代表人或负责人职责范围内的事项，是在法定代表人或负责人没有尽到职责的前提下适用。四是约谈目的明了。约谈作为问责的一种方式，其目的在于了解问责事项的真相，敦促约谈对象及时消除负面影响，尽快处理问责事项。

（三）完善信用问责制度，强化"黑名单"问责力度

信用是慈善组织的生命力，是慈善组织公信力的源泉；没有信用，慈善组织注定不会走远。信用问责是法律问责的有机组成部分，近年来，我国慈善组织信用问责在政策与立法上都有所规定。问责方式主要包括列入活动异常名录与严重违法失信名单。2016 年，中共中央办公厅、国务院办公厅印发的《关于改革社会组织管理制度促进社会组织健康有序发展的意见》中在

“加强对社会组织活动的管理”中提出，建立社会组织“异常名录”和“黑名单”，这是政策规定；2018年民政部颁行的《社会组织信用信息管理办法》对社会组织的信用制度进行了规定，包括活动异常名录制度和黑名单制度。上述政策与部门规章的规定对慈善组织当然适用，实践中对“异常名录”问责适用较多，但效果并不明显，而列入“黑名单”问责不多，有以“异常名录”问责取代“黑名单”问责之嫌，由于“异常名录”问责力度不够，一些慈善组织的不当或违法行为并没有得到有效遏制，有必要强化“黑名单”问责制度。

1. “黑名单”问责的意义

在慈善组织中建立“黑名单”问责制度意义重大。首先，对慈善组织实行“黑名单”问责，是对慈善组织活动的有效监管措施。慈善组织监管部门将严重失信的慈善组织列入严重违法失信名单，是对慈善组织进行监管的有效措施，慈善组织一旦列入“黑名单”，其相应的活动权限受到限制，迫使慈善组织自省、自查短板，找出不足，积极整改，敦促慈善组织寻求发展机会，而不能消极不作为。其次，对慈善组织实行“黑名单”问责，有助于慈善组织厘清使命。慈善组织以慈善为目的，肩负着服务社会公益慈善事业的使命，而部分慈善组织在利益诱惑面前迷失方向，为了及时制止这种状况的发展，实行“黑名单”问责，有助于慈善组织厘清使命，做该做的事。最后，对慈善组织实行“黑名单”问责，有利于敦促慈善组织规范开展活动。慈善组织一旦被列入严重违法失信名单，就将可能得不到资金资助，购买不了政府服务项目，无缘被授予相关荣誉称号，被取消或者降低评估等级，这些都将对慈善组织产生严重不利影响。为了避免这些不利影响，慈善组织必须规范开展活动，提高慈善组织的社会信用。

2. 加强慈善组织“黑名单”问责制度建设

（1）加强对严重违法失信慈善组织惩戒力度。《社会组织信用信息管理办法》中对社会组织列入严重违法失信名单及惩戒进行了规定，2018年国家发展改革委员会、民政部等40个部门和单位联合签署的《关于对慈善捐赠领域相关主体实施守信联合激励和失信联合惩戒的合作备忘录》中对失信惩戒也进行了规定，以失信惩戒机制推动慈善组织诚信建设、透明建设。第一，扩大了惩戒对象范围。惩戒对象不仅包括严重违法失信的慈善组织，还包括慈善组织的法定代表人或负责人以及直接责任管理人员，对慈善组织的惩戒目的在于敦促慈善组织建立诚信体系，依法依规开展各项慈善活动。第二，实行多项惩戒措施。对慈善组织的惩戒可以同时并用多项惩戒措施，加大惩戒力度，如对失信慈善组织，可按照有关规定降低评估等级，情节严重的，可取消评估等级。慈善组织失信在适用这一惩戒措施的同时，可以并用以下一种或几种惩戒措施，包括但不限于：①取消或限制优先获得政府购买服务、政府奖励资格；②限制取得政府供应土地；③限制失信慈善组织从事互联网信息服务；④限制取得荣誉称号和奖励，已取得的荣誉称号和奖励予以撤销；⑤将失信主体的失信信息协调互联网新闻信息服务单位，在网上向社会公布等。上述惩戒措施多项并用目的就是让慈善组织因其不诚信承担应有的不利后果，阻却以后发生相同或类似的情况。

（2）对信用良好的慈善组织给予激励。对慈善组织实行“黑名单”问责制度，目的是推进慈善组织信用体系建设，促进慈善组织健康有序发展。在加强失信慈善组织惩戒力度的同时，对表现良好的慈善组织应给予激励，为慈善组织诚信建设指明方向和目标。对信用良好的慈善组织赋予其优先权，优先承接政府授权和委托事项，优先获得政府购买社会组织服务项目，优先获得资金资助和政策扶持，优先推荐获得政府机构和非政府机构的表彰和奖励等，这样有利于推动慈善组织信用建设，鼓励更多的慈善组织积极自觉加强诚信建设，敦促那些“黑名单”的慈善组织尽快移出“黑名单”。

五、严格规范慈善组织问责程序

严格的问责程序才能够保证高效的问责效果，无论是哪类问责，都应遵守严格的问责程序。在三类问责中，道义问责程序简单，问责主体随时可以向慈善组织提起问责，慈善组织应及时给予回应，回应结束，道义问责程序终结。职务问责及法律问责则需要遵守严格的程序，包括启动、调查、陈述、申辩、执行等多个环节，目前我国对慈善组织法律问责虽不多，但立法上有具体的程序法律规范作为依据，无论是民事问责，还是行政或刑事问责，有相应的民事诉讼、行政处罚程序、行政诉讼、刑事诉讼等程序保障，所以，我国法律问责程序基本上有立法保障。在慈善组织问责程序建设方面，重点是要加强职务问责程序建设，构建符合职务问责要求的程序，为此，职务问责重点需要健全以下几方面内容。

（一）职务问责的启动

职务问责可以是问责主体向慈善组织提起，也可以是慈善组织管理机关直接向慈善组织提起。职务问责的主体包括慈善组织和慈善组织的管理机关，问责的对象是慈善组织法定代表人或负责人以及直接责任人员。慈善组织基于内部管理的职责，有权对其工作人员的不当或违法行为进行问责，主要是对责任人员的处分。慈善组织管理机关对慈善组织有关责任人员提起职务问责是基于监管职责，行政管理机关对慈善组织法定代表人或负责人、直接责任人员的职务问责可以依职权提起，也可以依申请提起，只要相关责任人员作出的不当或违法行为，属于行政管理机关管理职权范围内，行政管理机关均有权问责，问责主体提起问责，须向问责对象发送书面的告知书。

（二）问责事项的调查

问责对象收到问责主体或管理机关送达的问责告知书后，问责程序开始。在问责程序进行中，问责主体有权对问责对象进行全面调查，了解问责事件的来龙去脉，调查与问责事项相关的证据材料，问责对象有义务配合问责主体调查，对问责事项，问责对象有权陈述、申辩，问责主体应当给问责对象充分陈述、申辩的机会，必要时，问责主体指定时间与地点组织听证，让问责对象全面陈述与申辩，问责主体在充分听取问责对象陈述与申辩基础上作出抉择。

（三）作出问责决定并执行

问责主体在充分了解和掌握问责事件事实并充分听取问责对象陈述与申

辩的基础上，作出问责决定书，向职务问责对象送达问责决定书，并告知问责对象对问责决定不服的，可以向行政管理机关申诉。整个问责过程应当在限定的期限进行，慈善组织对其工作人员的问责期限不宜过长，一般宜在10日内作出决定；行政管理机关对慈善组织法定代表人或负责人以及直接责任人员的职务问责宜在15日内作出，对情况复杂的，可以延长5日。问责对象收到问责决定书后，如果不服，需要申诉的，应在收到决定书之日起5日内提出申诉申请，接到申诉申请的机关在5日内对问责对象的申诉进行审查，决定是否受理。决定不受理的，驳回申诉，同时问责决定书生效，职务问责开始执行；决定受理的，自受理之日起15日内作出最终决定，在申诉期内，问责决定书中止执行。如果问责对象收到决定书后未提出申诉，自签收问责决定书之日起问责决定书生效，职务问责开始执行。

结　语

在一个较长时期内，我国对慈善组织问责若有似无，即便有问责，往往也是以柔性问责为主，刚性问责明显不足。由于慈善组织承担社会公益重任，慈善组织问责不能与营利组织承担责任相提并论，但也不能懈怠问责。对慈善组织问责需要根据具体情况分类进行，对一般的瑕疵不当行为适用道义问责为宜；对慈善组织法定代表人或负责人、直接责任人员的失职失责，宜适用职务问责；对慈善组织违法失信行为应适用法律问责。慈善组织问责是监管慈善组织活动的有效措施，也是提高慈善组织社会公信力、透明度的重要举措，只有加强对慈善组织问责，才能敦促慈善组织规范开展活动，营造良好的慈善活动氛围，提高慈善组织治理能力和治理水平，推动慈善事业良性发展。

参考文献

一、著作类

1. 杨团主编：《中国慈善发展报告》（2011—2019 年），社会科学文献出版社 2011 ~ 2019 年版。

2. 王名：《社会组织论纲》，社会科学文献出版社 2013 年版。

3. 王名等：《社会组织与社会治理》，社会科学文献出版社 2014 年版。

4. 王名编著：《非营利组织管理概论》（修订版），中国人民大学出版社 2010 年版。

5. 资中筠：《财富的责任与资本主义演变——美国百年公益发展的启示》，上海三联书店 2015 年版。

6. 杨道波、綦保国：《慈善捐赠人权利研究》，法律出版社 2019 年版。

7. 《国外慈善法译汇》，杨道波、刘海江等译，中国政法大学出版社 2011 年版。

8. 《非营利组织法译汇（三）：英国慈善法》，金锦萍译，社会科学文献出版社 2017 年版。

9. 周秋光、曾桂林：《中国慈善简史》，人民出版社 2006 年版。

10. 邹世允：《中国慈善事业法律制度完善研究》，法律出版社 2013 年版。

11. 何增科主编：《公民社会与第三部门》，社会科学文献出版社 2000 年版。

12. 刘志欣等编著：《非政府组织管理：结构、功能与制度》，清华大学出版社 2013 年版。

13. 马庆钰等：《社会组织能力建设》，中国社会出版社 2011 年版。

14. 韦祎：《中国慈善基金会法人制度研究》，中国政法大学出版社 2010 年版。

15. 刘春湘：《非营利组织治理结构研究》，中南大学出版社 2007 年版。

16. 陈晓春等：《非营利组织经营管理》，清华大学出版社 2012 年版。

17. ［美］贝希·布查尔特·艾德勒等：《通行规则：美国慈善法指南》，金锦萍、朱卫国、周虹译，中国社会出版社 2007 年版。

18. ［美］罗伯特·H. 伯姆纳：《捐赠：西方慈善公益文明史》，褚蓥译，社会科学文献出版社 2017 年版。

19. 梁慧星：《民法总论》（第 5 版），法律出版社 2017 年版。

20. 王利明等：《民法学》（第 5 版），法律出版社 2017 年版。

21. 龙宁丽：《治理、问责与非政府组织发展》，中国社会出版社 2015 年版。

22. 解锟：《英国慈善信托制度研究》，法律出版社 2011 年版。

23. ［美］彼得·德鲁克：《非营利组织的管理》，吴振阳等译，机械工业出版社 2018 年版。

24. 周红云主编：《社会治理》，中央编译出版社 2015 年版。

25. 张冉：《非营利组织管理》，北京大学出版社 2014 年版。

26. 陈党：《问责法律制度研究》，知识产权出版社 2008 年版。

27. 周亚越：《行政问责制研究》，中国检察出版社 2006 年版。

28. ［美］丽莎·乔丹等主编：《非政府组织问责：政治、原则与创新》，康晓光等译，中国人民大学出版社 2008 年版。

29. 刘海江：《国际法治视野内国际非政府组织问责机制研究》，中国社会科学出版社 2015 年版。

30. 孙洁丽：《慈善信托法律问题研究》，法律出版社 2019 年版。

31. 褚蓥：《美国私有慈善基金会法律制度》，知识产权出版社 2012 年版。

32. 褚蓥：《美国公共慈善组织法律规则》，知识产权出版社2015年版。

33. 杨道波、李永军：《公益募捐法律规制研究》，中国社会科学出版社2011年版。

34. 王名等编著：《日本非营利组织》，北京大学出版社2007年版。

35. 毛立红：《中国志愿服务法制化研究》，中国人民大学出版社2013年版。

36. 王君主编：《公共危机管理典型案例（2012）》，人民出版社2014年版。

37. 廖鸿、石国亮、朱晓红：《国外非营利组织管理创新与启示》，中国言实出版社2011年版。

38. 王淑娟：《美国公立院校的州问责制》，知识产权出版社2010年版。

39. ［美］R. 爱德华·弗里曼：《战略管理——利益相关者方法》，王彦华等译，上海译文出版社2006年版。

二、期刊类

1. 鲍绍坤：《社会组织及其法制化研究》，载《中国法学》2017年第1期。

2. 冯元、岳耀蒙：《我国公益创投发展的基本模式、意义与路径》，载《南京航空航天大学学报（社会科学版）》2013年第4期。

3. 刘明：《美国〈众筹法案〉中集资门户法律制度的构建及其启示》，载《现代法学》2015年第1期。

4. 李峰：《国际宗教非政府组织的发展历程：新制度主义的视角》，载《世界宗教研究》2010年第4期。

5. 孙卫东：《英国慈善组织监管及思考——中英慈善项目代表团关于英国慈善监管的考察报告》，载《中国民政》2017年第1期。

6. 赵倩、尹建军：《中国古代慈善组织发展的历程与特点》，载《湘潮》

2007 年第 6 期。

7. 胡宁生：《国家治理现代化：政府、市场和社会新型协同互动》，载《南京社会科学》2014 年第 1 期。

8. 方文进：《民办非企业单位治理结构问题探讨》，载《社团管理研究》2010 年第 11 期。

9. 杨道波：《我国非营利组织信息公开法律制度研究》，载《河北法学》2008 年第 9 期。

10. 刘亚莉、张楠：《英国慈善组织财务信息披露制度的启示》，载《中国注册会计师》2012 年第 5 期。

11. 杨道波、尹兆君：《国外非营利组织信息公开法律制度考评》，载《聊城大学学报（社会科学版）》2009 年第 3 期。

12. 贾西津：《国外非营利组织管理体制及其对中国的启示》，载《社会科学》2004 年第 4 期。

13. 解锟：《英国慈善组织监管的法律构架及其反思》，载《东方法学》2011 年第 6 期。

14. 朱志峰：《公益信托的法律特征及我国模式的探索》，载《当代法学》2008 年第 6 期。

15. 岳金柱：《"公益创投"：社会组织培育发展的创新模式》，载《社团管理研究》2010 年第 4 期。

16. 张胜军：《为一个更加公正的世界而努力——全球深度治理的目标与前景》，载《中国治理评论》2013 年第 1 期。

17. 杨丽、赵小平、游斐：《社会组织参与社会治理：理论、问题与政策选择》，载《北京师范大学学报（社会科学版）》2015 年第 6 期。

18. 傅金鹏：《西方非营利组织问责理论评介》，载《国外社会科学》2012 年第 1 期。

19. 张奇林、李君辉：《中国慈善组织的发展环境及其与政府的关系：回顾与展望》，载《社会保障研究》2011 年第 6 期。

20. 侯安琪：《慈善组织准入的法律规制——兼论慈善组织准入制度的价值取向》，载《社会主义研究》2010 年第 5 期。

21. 杨思斌：《慈善组织财产的法律定性及立法规范》，载《华东理工大学学报（社会科学版）》2016 年第 6 期。

22. 余凌云：《对我国行政问责制度之省思》，载《法商研究》2013 年第 3 期。

23. 冯果、窦鹏娟：《公益慈善组织投资风险的法律控制》，载《政治与法律》2013 年第 10 期。

24. 石国亮：《慈善组织公信力重塑过程中第三方评估机制研究》，载《中国行政管理》2012 年第 9 期。

25. 黄元龙：《现代慈善事业的发展及其政策推进》，载《浙江社会科学》2011 年第 5 期。

26. 胡小军：《〈慈善法〉实施后慈善组织监管机制构建的挑战与因应》，载《学术探索》2018 年第 4 期。

27. 石书伟：《论我国行政问责的理论逻辑与制度建构》，载《华南理工大学学报（社会科学版）》2010 年第 5 期。

28. 于常有：《非营利组织问责：概念、体系及其限度》，载《中国行政管理》2011 年第 4 期。

29. 毛寿龙：《引咎辞职、问责制与治道变革》，载《浙江学刊》2005 年第 1 期。

30. ［英］阿尔帕·德哈纳尼、孙旖旎、李芳：《英国慈善组织的问责机制》，载明辉等主编：《北航法律评论》2014 年第 1 辑，法律出版社 2015 年版。

31. 何华兵：《〈慈善法〉背景下慈善组织信息公开的立法现状及其问题研究》，载《中国行政管理》2017 年第 1 期。

32. 刘承涛、王倩：《美国非营利组织信息披露制度的实现路径及启示》，载《黑龙江省政法管理干部学院学报》2015 年第 5 期。

33. 葛道顺：《捐赠场域中的网络生产：跨国公司慈善表达的一个解释框

架》，载《新视野》2018 年第 3 期。

34. 曹鎏：《美国问责的探源与解析》，载《比较法研究》2017 年第 5 期。

三、学位论文类

1. 李德建：《英国慈善法研究》，山东大学 2016 年博士学位论文。

2. 傅金鹏：《我国公益性社会组织提供公共服务的问责逻辑》，复旦大学 2012 年博士学位论文。

3. 杨娟：《慈善税收优惠法律制度研究》，重庆大学 2017 年博士学位论文。

4. 郑华卿：《中国突发事件行政问责功能异化研究》，华中科技大学 2011 年博士学位论文。

四、英文文献类

1. Betsy Buchalter Adler，David Levitt，the Rules of the Road，*A Guide to the Law of Charities in the United States*，Council on Foundations，Washington. DC，Second Edition，2007.

2. Charles T. Clotfelter，Thomas Ehrlich，*Philanthropy and the Nonprofit Sector in a Changing America*，*Indiana University Press*，1999.

3. E. A. Brett，*Voluntary Agencies as Development Organizations*：*Theorizing the Problem of Efficiency and Accountability*，Development and Change，1993（2）.

4. Alnoor Ebrahim，*Making Sense of Accountability*：*Conceptual Perspectives for Northern and Southern Nonprofits*，Nonprofit Management and Leadership，2003（2）.

5. *The Commission on Global Governance*：*Our Global Neighborhood*，Oxford University Press，1995.